EN PASSANT PAR LES ÎLES

Du même auteur :
Gérer le succès
Gérer le changement et réussir
Comment écrire et publier votre livre sans vous ruiner?

Raymond Landry

EN PASSANT PAR LES ÎLES

Récit biographique

ÉDITIONS REPER
Division Gestion REPER inc.

Cataloguage avant publication de la Bibliothèque
nationale du Canada

Landry, Raymond, 1949-

En passant par les Îles : récit biographique

ISBN 2-9805420-1-6

1.Smedley, Joan. 2. Landry, Conrad. 3. Îles-
de-la-Madeleine (Québec) - Conditions sociales - 20^e
siècle. 4. Îles-de-la-Madeleine (Québec) -
Biographies. 5. Guerre mondiale, 1939-1945 –
Biographies. I. Titre

FC2945.I45Z48 2003   971.4'79704'0922
C2003-940456-0   F1054.I45L36 2003

Éditeur :
Éditions Reper
Division Gestion Reper inc.
4755, Montée Saint-Hubert
SAINT-HUBERT (Québec)
J3Y 1V4
Téléphone :   (450) 676-1832
Télécopieur :   (450) 676-4529
Courriel :   rlandry@groupegsl.com

Illustration de la page couverture : Maria Landry

Dépôt légal : 1er trimestre 2003
Bibliothèque nationale du Québec, 2003
Bibliothèque nationale du Canada, 2003
ISBN 2-9805420-1-6

PRÉFACE

J'espère que Joan et Conrad n'ont pas participé à la prise de parole de ce récit pour se reposer ensuite dans un silence aussi inutile que décevant. Ils ont encore beaucoup à dire et autant à faire. Je le sais et je ne suis pas le seul à n'en point douter.

Le témoignage des enfants était aussi nécessaire qu'éclairant. Ces confidences se situent dans le prolongement même de celles de leurs parents.

L'important c'est que tous les artisans et les confidents de ces pages se soient préoccupés de jeter des ponts entre les silences, les différences, les cultures, les caractères, les joies et les peines.

Depuis que je connais Joan et Conrad, avec leur assentiment, je me considère comme un appendice de cette famille. Et ce simple rôle est un honneur que je revendiquerai jusqu'à la fin.

Joan et Conrad s'attirent une sympathie conviviale pour de nombreuses raisons. Et leurs défauts ont le mérite de la transparence.

Parmi mes admirations pour eux, il y en a une qui ressort : c'est leur sens sacré des territoires. Leur force de caractère leur permet de réclamer et de respecter des territoires distincts pour leurs douleurs, leurs joies, leurs affections, leur dignité, leurs différences, et celles des autres. Ils partagent ce qu'ils veulent bien partager et quand ils se taisent c'est tout comme si ils s'exprimaient. Mes discussions avec eux m'ont toujours impressionné par la vérité sémillante du propos.

Jamais ils n'ont jugé qui que ce soit devant moi. Ils portent des jugements plutôt sur des comportements, des modes, des valeurs, que sur des individus.

Ils ont toujours su passer du particulier au général. Ce qui dénote une largeur de vue qui leur vient sans doute des plages. Celles où l'on pique-nique mais celles aussi où l'on débarque les armes à la main. Dans les deux cas, il s'agit pour eux d'être fidèles à leurs convictions. Leur regard ne s'arrête jamais aux plages : il rejoint courageusement les horizons connus, paisibles ou inquiétants.

Fillette, Joan se perd volontairement pour aller voir. Conrad acceptera toute sa vie de reconsidérer ses habitudes. Pour les deux ce fut toujours le changement si nécessaire mais pas nécessairement le changement.

Ce sont des êtres chez qui le profane et le sacré cohabitent en tout équilibre. Ils appréciaient leur vieille radio aussi bien pour le chapelet que pour le hockey.

Il faut bien le dire : deux intelligences hors du commun. Et j'insiste. Brillants comme des singes, comme on dit. Joan a beau jouer l'humilité, le petit brillant dans son œil gauche la trahit. Conrad fait l'innocent, mais observez bien son rictus dans le coin droit de sa bouche : un joyeux malin !

Leur foi ne les a jamais empêchés de chercher un apaisement à leurs peurs à travers le savoir concret. Ils ne craignent pas ce qu'ils ignorent, ils tentent humblement de le comprendre. Une attitude exemplaire.

Pendant toute leur vie adulte, à travers leurs épreuves, ils ont presque toujours su conserver une joie de vivre délicieusement juvénile. Vous savez pourquoi ? Il leur est toujours resté un peu d'enfance au cœur puisque celle-ci a dû se terminer prématurément. Quand on doit agir en adulte responsable vers l'âge de douze ou treize ans, il reste une bonne dose de ludisme à dépenser à l'arrivée des tempes grises et des courbatures.

Même chose pour les émotions. L'un et l'autre ont dû les taire longtemps. Dérive d'époque. Alors quand ils ont pris leur droit à la parole émotive ils l'ont fait d'abondance. Aussi bien par les mots que par le regard. Ils sont ainsi devenus des témoins, des bouées, des phares non seulement pour la famille mais pour des auditoires beaucoup plus vastes.

Cet ouvrage prend parfois la forme d'une apologie des vertus des protagonistes. D'autres conversations et confidences permettront peut-être de mieux comprendre les côtés plus sombres, plus délicats, plus secrets de leurs cheminements. Faudrait-il que je les interview pour compléter leurs confessions ?

Quand Joan est témoin de l'abondance de biens et de nourriture chez les riches, elle se demande pourquoi leurs besoins sont si grands.

Quand le quotidien de Conrad lui pèse, il ne juge pas son entourage, il manifeste simplement son intérêt à aller voir au-delà de l'horizon. Voilà un positivisme aussi noble que digne. Pas de résignation. Plutôt une résilience admirable, enviable, précieuse à léguer.

Dans le cas de Joan, l'exemple de sa mère l'a nourrie. Au lieu de se plaindre de son sort, cette mère s'occupe de celui des autres. Imaginons un seul instant que la moitié d'entre nous agissions de même. Le sort de l'humanité en serait changé. Enfin.

Je rappelle ici à tous que Joan et Conrad nous appartiennent. Un point, c'est tout ! Je me base sur la conviction de Conrad qui affirme encore que les enfants appartiennent à ceux qui les aiment... Et il leur reste suffisamment d'enfance en eux pour être traités d'enfants. Pas en enfants mais bien d'enfants.

Ils ont transmis des valeurs, c'est vrai. Mais ils ont aussi transmis une éthique : pour Joan et Conrad il n'y a pas de solidarité familiale sans autonomie personnelle.

Chapeau.

Robert Blondin

AVANT-PROPOS ET REMERCIEMENTS

Dans l'actif d'une famille, son histoire constitue la valeur la plus précieuse. Elle est un don d'une génération à l'autre, et le degré des soins que nous lui prodiguons témoigne de notre générosité et de notre passion de la vie.

En passant par les Îles se veut plus qu'un livre relatant une histoire intéressante. Il est la mémoire vivante d'un homme et d'une femme nés sur des continents différents mais que des événements, en soi déplorables, ont placé à la croisée des chemins. Leur rencontre fut suivie de cruels déchirements et d'énormes défis mais elle fut couronnée de grands bonheurs.

Dans ce miroir de leur vie, nous avons voulu, nous les enfants, nous regarder afin de mieux nous connaître, mieux nous comprendre et surtout développer en chacun de nous cette passion pour la vie. Nous y avons trouvé nombre d'incitations à croire en l'humain, en sa capacité d'accomplir des miracles. La vie de Joan et de Conrad en est un exemple éloquent. Elle foisonne de leçons de patience, de droiture, de fierté et d'honnêteté

Ce récit biographique rend hommage au pouvoir des relations humaines. Il manifeste la volonté de chacun des acteurs à préserver sa foi en la capacité de vivre pleinement.

Les biographies nous incitent à tirer profit des expériences d'autrui. Chaque être humain étant unique, chacune d'elles revêt un caractère exceptionnel.

Le récit de Conrad et de Joan ne fait pas exception. Nous les remercions d'avoir accepté de se raconter avec autant de générosité.

Un grand merci va à tous les membres de la famille Landry, à leurs conjoints et conjointes, à leurs enfants et à tous nos amis pour leur précieuse collaboration, soit à la cueillette d'informations, soit à la production de documents d'archives, soit à la révision de diverses parties de l'ouvrage.

Je réserve une gratitude particulière à mon épouse Ginette Savoie et à mes enfants Véronique et Jonathan qui m'ont soutenu et qui ont accepté mes absences pour me permettre de travailler à la rédaction de ce récit biographique.

Un merci très particulier à ma chère sœur Maria qui a initié ce projet. Elle s'y est consacrée dès 1977 en rédigeant un résumé de la vie de papa et en recueillant les souvenirs de maman. Que d'heures elle a passées à traduire, à compléter et à organiser les textes pour faire de ce récit un livre captivant et d'une grande justesse historique.

Toute ma reconnaissance à Francine Alarie qui a consacré nombre de samedis et de dimanches à écrire et à réviser ces textes.

La collaboration de Pauline Gill, réviseure linguistique et auteure de cinq best sellers, nous fut aussi d'un grand secours.

À tous les membres du comité de lecture, merci pour votre générosité.

À tous les passionnés comme Joan et Conrad, longue vie !

« L'inspiration fait naître les choses,
la passion les fait vivre ! »

Raymond Landry

PROLOGUE

« Quarante ans, c'est long à voir venir,
mais c'est si vite passé. »

Ces mots d'une intensité inégalée, Conrad les a prononcés lors de la célébration du 40ᵉ anniversaire de son mariage.

Je le vois encore s'avancer vers le micro, de son pas lent et posé. De stature imposante, il avait la prestance du chêne. Il était là, debout, solide comme un roc. Il promena tout doucement son regard autour de la salle, posant ses yeux humides sur chacun de ses enfants. Il les regarda tour à tour, se remémorant des moments intenses mêlés de peines et de joies. Puis, il regarda Joan, sa femme. Ce petit bout de femme toute menue, venue des confins d'une Angleterre déchirée par la guerre. Il la regarda longuement. Et là, surgirent à sa mémoire une avalanche de souvenirs. On le sentit presque chavirer sous le déferlement d'émotions qui l'envahissait. Les secondes avaient tout à coup une durée d'éternité. Il ferma un instant les yeux pour se ressaisir et parvint enfin à nous adresser quelques mots :

« Quarante ans, c'est long à voir venir,
mais c'est si vite passé. »

Conrad résuma quarante années d'une vie particulière avec tant d'émotion et d'affection que d'ici et là dans la salle, on pouvait voir ses enfants essuyer d'une main discrète, les larmes qu'ils n'avaient pu retenir. Les souvenirs relatés leur rappelaient ces instants magiques où, le soir venu, lorsqu'ils étaient tout petits, ils s'endormaient, bercés par le bruit du ressac de la mer sur la côte.

Que peut-on laisser de plus beau en héritage à l'humanité que celui du récit de vies exceptionnelles tant par leur complexité que par la simplicité de leurs acteurs ?

CHAPITRE 1

L'enfant de l'archipel

Un 12 mai 1917, Conrad naît en plein milieu du golfe Saint-Laurent, aux Iles-de-la-Madeleine.

Alors que de partout dans le monde, on ne parlait que de guerre mondiale, que de menaces de mort, Marie Bourque me donnait la vie. C'était aux Îles-de-la-Madeleine, là où nombre d'Acadiens s'étaient réfugiés dans l'espoir d'améliorer leur sort.

L'éloignement géographique et l'exploitation des terres exercée par le régime seigneurial, ont imposé aux habitants de ces îles, un style de vie unique. On y parle une langue savoureuse et le peuple qui y vit est remarquablement fier, vaillant et doté d'une détermination sans bornes.

Grâce aux produits de la mer, de nombreux pêcheurs ont pu, malgré l'âpreté du climat et la pauvreté du sol, subvenir aux besoins de leur famille. Mais, il y eut des années plus difficiles que d'autres et certains Madelinots durent quitter les îles pour aller travailler sur la «Grand'terre».

Ce fut le choix de mes parents qui, en 1918, déménagèrent à Causapscal, en Gaspésie. Papa s'était trouvé du travail dans la forêt, en tant que charretier, pour Ludger Tremblay. Il s'occupait aussi des chevaux qui tiraient le bois à la rivière. Cet hiver-là, beaucoup d'hommes moururent de la grippe espagnole dont Joseph, l'un de ses frères. Ma mère, seule à la maison avec son bébé, s'inquiétait beaucoup de

15

mon père et elle lui écrivait, le suppliant de revenir avant d'attraper cette funeste maladie. Or, le patron, voulant garder ses hommes jusqu'à ce que tout le bois soit mis à la rivière pour la drave du printemps, confisquait ses lettres. Mon père ne les reçut que lorsque le travail fut entièrement terminé.

Au printemps, 1919, après avoir passé quelques mois dans les chantiers, mon père décida de retourner vivre aux Îles-de-la-Madeleine. L'exode n'avait duré qu'un an.

On me raconta que pour notre retour aux îles, nous avons pris le train au Lac-au-Saumon, en Gaspésie, pour nous rendre à Pictou, en Nouvelle-Écosse, et de là nous sommes montés sur le SS Lovat, le seul traversier qui se rendait jusqu'aux îles.

Lors de ce voyage, un homme à la peau noire aurait voulu me prendre sur ses genoux pour m'amuser, mais je me rebiffai. Je disais à maman que le monsieur avait les mains sales. Autre anecdote, bien qu'âgé de deux ans seulement, je m'étais montré fort surpris de voir une femme sortir sa blague à tabac et allumer sa pipe.

Comme nous n'avions plus de domicile à notre retour aux îles, nous sommes demeurés chez mes grands-parents paternels, Delphine Poirier et William Landry. À la fin de l'hiver 1920, nous pouvions emménager dans une petite maison que papa avait construite à Boisville. C'est là que sont nés ma sœur Flora, en 1920, mon frère Alphonse en 1922 et Jeffrey en 1924.

Mais voilà qu'en juillet 1926 le manque de travail nous obligea une fois de plus à quitter les îles. Papa avait réussi à vendre la maison pour la modique somme de 250 $. Cette fois, nous avons transporté nos pénates au Cap-de-la-Madeleine. J'avais neuf ans. Mon père trouva du travail à la papetière *St.Maurice Paper* en tant que broyeur de pulpe à papier. Ce travail était très exigeant physiquement. Quand la pitoune arrivait au moulin à scie, il devait, à l'aide d'un pic et à la force de ses bras, diriger les billots entre deux meules qui arrachaient l'écorce. Ensuite, les billots passaient à la scie. Puis, on transformait les copeaux en pâte à papier. Je revois encore mon père couvert d'éclaboussures de pâte de bois lorsqu'il rentrait à la maison, le soir. Je me souviens être allé lui porter le dîner que maman lui avait préparé. Je le plaçais dans le panier à l'avant de ma bicyclette et je m'amusais à battre des records de vitesse à chaque voyage. Il faut dire qu'à cette époque, posséder une bicyclette était considéré comme un luxe, surtout pour une famille d'ouvriers.

Un jour, alors que j'allais justement porter le dîner à mon père, le contremaître de l'usine, Sylvio Turbide, me donna de l'argent pour que j'aille lui acheter de la boisson forte à l'Hôtel St-Louis. Dans ces années-là, on n'avait pas besoin de loi pour interdire l'accès aux mineurs, les tenanciers étaient beaucoup plus à cheval sur les principes. On n'a jamais voulu m'en vendre, même si je disais que c'était pour M. Turbide. Fier comme un paon, je ne me voyais pas revenir les mains vides après avoir pédalé cinq milles pour traverser le pont qui reliait Cap-de-la-Madeleine à Trois-Rivières. De plus, je savais que je ne serais pas payé. On m'avait promis vingt-cinq cents. Je ressortis de l'hôtel bien déterminé à trouver un moyen de revenir avec de la bière. Un étranger passa, je l'interceptai et lui fis part de ma requête. Heureusement pour moi, cet homme était non seulement compréhensif mais honnête. Il revint avec la boisson tant désirée et je pus rentrer à l'usine, la tête bien haute et enrichi de vingt-cinq cents.

Pendant que mon père besognait, je vivais une très belle époque de ma vie. N'étant pas obligé de travailler, j'allais à l'école la semaine et je passais mes fins de semaine à m'amuser avec mes amis. J'aurais bien aimé pratiquer quelques sports, mais comme papa jugeait que toute activité sportive était une perte de temps et que la vraie vie, c'était le travail, je me contentai d'écouter la partie de hockey à la radio, le samedi soir, après le chapelet en famille.

Lors de parties de base-ball dans un parc, pas très loin de chez nous, je m'amusais à regarder les gens qui faisaient des gageures qu'ils ne tenaient presque jamais, se hâtant de filer à la sauvette lorsqu'ils perdaient.

En ces années difficiles, la mère de famille devait souvent apporter des revenus supplémentaires pour équilibrer le budget. C'est pour ce faire que ma mère lavait le linge pour l'Hôtel *Château des bleuets*.

De mon expérience scolaire à Boisville je ne garde que de beaux souvenirs. Avec Mlle Eva Poirier, mon institutrice de première année, c'était un plaisir d'apprendre. Tous les étudiants l'adoraient. Dans sa classe, il n'y avait pas de châtiments corporels.

Mais il en fut tout autrement au Cap-de-la-Madeleine, à l'exception de mon institutrice de sixième année, Mlle Beaudet que j'aimais bien. Elle était aimable, respectait la personnalité de chacun et savait s'y adapter.

Par la suite, pour ma septième et ma huitième année, j'ai fréquenté le collège des Frères du Sacré-Cœur, situé au Cap-de-la-Madeleine. Ces religieux étaient beaucoup plus sévères. On aurait dit qu'ils prenaient plaisir à nous réprimander et à nous punir. Outre les fameux coups de lanières de cuir sur les mains qui devaient, selon eux, nous aider à retenir les leçons à apprendre par cœur, leur punition préférée était de nous mettre à genoux dans un coin de l'entrée du collège, sur un plancher de ciment froid et humide. À l'heure de la sortie, les compagnons de classe en profitaient pour tirer les cheveux et assener de coups de pied les pauvres malheureux. Je devais être assez dissipé, car je me souviens d'avoir subi ce genre de châtiments plus d'une fois.

Pendant mon séjour au collège des Frères du Sacré-Cœur, j'ai fait une pleurésie purulente. J'étais tellement affaibli par la fièvre et les quintes de toux que je ne pouvais même plus marcher. J'ai dû m'absenter de l'école pendant trois mois. Le temps que je dus demeurer au lit, maman me faisait écouter de la musique sur son gramophone pour m'aider à passer le temps. Elle possédait environ une cinquantaine de disques en vinyle et c'était une grande faveur pour moi de pouvoir les écouter.

Dans nombre de foyers québécois, les hommes se regroupaient pour causer de leur semaine de travail et partager une caisse de bières. Papa ne faisait pas exception. Je m'amusais à les voir gesticuler, se relancer l'un et l'autre à qui mieux mieux. Maman les écoutait tout en continuant sa besogne. Mais si les hommes exagéraient, elle leur signifiait sa désapprobation d'une petite grimace en coin qui en disait long à mon père.

Comme nous n'avions pas le téléphone à la maison, lorsque les hommes voulaient commander de la bière, il fallait aller téléphoner chez M. Arseneault, un voisin qui possédait un très petit magasin. On m'y envoyait souvent. Je composais le 3013 pour rejoindre l'épicier et je commandais une douzaine de bières. Elle revenait à deux dollars la caisse. Habituellement, elle était livrée dans l'heure qui suivait par un M. Lamy. Mais voilà qu'un soir, après avoir bu la deuxième douzaine de bière, l'un des comparses a téléphoné pour en faire venir une troisième. Le livreur se faisant attendre, les hommes se sont endormis sur le coin de la table. Maman, exaspérée, verrouilla la porte et le livreur dut rebrousser chemin.

Ma vie, comme celle de bien des garçons de mon âge tournait autour de la famille, de l'école, des amis et de l'église. À cette époque-là, l'un des moments forts dans la vie d'un catholique pratiquant était la retraite paroissiale. Même si les prédicateurs clamaient que ces retraites avaient pour but de nous préserver du péché et d'affermir nos convictions religieuses, plus souvent qu'autrement le thème des sermons portait sur le péché d'impureté.

Un jour, lors d'un de ces fameux sermons, le prédicateur déclara qu'une personne par banc serait damnée à cause du péché d'impureté. Or, un homme qui se trouvait seul dans son banc, de peur d'aller en enfer, se glissa doucement jusqu'au banc voisin et prit la place libre qui restait.

Les plus vieux affirmaient que ce prédicateur parlait bien et on disait à la blague qu'il aurait certainement fait un bon député.

***

À la fin de l'été 1930, les Frères du Sacré-Cœur du Cap-de-la-Madeleine engagèrent une quinzaine de jeunes garçons dont je faisais partie, pour la cueillette des patates à Shawinigan. Nous étions logés, nourris et payés un dollar par jour. J'espérais que mes amis, les jumeaux Rodolphe et Paul-Émile Loranger, viennent avec moi pour la cueillette. Mais, étant issus d'une famille plus aisée, ils purent s'en dispenser et, malheureusement, je ne les revis plus.

C'est pendant ce même été que mon père a découvert que je fumais en cachette. Agréable surprise, au lieu de me semoncer, il m'acheta un paquet de cigarettes *Turette*; il en coûtait dix sous, à l'époque.

En cette même année, la crise économique affecta toutes les régions de l'Amérique du Nord. Comme tant d'autres entreprises, le moulin à scie où mon père travaillait dut fermer ses portes. Deux autres enfants, Léo et Augustin, s'étaient ajoutés et mon père ne pouvait rester sans travail. Il se résigna à retourner vivre aux Îles-de-la-Madeleine. Cet automne 1930 marqua la fin de mon enfance alors que je n'avais alors que treize ans. Du jour au lendemain, j'ai dû assumer des responsabilités d'adulte.

Notre retour aux îles, en plein hiver, fut parsemé d'entraves et d'épreuves. Nous étions très démunis, n'ayant que quelques bagages, très peu d'argent et aucun endroit où nous loger. Nous avons dû emménager temporairement dans une vieille maison sur la butte, à l'Étang-du-Nord. La nuit, on voyait les étoiles à travers les planches du toit. Il y faisait si froid qu'Alphonse et moi nous nous emmitouflions dans les couvertures, collés l'un contre l'autre pour conserver un peu de chaleur. Il fallait tout de même attendre au printemps suivant pour construire, avec les moyens du bord, une maison plus adéquate à l'Étang-du-Nord. C'est lors de ces travaux que j'acquis les rudiments de la construction. Cette maison existe toujours, en face de la mienne, et elle appartient maintenant à mon frère Jeffrey, qui y demeure encore.

Entre-temps, pendant l'hiver, papa avait acheté un vieux voilier qu'il répara dans le but de pêcher dès l'arrivée du printemps. Tous les jours, nous allions au bord de la mer récupérer la pitoune et les morceaux d'épaves que la marée laissait derrière elle. À l'époque, à l'Île-d'Anticosti, les bômes qui retenaient le bois dravé sur les rivières cassaient lors des tempêtes et une partie de ce bois dérivait jusqu'aux îles. À l'aube, je descendais des caps d'une hauteur d'environ soixante-quinze pieds pour ramasser les billots qui se berçaient au rythme du ressac. Je les attachais avec un câble et papa les remontait. On les utilisait pour bâtir notre future maison et pour se chauffer, histoire de ménager le charbon. Tout était récupéré au copeau, car aux îles, le bois était rare. Les vents soufflant du large et l'air salin de la côte mettaient à rude épreuve la croissance des arbres.

Comme j'étais l'aîné de la famille et que j'avais réussi ma huitième année, il n'était plus question de continuer l'école; on me considérait suffisamment instruit. J'avais quinze ans, j'étais en bonne santé et aussi vaillant que mon père qui avait la réputation de travailler comme un cheval.

Dans ma famille, on devait pratiquer plusieurs métiers pour vivre décemment : couper le foin pour nourrir la vache et le veau, préparer un mélange de farine et de patates pour le cheval, pêcher le homard et saler le hareng en faire de la bouette.

La vie n'était pas facile et parfois je m'ennuyais. Surtout l'hiver. Ma sœur et mes deux frères étaient trop jeunes pour que nous puissions jouer ensemble. Pour passer le temps, je fabriquais une sorte de traîneau qu'on appelait pite; sur une douelle de tonneau, j'installais un siège fait d'une petite bûche de bois ou d'un bout de planche. C'est tout ce qu'il nous fallait pour dévaler avec un plaisir fou les pentes enneigées.

Aux îles, dès que la température s'adoucissait et que la fonte des glaces permettait de libérer les bateaux de leur carcan, la pêche pouvait commencer. C'est ainsi qu'au printemps 1931 commença mon apprentissage de pêcheur. Avec le petit voilier que papa avait réparé durant l'hiver, nous allions pêcher à la morue et au maquereau. Par la suite, nous avons acheté un bateau à moteur ACADIA de quatre forces. Je n'étais vraiment pas préparé à ce dur labeur sur ce vieux voilier muni d'une grande voile, d'une misaine et de deux petits focs. En ce temps-là, on voguait au compas. On partait vers trois heures du matin pour ne revenir qu'à la pénombre. Il n'y avait pas de congé, sauf le dimanche, jour où l'Église catholique interdisait le travail. En tout autre temps, seule une mer déchaînée par des vents violents ou un temps orageux pouvait nous obliger à rester à terre. Bien des fois, malgré les intempéries et au risque de chavirer, nous prenions le large, car notre subsistance en dépendait.

Un jour, au début de la saison du homard, mon père et moi sommes partis même si la mer était mauvaise. Nous étions à jeter les casiers à l'eau quand tout à coup le moteur se mit à caler. À force d'ajouter de l'essence pour le repartir, le feu prit et devint vite incontrôlable. Je jetai le bidon d'essence à la mer et nous sommes tous montés sur les casiers. Pour signaler notre détresse, je pris une perche d'une douzaine de pieds de long et j'y attachai un chandail noir en guise de drapeau. Wilfrid Landry, un cousin de papa, aperçut notre signal, se dirigea vers nous et nous fit monter dans son bateau. De là, nous sommes parvenus à éteindre le feu et à remorquer le bateau de mon père jusqu'à la côte de l'Étang-du-Nord. Éclairés par des lampes à paraffine, nous avons découvert un piston coincé dans le moteur. Nous avons attaché la bielle du piston au camion d'Alphonse Nadeau avec un gros câble. Après plusieurs tentatives, nous avons enfin réussi à l'arracher. Il fallait ensuite trouver un moyen de tendre nos 300 casiers. Me vint alors l'idée d'utiliser l'amiante qu'il y avait en dessous du poêle pour remplir la gorge des segments des pistons, ce qui permettrait d'avoir de la compression dans le moteur. L'opération réussit. Ce ne fut pas notre meilleure pêche, mais nous avions la vie sauve.

La saison de pêche se divisait en trois périodes. Vers la fin du mois d'avril, au plus tard au début du mois de mai, commençait la pêche au hareng. Une partie du hareng était réservée à la fabrication de la bouette, sorte de hachis qui servait d'appât pour certains autres poissons; l'autre partie était destinée au commerce. Du 10 mai au 10 juillet, c'était la pêche au homard. Pendant l'été, on pouvait aussi pêcher la morue, le maquereau ainsi que le flétan. À l'automne, c'était plutôt l'éperlan.

Pendant la pêche au homard, on pouvait remonter plus de 375 casiers par jour, à la force de nos bras. C'était alors considéré comme une bonne pêche. À cette époque, le nombre de casiers n'était pas limité, les quotas n'existaient pas encore. Certains pêcheurs en avaient jusqu'à 500 et parfois 600 alors qu'aujourd'hui la limite est de 300. J'ai pêché de ces poissons de 1933, année où ma sœur Annette est née, jusqu'en 1938.

Le homard pêché, la journée de travail ne s'arrêtait pas là. Une fois la cargaison à bord, il fallait se hâter de revenir au port pour être parmi les premiers pêcheurs à fournir les marchands. Sinon, dès qu'ils avaient acheté la quantité requise, ils repartaient et les derniers pêcheurs arrivés restaient pris avec leur cargaison. Comme il n'y avait pas d'usine de transformation et de conservation aux îles, les pêcheurs ne touchaient pas un sou, réduits à retourner chez eux avec leur poisson et à tenter de le conserver en le salant. De plus, les marchands n'achetaient pas tous la même sorte de poisson. Par exemple, M. Azade Chiasson achetait seulement le homard. L'usine de la Gordon Pew, une compagnie de Boston, venait acheter la morue, le maquereau et la plie. M. Alfred Nadeau achetait la morue qu'il faisait saler et sécher.

Je me souviens d'une fois où l'on est arrivés vers onze heures du soir pour faire peser notre poisson. Comme nous ne possédions pas notre propre cheval pour transporter notre cargaison à l'usine d'entreposage, nous avons dû attendre qu'il y en ait un de disponible pour l'emprunter. Quand nous sommes arrivés à l'usine, nous n'avions plus de place pour écharger notre poisson. Nous avons dû rapporter notre cargaison et la saler pour pouvoir la conserver quelque temps.

Après une autre de ces journées de pêche, alors que mon père, Jeffrey et moi nous nous apprêtions à mettre le hareng dans le sel, le *chafaud* qu'on nous avait promis était déjà utilisé par un groupe de pêcheurs. La bâtisse était pleine et il ne restait plus aucune place pour saler notre hareng. Nous l'avons tout perdu. Inutile de vous dire combien nous étions déçus et en colère.

Ce genre de malchance et combien d'autres nous obligeaient souvent à acheter notre nourriture à crédit. Le marchand général n'était payé qu'au printemps avec le produit de nos pêches. J'en ai connu un qui, sous prétexte que nous lui devions de l'argent, achetait à prix réduit nos produits de la mer pour les revendre avec un profit considérable. Ainsi, les pêcheurs étaient constamment endettés. Ce sont ces abus qui les ont amenés à se regrouper. De peine et de misère, ils parvinrent à ramasser quarante dollars, comme mise de fonds pour démarrer leur première coopérative.

Parfois je devais faire sécher la morue. On me payait cinquante cents par jour. Avec ce montant, j'achetais cinq paquets de tabac et du papier à cigarettes. J'en profitais pour me faire des provisions pour l'hiver. Il était d'usage pour les enfants, surtout pour les aînés, de remettre leur salaire aux parents; ils devaient les aider à subvenir aux besoins de la famille. Toutefois, à l'occasion, j'en gardais un montant très minime pour mes petites dépenses.

La vie des pêcheurs était difficile, mais celle des femmes ne l'était pas moins. Les journées étaient longues, commençant tôt à l'aurore et se terminant tard. Presque chaque soir, il fallait pétrir la pâte à pain avant d'aller dormir. L'électricité n'étant pas encore installée aux îles, les femmes devaient donc tout faire à la main : la lessive, les pâtisseries, les conserves pour l'hiver, le transport du charbon de la réserve à la maison, etc. Dès que les enfants étaient en âge de donner un coup de main, ils étaient mis à contribution. Papa disait à la blague : « Plus nous avons d'enfants, plus nous avons de la main-d'œuvre. »

En plus de leur travail de maison elles devaient, à la marée basse, aller à la pêche aux coques sur les berges. La plupart des habitants des îles se déplaçaient à cheval, mais nous n'en avions pas. Maman parcourait souvent une distance de deux ou trois milles à pied avec des seaux remplis de coques. Ensuite, il fallait tout nettoyer. Les coques servaient à la pêche de la morue. Une fois épluchées, on les recouvrait de gros sel pour les faire durcir afin qu'elles tiennent mieux sur l'hameçon.

Pour se chauffer, on utilisait le charbon. On en achetait environ cinq tonnes. Celui de marque *Labrador* coûtait moins cher, soit cinq dollars la tonne, mais il brûlait très vite. Il était de qualité inférieure au *Pictou* lequel coûtait huit dollars la tonne. En réduisant son utilisation la nuit, on réussissait à passer l'hiver sans trop souffrir du froid.

Pendant la saison morte, les parties de cartes étaient très populaires, excepté chez mes parents. Mon père considérait les loisirs comme une perte de temps. Mes amis et moi allions donc chez Bill Bourque jouer au 150 jusqu'à onze heures et même minuit.

Les valeurs prônées dans ma famille reflétaient le climat social et religieux du temps : pas de place pour les émotions et l'opinion personnelle, mais beaucoup pour la pratique religieuse, la discipline, le respect des règlements et l'autorité.

Presque tous les habitants des îles allaient à la messe et ils en profitaient pour porter leurs plus beaux vêtements. Un jour, papa m'acheta un complet noir qu'il paya dix dollars, chez Alfred Nadeau. J'aurais dû en être fier, mais il était un peu trop petit. Je faisais rire de moi chaque fois que je le portais. Il faut dire que même à l'église, les classes sociales étaient apparentes. À la messe du dimanche, quand venait le temps de la quête, les pauvres jetaient discrètement leurs sous noirs dans le panier, au mieux y versait-on une pièce de cinq sous. Autre démarcation, les gens les plus fortunés achetaient les bancs d'en avant alors que les plus pauvres devaient se contenter des bancs d'en arrière ou rester debout. Comme le nôtre était situé du côté droit de l'église, vers le milieu, il coûtait moins cher.

J'avais vingt-deux ans quand je songeai à organiser ma vie ailleurs qu'aux îles. Même si de la maison nous avions une vue superbe sur la mer, l'autre rive m'attirait. Mais comment quitter ses racines, ses amis, ses parents, et tout laisser derrière ? Puis, pour aller où et pour faire quoi ? J'étais décidé à partir des îles, mais je ne savais pas vraiment où aller et quoi faire.

CHAPITRE 2

Naître à Londres en 1927

De l'autre côté de l'océan Atlantique, au sud-ouest de Londres, naît le 30 décembre, Joan Élizabeth Florence Smedley, benjamine d'une famille de trois filles. Elle nous raconte son enfance.

Pour ses vingt et un ans, ma mère, Alice Jane Campbell, s'offrit un mari en cadeau. Le 25 mars 1922, elle épousa William Smedley et ils s'établirent au 4, Renous Court, Shoreditch dans l'est de Londres. Mon père avait alors vingt-six ans et il exerçait la profession de tailleur de cuir. La parenté, tant du côté paternel que maternel, était restreinte. Le seul frère de mon père, Arthur, fut tué pendant la première guerre mondiale et ma mère n'avait qu'une demi-sœur prénommée Élizabeth, émigrée au Canada.

Je n'ai pas connu mes grands-parents maternels, les Campbell, ni ma tante Élizabeth. Ma grand-mère, étant tombée amoureuse d'un soldat canadien rencontré pendant la guerre de 1914-1918, a émigré au Canada et a laissé sa seule fille, (ma mère) en Angleterre. À quatorze ans, Alice Jane était donc placée au couvent par sa mère et les religieuses s'étaient engagées par écrit à en prendre soin jusqu'à sa majorité. Pour défrayer les coûts de son hébergement, ma mère devait accomplir des tâches domestiques.

Après le Noël de ses vingt ans, au lieu de retourner au couvent, elle décida de prendre sa liberté et de s'assumer comme adulte. Elle a donc cherché du travail et fut embauchée comme servante par des familles de la haute bourgeoisie. C'est alors qu'elle a rencontré William Smedley et qu'elle devint sa femme peu de temps après leur rencontre.

De ce mariage, naquirent, en pleine crise économique, quatre enfants dont ma soeur Minnie, mon frère Arthur, décédé à l'âge de dix mois d'une broncho-pneumonie, ma soeur Jeanne et moi-même.

Malheureusement, le climat familial n'était pas des plus pacifiques. Ma mère était victime de violence conjugale et comme elle en était très humiliée, elle n'en parlait à personne. Un jour, l'avocat pour qui elle travaillait comme servante s'est aperçu qu'elle portait souvent des marques un peu suspectes sur le visage et sur les bras. Lorsqu'il la questionnait sur ces ecchymoses, elle disait que c'était un accident. Comme il doutait de ses aveux, il l'invita à son bureau où elle put parler en toute confiance. Elle éclata en sanglots en lui racontant toutes les scènes de violence qu'elle avait subies et le climat de peur dans lequel elle vivait, craignant non seulement pour elle mais aussi pour ses enfants. C'est alors que cet avocat lui suggéra de quitter son mari sans plus tarder. Comme ma mère n'avait pas l'argent nécessaire pour entreprendre les démarches, il lui offrit ses services gratuitement. La cour confia à ma mère la garde de ses trois filles et mon père fut sommé de payer une pension alimentaire hebdomadaire. Leur mariage n'avait duré que six ans. Je n'avais que dix-huit mois.

Malgré les souffrances qu'elle avait endurées, jamais ma mère ne nous a parlé en mal de notre père. Et pourtant, elle aurait eu maintes raisons de se plaindre. Je sais qu'après sa séparation, maman se présentait régulièrement à la cour pour obtenir sa pension alimentaire et qu'elle en revenait souvent en pleurant, sans le sou. Je pense que mon père n'a jamais rien versé pour nous. Parfois, maman m'amenait avec elle. Tout endimanchée, avec mes petits souliers en cuir verni noir, et trop jeune pour comprendre la détresse de maman, je m'amusais à courir et à sauter dans la grande entrée sur un plancher de terrazzo; j'aimais entendre le bruit de mes pas. Très souvent, le policier en devoir, qu'on appelait Bobby, se penchait vers moi pour me parler, à voix basse, dans l'espoir que je reste tranquille, je présume.

Très peu de temps après sa séparation, ma mère dut retourner sur le marché du travail pour subvenir à nos besoins. Je revois ses genoux rougis d'avoir lavé les planchers. Elle n'avait pas le temps de sortir pendant ces années-là et lorsqu'elle le faisait, n'ayant pas les moyens de payer une gardienne, elle nous emmenait avec elle. Ses sous étaient comptés. À preuve, un jour, nous étions à faire des emplettes quand maman s'aperçut que je boitais. Elle me déchaussa et vit qu'il y avait un trou dans mon soulier et que j'avais une ampoule à mon gros orteil. Elle mit alors un morceau de carton dans mon soulier jusqu'à ce qu'elle ait les moyens de m'en acheter une autre paire.

J'ai gardé un vif souvenir de Renous Court, où nous avons habité quand j'étais toute petite. Notre rue donnait sur un cul-de-sac où était érigé un mur de briques qui m'apparaissait très très haut. Par-dessus ce mur, passait une vapeur de charbon qui noircissait tout sur son passage. Je compris, plus tard, qu'elle nous était laissée par les trains qui allaient et venaient à la gare, sur la rue Liverpool.

Quand Minnie, ma sœur aînée, fut d'âge d'aller à l'école, Jeanne et moi étions gardées chez Nanny, une dame âgée du voisinage. Même si ma mère n'avait pas les moyens de perdre une journée de salaire, il arriva un jour que ma sœur et moi avons attrapé une gastro-entérite et qu'elle dut rester à la maison pour prendre soin de nous. J'y avais trouvé

31

plus d'un plaisir : d'abord la présence de maman, puis la bonne pouding au riz qu'elle nous servait pour nous guérir. Prévoyante, maman parvenait à cumuler une petite réserve pour payer le propriétaire et le laitier.

Les difficultés financières de ma mère allaient nous faire vivre une grande épreuve. Ma grand-mère paternelle, Mme Smedley, en étant informée, offrit à titre de marraine de Minnie, d'en prendre la garde. Mon père, William Smedley demeurait chez elle à ce moment-là. Même si jamais maman n'avait pensé se séparer de ses enfants, elle accepta cette offre. Elle posa toutefois une condition : que Minnie puisse venir à la maison en tout temps. Grand-mère Smedley faisait valoir qu'en allant vivre avec eux, Minnie aurait la chance d'avoir une bonne éducation et une formation professionnelle de son choix. Maman le comprenait mais la douleur de la séparation n'était pas moins vive.

Une fois par mois, nous allions visiter Minnie. Inutile de vous dire que lorsque nous arrivions chez mes grands-parents, mon père disparaissait. Je ne me souviens pas d'avoir reçu de lui un seul baiser ou une marque d'affection, même pas une accolade. Le peu de fois qu'il nous croisait, il nous ignorait complètement et ne nous adressait jamais la parole. Par ailleurs, nos grands-parents nous accueillaient chaleureusement et ils nous invitaient toujours pour l'heure du thé.

Minnie avait une très belle chambre à coucher et beaucoup de jouets. Je ne pouvais la voir sans penser que Jeanne et moi partagions la même chambre, le même lit et que nous n'avions pratiquement pas de jouets. Mais nous avions la chance de vivre avec notre mère. De ces visites, je n'ai jamais oublié la peine que me faisait ma sœur Minnie en nous interdisant de toucher à ses choses; elle avait toujours peur qu'on les brise, surtout sa maison de poupées.

***

Dans mon enfance, j'ai souvent côtoyé la richesse et la pauvreté. Lorsque ma mère devait aller travailler, elle avait parfois la permission de nous emmener avec elle, mais nous devions rester tranquilles dans la cuisine. Pour aider à la préparation des repas ou servir lors de réceptions spéciales de la haute bourgeoisie, elle portait un bonnet blanc immaculé et, sur sa robe noire, un tablier blanchi et bien empesé. Juste avant l'arrivée des invités, il nous était permis de jeter un petit coup d'œil à la salle à dîner; nous étions obnubilées devant la très grande table garnie de multiples plats. La verrerie et la coutellerie nous éblouissaient. À la fin de la réception, les servantes se partageaient les restes de nourriture. Nous étions ravies de pouvoir déguster un succulent repas. Arrivées à la maison, nous posions des tas de questions sur les raisons pour lesquelles ces gens avaient besoin de tant de nourriture, d'ustensiles et de vaisselle. Ma mère en profitait pour nous expliquer comment dresser une table et comment utiliser chaque morceau de vaisselle et chacun des ustensiles.

Je m'étonne encore que ma mère ait trouvé le temps et les moyens de faire du bénévolat. Aussitôt qu'elle avait une minute, elle allait rendre visite à une personne âgée ou dans le besoin. Très souvent, ces personnes vivaient dans une chambre très peu aérée où planait une odeur de camphre. Des rideaux très lourds ornaient les fenêtres et assombrissaient la pièce. Ma mère m'amenait souvent avec elle et pendant qu'elle faisait l'entretien ménager des pièces, la personne jasait avec moi. Maman faisait leurs emplettes ou elle allait chercher leurs médicaments. Elle semblait heureuse d'aider quelqu'un et elle se sentait bien appréciée.

Maman était une femme propre et fière. Je m'en rendais compte quand venait le vendredi soir, grand jour du bain hebdomadaire. Faute de baignoire dans notre maison, elle faisait chauffer l'eau sur le poêle à gaz et elle la versait dans une cuve galvanisée qu'elle plaçait devant le foyer pour ne pas que nous ayons froid. Après le bain, elle nous lavait les cheveux et les rinçait avec de l'eau dans laquelle elle avait pris soin d'ajouter du vinaigre. Elle disait que cela donnait de l'éclat à nos cheveux et en faisait ressortir davantage les reflets. Revêtues d'une robe de nuit très propre, nous étions prêtes à faire brosser nos cheveux. Maman y prenait un réel plaisir. De plus, pour faire allonger nos cils, elle les badigeonnait de vaseline. À un certain âge, pour un coût minime, nous avons pu fréquenter les bains publics.

Privée de la présence de Minnie, je m'étais beaucoup attachée à ma sœur Jeanne, de deux ans mon aînée. Lorsqu'elle a commencé la maternelle, j'ai eu beaucoup de peine. Nous n'avions jamais été séparées l'une de l'autre. Je cherchais un moyen d'échapper à ma gardienne pour aller la rejoindre à l'école. Nous habitions un pâté de maisons clôturé de fer forgé et braqué d'une immense barrière à l'entrée. La cour intérieure nous servait de terrain de jeux. Avec les années, les enfants avaient réussi à déformer les clôtures pour se frayer un passage entre les barres de fer. Nous pouvions prendre ce raccourci pour aller à l'école. Un jour, j'ai suivi les élèves de mon quartier, je me suis rendue à l'école et quand j'ai retrouvé ma sœur, je suis allée vite m'asseoir avec elle. Ne me voyant nulle part, Nanny et tous les gens de mon entourage se mirent à ma recherche. Quand ils me trouvèrent, ils essayèrent de me ramener avec eux, mais je me débattais tellement que l'institutrice leur a dit de me laisser avec ma sœur. Je ne causais aucun problème.

C'est ainsi que dès l'âge de trois ans, j'ai pu fréquenter l'école et ne pas vivre séparée de ma sœur.

***

La vie de Londres, avec ses musées, ses grands édifices, ses théâtres, ses magasins et sa nature, contribuaient à parfaire notre culture. Des magasins comme chez Harrod's étaient au-delà de nos moyens, mais nous aimions faire du lèche-vitrines. Nous prenions beaucoup de plaisir à nous promener dans les parcs notamment le Hyde Park, le St.James Park, le Green Park et Trafalgar Square. C'était agréable d'y nourrir les cygnes et les pigeons.

Le spectacle de la pauvreté m'a toujours troublée. J'éprouvais une grande tristesse à voir la longue file d'hommes vêtus de longs manteaux noirs, attendant la nourriture offerte par l'Armée du Salut. C'était des gens sans emploi. Je me suis souvent demandé où étaient leurs femmes et leurs enfants puisqu'on les voyait rarement.

Dans presque chaque appartement, même chez les gens plus fortunés que nous, on se chauffait au charbon. Le charbonnier portait un tablier en caoutchouc et une casquette tournée le devant derrière pour protéger ses vêtements et empêcher que la poussière des sacs qu'il transportait sur son dos descende dans son cou. Il vidait les sacs dans un trou du pavé qui allait directement à la cave et chacun allait s'approvisionner au besoin. Le transport du charbon se faisait dans une charrette tirée par un cheval. Ce mode de chauffage encrassait beaucoup les cheminées. Deux fois par année, le ramoneur venait avec son échelle et son long balai pour les nettoyer. Il en sortait toujours noir de suie. On disait qu'une femme qui se mariait le jour où le ramoneur passait était une femme chanceuse.

35

Nombre de métiers se pratiquaient ainsi de porte-à-porte. Le laitier, par exemple, faisait sa tournée quotidienne en charrette. Les chevaux devenaient si habitués à leur routine que sans que le conducteur les avertisse, ils s'arrêtaient automatiquement à chaque maison. Il faut dire que bien des gens leur offraient des carottes, du sucre ou des pommes.

Passaient aussi ceux qu'on appelait les chiffonniers. Ils criaient : « *Rags & jars* », expression qui signifiait bocaux vides et chiffons. Nous, les enfants, suppliions notre mère de leur en donner. En retour, nous recevions un ou deux poissons rouges. Mais les pauvres poissons, placés dans un grand bol, ne vivaient pas longtemps.

Le soir venu, les allumeurs de lampadaires faisaient leur tournée. Alimentés au gaz, ces lampadaires étaient allumés au crépuscule et ils étaient éteints chaque matin à l'aurore. Par la fenêtre, je m'amusais à observer l'un de ces étranges personnages. Il s'arrêtait à chaque lampadaire, ouvrait la petite porte vitrée, allumait la mèche avec un briquet placé au bout d'une longue perche, puis il la refermait. Je n'étais sûrement pas la seule à l'observer sans me lasser puisqu'une chanson, *The old lamplighter*, lui fut dédiée. L'arrivée de l'électricité fit disparaître lampes à gaz et allumeurs.

À longueur d'année, on avait droit à la visite du marchand de marrons. Pendant les mois d'été, cet homme se promenait en chariot, avec tout son équipement pour vendre des marrons chauds. Pendant les mois d'hiver, utilisant toujours un baril de charbon pour chauffer la grille, il faisait aussi cuire des pommes de terre en robe des champs. Lorsque la température était froide, on appréciait bien son passage, car on en profitait pour se réchauffer les mains tout en se régalant de patates chaudes, enveloppées dans du papier journal, exactement comme les *fish & chips*, un mets typique de Londres. On saupoudrait généreusement ces patates fumantes de sel et de poivre. C'était un goûter très savoureux.

CHAPITRE 3

Les jeux de la destinée

Une nouvelle rencontre dans la vie de la mère de Joan leur apportera-t-elle une meilleure qualité de vie ?

J'avais environ cinq ans lorsque ma mère rencontra Pat Roadway. Il était gentil avec ma sœur et moi et il se montrait bon pour notre mère. Je ne saurais dire combien de mois ils ont mis à s'apprivoiser, mais je sais une chose : quand il est venu demeurer à la maison, nous l'appelions Daddy tant il se conduisait comme un père avec nous. C'est alors que la vie prit un tournant différent pour nous trois. Nous avons d'abord emménagé dans un appartement un peu plus grand que Daddy avait pris soin d'organiser proprement. Il était vraiment un homme adroit; briqueteur de métier, il pouvait aussi construire, peinturer, presser le linge et même cuisiner. Comme j'étais fière de la maison de poupées qu'il nous avait fabriquée! Pour ranger nos poupées de carton et leurs vêtements, il nous avait offert une valise qu'il avait recouverte d'imitation de cuir. Après le souper, il me prenait sur ses genoux, et son journal en main, il me lisait les nouvelles du jour.

Pendant la guerre 1914-1918, Daddy fit partie de la cavalerie. Mais voilà qu'en France, il fut grièvement blessé par un cheval. Apeurée par le bruit soudain d'une explosion, la bête s'était mise à ruer frénétiquement et, d'un coup de patte, avait blessé Daddy à la tête. Une fracture du crâne avait nécessité une intervention chirurgicale et le médecin avait dû lui placer une plaque de métal sur le front. À cause de cet accident, Daddy ne devait prendre aucune boisson forte. Le moindrement qu'il en abusait, il devenait agressif, sombrait dans la violence verbale et nous faisait peur. Par contre, quand il était sobre, il était très agréable et très patient. C'est lui qui nous a montré comment fabriquer une radio en cristal à partir d'un morceau de bois, un fil métallique, une lame de rasoir, une épingle de sûreté et des casques d'écoute. Nous pouvions à peine entendre les nouvelles des différents pays, mais nous étions fascinées par cette technologie.

En plus de ces qualités personnelles, Daddy faisait partie d'une famille adorable. Son frère, Eddy, et sa sœur Gladys nous gâtaient beaucoup. Eddy était matelot dans la Marine royale. Il avait visité plusieurs pays. Un jour, sa photographie parut à la une dans le journal du dimanche. Il tenait une petite fille de race noire dans ses bras. Elle portait le casque blanc de la marine, celui de l'oncle Eddy, et elle pleurait. C'était une très belle photographie dont nous étions tous très fiers. Ma mère l'a conservée précieusement pendant de nombreuses années.

Celle qu'on appelait tante Gladys était très généreuse. À l'occasion d'un Noël, elle nous avait acheté, à chacune de nous, une magnifique poupée à la tête de plâtre. Nous étions si contentes d'avoir ces poupées que nous avons couru les montrer à nos amies qui se trouvaient à l'extérieur. Assises sur le perron, nous écoutions l'orgue de Barbarie. Au rythme de la musique, nous faisions danser nos poupées quand, tout à coup, Jeanne échappa la sienne et la brisa. Peinée et déçue, elle se retourna brusquement, m'arracha la mienne et lui infligea le même sort. Pauvres poupées! Elles n'avaient même pas survécu une seule journée. Par la suite, nous n'avons jamais reçu d'aussi belles poupées en cadeau si ce n'est qu'une poupée de chiffon et un petit ourson.

Avec l'arrivée de Daddy dans sa vie, ma mère avait plus d'occasions de sortir. Le samedi soir, ils allaient régulièrement au pub. Comme leur situation financière était confortable, maman put s'acheter de beaux vêtements et satisfaire sa coquetterie. Je me rappelle encore de deux costumes qu'elle portait, l'un était vert menthe, orné d'un galon décoratif blanc sur le veston; l'autre, bleu marin avec un col blanc. Elle préférait porter la couleur marine mais les deux lui allaient à merveille.

La présence de Daddy dans la famille nous valut un autre privilège : nous n'avions plus à nous faire garder après l'école. Maman nous avait remis la clé de la porte et nous revenions directement à la maison, contentes de sauter dans notre ensemble sport. Mais avant d'aller jouer, il fallait accomplir les petites tâches qui nous avaient été désignées. Toutes les pièces de la maison devaient être impeccables. Or, cela ne se faisait pas sans quelques petits démêlés avec ma sœur qui était plus du genre à donner des ordres qu'à remettre chaque chose à sa place. Finalement, lorsque tout était propre, nous pouvions aller jouer dehors avec les amis. Les fins de semaine, c'était le grand ménage de la maison. Après avoir terminé, nous allions au marché acheter la nourriture pour la semaine. Maman cuisinait de succulents repas. Mon mets préféré était le *roast beef* servi avec des choux de Bruxelles. Le *Yorkshire pudding* complétait bien ce délicieux repas. Jeanne, ne raffolant pas des choux de Bruxelles, en profitait pour les glisser dans mon assiette aussitôt que maman avait le dos tourné. J'adorais cela. Nous mangions rarement des sucreries, ma mère nous achetait surtout des fruits.

Je me plaisais à jouer dehors, mais je ne détestais pas rester dans la maison. Avec un livre à lire et mon chat près de moi, j'étais très heureuse. Je pouvais rester tranquille pendant des heures. À chaque semaine, j'empruntais plusieurs livres à la bibliothèque.

J'aimais beaucoup les animaux aussi. Nous avions toujours un chat ou un chien, des poissons rouges et des oiseaux à la maison. Maman en prenait bien soin et elle s'y attachait. Chaque fois que nous devions déménager, aussitôt arrivée dans le nouvel appartement, elle badigeonnait les pattes du chat avec du beurre pour qu'il reconnaisse son chemin s'il allait vagabonder ou était tenté de retourner à l'ancien appartement. Il est arrivé que maman l'ait oublié et elle a retrouvé le chat, assis bien tranquille sur le perron de notre ancien logement.

Je n'aimais pas que la lecture et les animaux. La musique me passionnait. J'aurais aimé apprendre le piano, mais ma mère n'avait pas les moyens de me payer des leçons et encore moins de m'offrir cet instrument. Néanmoins, elle a pu acheter un gramophone et, de temps à autre, des disques. Nous écoutions des chansons populaires, de la musique de danse et des chansons semi-classiques. Nous avions l'ambition de les apprendre toutes par coeur.

Parmi mes autres bonheurs, il y avait les dimanches et les jours de fête. Ces jours-là, on portait une robe plus chic et un béret de la même couleur que maman nous avait tricoté au crochet. L'une de mes robes préférées était blanche avec des fleurs lilas, ornée d'un collet *Peter Pan* et de manchettes bien empesées.

J'adorais aller à l'église. Le dimanche, nous allions à la High Church of England, une église anglicane. Le matin, nous assistions à la messe, l'après-midi, c'était l'école du dimanche (l'enseignement de la religion) et le soir, le *Evensong* [1]. Mais je ne comprenais pas pourquoi maman ne venait pas avec nous et je n'osais pas le lui demander. Ce n'est que quelques années plus tard que je compris que c'était à cause de sa séparation d'avec mon père. Par contre, ma mère ne se conduisait pas moins en chrétienne exemplaire. En plus d'aider les autres, elle nous enseignait à les accepter tels qu'ils étaient, peu importe leur ethnie. J'en ai eu la preuve quand, un jour elle suspendit au mur une affiche de couleur représentant Jésus entouré d'enfants de différentes nationalités. Je lui demandai pourquoi les enfants étaient de différentes couleurs. Elle répondit que les enfants étaient comme les fleurs des champs et que Jésus les aimait tous, peu importe leur couleur, leur croyance ou leur race. Comme nous avions à déménager souvent, cette ouverture à l'acceptation inconditionnelle des autres m'a rendu de grands services. À chaque nouvelle école, je devais m'intégrer aux étrangers et me refaire un nouveau cercle d'amis. Même si c'était difficile, comme j'étais avide de connaissances, j'adorais aller à l'école. J'aimais jouer avec les enfants de mon entourage et je déplorais n'avoir le temps de développer des amitiés profondes.

À l'école primaire, environ deux fois par année, un policier nous visitait pour nous parler de différents sujets, notamment de l'attitude à avoir si nous étions poursuivis par un étranger. Il ajoutait, qu'en cas de doute, il ne fallait pas hésiter à recourir au policier ou à l'adulte le plus près. À Londres, les policiers étaient considérés comme nos amis.

Une autre visite attendue était celle de l'infirmière. Elle rencontrait les élèves régulièrement, les pesait, examinait leurs yeux, leurs dents et leur cuir chevelu. Si un problème survenait, les parents en étaient informés par écrit. Fait étrange, alléguant que les gens de la ville manquaient de

---

[1] Cérémonie religieuse, semblable aux Vêpres.

soleil, tous les élèves de première année devaient recevoir des traitements à l'ultraviolet. Pour ce faire, nous étions vêtus uniquement de nos sous-vêtements et nous devions porter des lunettes spéciales. Nous nous étendions en cercle sur le plancher, les pieds vers le milieu pour recevoir ces traitements. Ils ne duraient que quelques minutes, mais nous devions nous y astreindre toutes les semaines.

Je ne sais pas si ces traitements y étaient pour quelque chose, mais je réussissais très bien à l'école. Mon seul problème, c'était ma sœur Jeanne. J'étais en âge de prendre un peu d'autonomie et elle persistait à vouloir régler, et à sa façon, les petits différends que j'avais avec mes compagnes. Elle intervenait en batailleuse alors que j'aurais préféré régler mes conflits à l'amiable.

À l'école, on ne nous enseignait pas que les matières académiques. Différentes activités étaient organisées et je n'en manquais aucune. Je faisais toujours partie d'un chœur de chant et d'une troupe de théâtre. J'apprenais vite les chansons et les répliques. Lors des fêtes populaires, on chantait *I vow to Thee my country* et *Land of hope and glory*, des chansons plutôt patriotiques. Nous faisions aussi des visites culturelles, notamment au *The Tate Gallery* où il y avait de très peintures d'artistes connus dont une exposition des oeuvres de Van Gogh. D'ailleurs, l'une d'elles m'est toujours restée en mémoire : *Les tournesols*. Nous sommes même allés au *London's old Bailey*, où quelques-uns des procès de meurtres très connus eurent lieu.

Maman et Daddy aussi nous emmenaient visiter les endroits les plus recherchés de Londres. Endimanchées, nous avions hâte de faire de nouvelles découvertes. Maman, toute menue avec ses quatre pieds et dix pouces, soigneusement vêtue, avait l'air très distingué. Que je la trouvais belle! Comme le transport d'un endroit à l'autre était très lent à cette époque, j'avais le temps de l'admirer à mon goût. Nous nous déplacions soit par autobus à deux étages, soit par autobus électriques ou par métro, appelé chez nous *underground*. Le métro étant le moyen de transport le plus rapide, nous l'utilisions souvent. La plupart du temps, nous vivions dans l'est ou le nord de Londres et nous prenions le métro pour aller vers l'ouest, à environ dix minutes des grands restaurants, théâtres et cinémas. Nous pouvions aussi admirer les parcs, les musées et les autres endroits publics. Des sites touristiques tels que *Buckingham Palace*, le musée de *Madame Tussaud* et les autres musées étaient vraiment intéressants et enrichissants à visiter. Les grands magasins *Harrod's* et *Selfridges* étaient très fréquentés par les gens plus fortunés. Nous visitions aussi des endroits comme *Whipsnade Zoo, The Kew Botanical Gardens, Hyde Park,* pendant que le *speaker's corner* (orateur), debout sur de grosses boîtes de bois, discourait, ou de politique, ou de religion. L'orchestre de l'Armée du Salut n'était jamais bien loin. Nous allions aussi voir les cygnes et les canards se prélasser sur la rivière *The Serpentine* ou encore, nous allions visiter *Trafalgar Square* et nourrir les pigeons avec des graines que nous achetions sur place. À l'occasion, on nous amenait au *Music Hall* pour voir un spectacle du genre vaudeville qui présentait souvent un extrait sur les animaux.

À un autre moment, nous sommes allés visiter *Epping Forest*, une petite région de la faune sauvage remplie d'arbres et de fleurs : des jacinthes des bois, des violettes sauvages et des primevères. Nous pouvions aussi y admirer des écureuils, des oiseaux et des grenouilles, tout près d'un ruisseau. C'était un endroit paisible et agréable.

Parfois, nous visitions des amis de maman qui résidaient du côté est de Londres, à Bethnal Green. Pour nous y rendre, nous devions utiliser le métro. Ces gens possédaient un corbeau noir qui avait été entraîné à dire quelques mots. Nous passions un temps fou à essayer de lui en apprendre de nouveaux.

Pour Noël, maman et Daddy achetaient des billets pour nous emmener au cirque ou voir un beau spectacle du temps des Fêtes. Nous n'avions pas beaucoup de décorations de Noël, mais nous mettions nos bas sur le manteau de la cheminée et nous les retrouvions, le lendemain matin, pleins de bonbons et de petits jeux.

Avec ma mère, nous allions visiter sa tante et son oncle, Polly et Tom Walker ainsi que leur fille, cousine Florrie. Ils étaient sa seule parenté en Angleterre. Nous prenions l'autobus le matin pour Walthamstow, en banlieue de Londres, et nous y restions toute la journée. Maman nous habillait de nos plus beaux vêtements et elle nous avertissait avant de partir : « *Mind your P's and Q's* », ce qui signifiait : soyez polies et ne posez aucune question. À cette époque, on disait des enfants « *that they were to be seen and not heard* », ce qui voulait dire qu'ils existaient pour être vus mais non pour être entendus.

La famille de mon oncle Tom vivait dans une très belle maison. À l'arrière, nous y trouvions un magnifique jardin rempli de fleurs et d'arbres fruitiers et un potager. Comme tante Polly était une personne très sévère, je n'éprouvais pas grand plaisir à la visiter. En sa présence, il aurait fallu se transformer en poupée perchée sur une tablette. Elle ne souriait pratiquement jamais. Je ne sentais pas qu'elle aimait les enfants. Par contre, oncle Tom était un homme charmant. Quand je l'ai connu, il avait des problèmes avec ses mains, une forme de paralysie; elles tremblaient tout le temps. Heureusement, je me sentais bien avec leur fille, cousine Florrie. Institutrice au primaire, elle comprenait et aimait les jeunes enfants.

En visite chez tante Polly, lorsque la température le permettait, je me réfugiais près d'un lilas. Étendue sur une chaise longue, je lisais jusqu'à ce qu'on m'appelle. À moins qu'on m'en donne la permission, je ne touchais à rien. J'étais très respectueuse et soumise. Lorsqu'il pleuvait, avec bonheur, je m'enfermais dans le bureau de l'oncle Tom. Les innombrables livres étalés le long des murs piquaient ma curiosité. Pour lire confortablement, je prenais place dans le grand fauteuil en cuir noir ou sur le large tablier de la fenêtre, des coussins sous les fesses.

Daddy ne venait jamais avec nous chez tante Polly et oncle Tom. Tante Polly n'aurait pas accepté que ma mère, même si elle était séparée légalement, vive avec un autre homme alors qu'elle n'était pas divorcée. Leur fille Florrie était plus compréhensive et elle glissait de l'argent dans la main de ma mère avant que nous partions. Nous revenions chez nous avec un pot de confitures faites à la maison, les bras chargés de fleur et de légumes frais.

À ces sorties, s'ajoutaient celles des vacances d'été. Le premier lundi du mois d'août, c'était *Bank Holiday*. Même si ce jour de congé devait être réservé aux employés des banques, il visait tous les travailleurs. Chaque année, mes parents en profitaient pour nous emmener à *South-end-on-Sea*, une station balnéaire près de Londres qui offrait une magnifique vue sur la mer. Des trains spéciaux étaient mis à la disposition des citadins. Aussitôt arrivés, nous sortions nos seaux et nos pelles et nous courrions vers la plage; les boutiques et les petits restaurants qui la bordaient nous attiraient tout autant. Nous devions toutefois nous tenir près de nos parents. Maman avait pris soin de nous expliquer que s'il nous arrivait de nous perdre, nous devions recourir au policier le plus près et qu'il se chargerait de nous ramener à notre mère. Un jour, je décidai de vérifier par moi-même les dires de maman. Je me suis éloignée jusqu'à ce que je ne vois plus mes parents parmi la foule. Puis, je suis allée vers un policier qui me paraissait bien compatissant. Les larmes aux yeux, je lui dis que je cherchais ma mère. Il me prit par la main et m'amena sur la tribune d'où il annonça que Joan Smedley avait été retrouvée et qu'on demandait à sa mère de venir la chercher à la tente de la Croix-Rouge. J'étais en train de boire un jus d'orange lorsque j'aperçus maman. Elle se montra heureuse de me retrouver, mais elle m'aurait sûrement réprimandée si elle avait su que j'avais joué la comédie.

En repensant à mon enfance, je constate que je prenais plaisir à plein de choses et que j'étais une enfant douée pour le bonheur. Des événements aussi peu souhaitables qu'une intervention chirurgicale devenaient pour moi une occasion de m'amuser. J'avais dix ans quand, pendant les vacances de Pâques, je dus être hospitalisée pour une amygdalite. J'avoue avoir eu un moment de panique lorsqu'à la salle d'opération, on me mit un masque sur le visage. Je sentais que j'étouffais. J'ignorais que c'était la façon d'anesthésier. Lorsque je me suis réveillée, j'avais mal à la gorge, mais je fus vite réconfortée par les nombreux visiteurs qui m'apportèrent des œufs de Pâques. J'en avais tellement que maman a demandé à l'infirmière en chef de les partager avec les autres enfants de l'étage. Je suis demeurée à l'hôpital dix jours, même si peu de temps après mon intervention, j'étais déjà debout et j'aidais le personnel. Je crus, à ce moment-là, que je deviendrais infirmière.

Je me demande encore aujourd'hui ce qu'auraient été mon enfance et ma jeunesse sans la musique et la danse. Maman disait souvent que j'avais appris à danser en même temps que j'avais appris à faire mes premiers pas. J'étais jeune quand elle m'a enseigné une danse écossaise et la grande valse. Je chantais et je dansais tout le temps. Touché par ma passion et mon talent naturel, Daddy décida de me payer des cours. À l'école de danse, nous étions divisés en catégories d'âge. On nous apprenait la danse à claquettes, la danse acrobatique et le chant. J'y allais assidûment une fois par semaine. Rien n'aurait pu m'en empêcher. Je m'en donnais à cœur joie dans un groupe de danseurs qui excellaient au point d'être souvent sollicités pour participer à différents spectacles.

Je n'oublierai jamais mon premier costume de danse. Il avait été confectionné par ma sœur Minnie qui prenait des cours de couture. Pour les représentations publiques, nous étions vêtues d'une jupe courte, à plis français, carrelée rouge et blanc et fendue sur les côtés. La petite culotte était assortie au reste. Nous portions des bas blancs, des souliers à claquettes en cuir verni noir, décorés d'une immense boucle rouge. Parfois, nous ajoutions un béret et un veston rouges, ornés de glands blancs et verts.

Malgré mes études et mes cours de chant et de danse, il me restait un peu de temps libre. Comme je n'avais que quelques amies, j'éprouvais un besoin de contacts et d'échanges avec d'autres jeunes. Ce besoin m'incita à m'impliquer dans plusieurs associations telles les Jeannettes, les Guides, la Croix-Rouge junior et la brigade des ambulanciers St-Jean. Je fis partie aussi du *Mickey Mouse Club* du théâtre *Odeon*. Grâce à l'épinglette du club que je portais fièrement, je pouvais assister à la projection de deux films, à un prix très raisonnable. À l'entracte, il y avait des concours pour les jeunes talents et Jeanne donnait souvent mon nom. Je me présentais avec une nouvelle chanson, agrémentée d'une danse. Shirley Temple était mon idole et je l'imitais en chantant *On the good ship Lollipop*. Le gagnant ou la gagnante repartait avec une tablette de chocolat et une entrée gratuite pour la semaine suivante. Je gagnais souvent. À voir ma sœur s'empresser d'avaler presque toute la tablette de chocolat, je conclus qu'elle aimait mieux le chocolat que le fait que j'aie gagné le concours. Considérant que je remportais le prix trop souvent, les organisateurs m'ont demandé de ne plus m'inscrire à ces concours.

Le fait d'habiter en Angleterre m'a permis d'assister à nombre d'événements grandioses de la monarchie. Je n'étais pas née quand, le 26 avril 1923, George VI épousa Elizabeth Bowes-Lyon (la reine mère). Mais j'ai pu assister, le 6 mai 1935, au jubilé royal et, l'année suivante, à l'abdication du roi Edward VIII. Le 10 décembre 1936, il avait épousé Wallis Simpson, une divorcée américaine, devenue duchesse de Windsor. C'est alors que Edward VIII reçut le titre du Duc de Windsor. Finalement, le 12 mai 1937, nous avons assisté au couronnement du roi George VI et de sa femme, la reine Elizabeth Bowes-Lyon, la reine mère. Lors de ces fêtes, les rues étaient pavoisées de drapeaux de *l'Union Jack*, de banderoles rouges, blanches et bleues ainsi que de décorations de toutes sortes disposées un peu partout. On nous vendait nombre de souvenirs : des photographies du couple royal et de leur couronnement, des tasses, des cabarets, des crayons et bien d'autres petites choses. Des tables étaient dressées dans les rues et des repas étaient servis gratuitement à tout le monde. Je me rappelle y avoir chanté la chanson populaire de Bob Hope *Pennies from Heaven* tout en dansant, et j'avais gagné six pennies[2], environ douze cents.

Ces démonstrations publiques avaient généralement lieu la fin de semaine et elles étaient organisées dans

---

[2]Unité monétaire divisionnaire anglaise et irlandaise qui valait, jusqu'en 1971, le douzième du shilling.

chacune des rues par un comité de bénévoles. C'était toujours une réussite. Il y avait souvent des défilés autour de Buckingham Palace lors du changement de garde et à l'élection de Lord Mayor. Dans ce défilé, les marchands de l'est de Londres élisaient un couple qu'on revêtait d'un costume sombre aux boutons nacrés et qu'on surnommait *Pearly King and Queen.*

Déterminée et remplie d'enthousiasme, je me plaisais à participer à toutes ces activités publiques de même qu'à mes cours de chant et danse. Malheureusement, la guerre éclata et notre régime de vie a complètement changé. Tout est devenu instable. Le plaisir que nous éprouvions à participer à toutes ces belles activités céda la place à l'inquiétude et au désarroi. Tous nos projets de spectacles furent annulés. Une autre page de notre vie venait de tourner. L'avenir s'annonçait parsemé d'embûches de toutes sortes.

CHAPITRE 4

Les atrocités de la guerre

Vivre la guerre à dix ans laisse des traces indélébiles.

La sirène d'un raid aérien se fit entendre. Je n'avais jamais été témoin d'un tel vacarme! Je courus à la maison à toute vitesse. Dans un discours à la nation britannique, Sir Neville Chamberlain venait d'annoncer : **WAR IS DECLARED** ! (*La guerre est déclarée !*).

Depuis plusieurs mois, nous entendions parler de l'invasion de plusieurs pays européens par l'armée allemande, dirigée par Adolphe Hitler. Quelques mois auparavant, juste avant la déclaration de la guerre, notre premier ministre, Sir Neville Chamberlain, avait fait plusieurs voyages à Berlin pour discuter de la situation avec Hitler, mais ces discussions ne l'avaient pas empêché de continuer ses invasions, entre autres en France. Puis, sa future conquête devait être l'Angleterre.

J'avais environ onze ans et demi. Même si nous avions déjà entendu des récits relatant la Première Guerre mondiale, je n'avais aucune idée de ce qui nous attendait : rationnement pour la nourriture et les vêtements, obligation de porter avec soi, constamment, sa carte d'identité et un masque à gaz. C'était traumatisant pour nous, les enfants de devoir transporter un masque dans une petite boîte de carton, suspendue par une corde à notre cou. On nous montrait comment l'utiliser. Tous les soirs, vers vingt-trois heures, c'était le couvre-feu. Tout était fermé, même le transport en commun. C'était terrifiant pour nous, les jeunes, car nous ne comprenions pas très bien ce qui se passait. L'atmosphère était lugubre. La nuit, c'était la noirceur complète à travers tout le pays. Aucune lumière nulle part. Des couvertures opaques ou des rideaux épais couvraient les fenêtres afin qu'aucune lumière ne soit perçue de l'extérieur. Si une lueur paraissait, un *home-guard*[3] ou un policier venait frapper nous en avertir. Les lampes de poche étaient permises, mais elles devaient être partiellement recouvertes.

Dès l'âge de dix-huit ans, les jeunes femmes et les jeunes hommes étaient appelés pour le service militaire, sauf ceux et celles qui travaillaient pour les services essentiels comme à la ferme et dans les usines. Ce ne fut pas long que les propriétaires d'usines, de magasins ou d'autres édifices publiques placardèrent leurs fenêtres afin de réduire le bruit des explosions de bombes, permettant ainsi aux ouvriers de poursuivre leur travail tant bien que mal. Souvent, on voyait les vitrines de magasins recouvertes de ruban adhésif en forme de **X,** dans le but de réduire l'effet dévastateur des explosions provenant des bombardements. Différents genres d'abris furent graduellement construits un peu partout dans les villes et dans les cours arrière des maisons. D'autres personnes préféraient descendre dans le métro. Un poste de la Croix-Rouge était érigé près des stations de métro et des couchettes étaient mises à la disposition des infortunés sur le quai d'arrivée. Les *home-guards* aidaient beaucoup les citoyens en surveillant constamment un peu partout, dans le but d'éviter que des infractions ou du vandalisme soient commis pendant que la plupart des familles étaient réfugiés dans les abris. Des feuillets explicatifs étaient remis à

---

[3]Des hommes et des femmes, plus âgés qui ont parfois servi à la Première Guerre mondiale et qui ne peuvent être acceptés dans le service militaire.

chacune des familles, les informant sur les modalités de fonctionnement en cas d'incendie.

La Croix-Rouge était omniprésente. Ses représentants se donnaient sans compter pour soigner ou informer les gens. Ils étaient vraiment formidables. Dans le but de limiter les dégâts et de nous protéger, des réseaux de barrages de ballons couvraient le ciel de Londres. Ils empêchaient les avions ennemis de descendre trop bas et de frapper directement la cible visée. Le soir et la nuit, le ciel était illuminé de projecteurs à la recherche des avions ennemis qui survolaient la ville pour démolir nos canons anti-aériens.

Les gens qui ne faisaient pas partie des services militaires étaient sommés de travailler dans les usines ou d'aider aux différents travaux nécessaires en temps de guerre. C'est d'ailleurs à cette période que les femmes ont commencé à porter des pantalons, car elles faisaient des métiers d'hommes, comme la soudure. Ces filles étaient surnommées *Rosie the riverter* . Elles portaient sur leur tête des résilles qu'on appelait *snoods* pour protéger leurs cheveux. Fabriquées de filets épais, ces résilles sont devenues, avec le temps, plus délicates et de différentes couleurs. Nous les portions comme décoration lors de nos différentes sorties.

Malgré la guerre et tous ses dangers, nous devions fréquenter l'école. Nous recevions toutes les informations nécessaires à notre protection, advenant un raid aérien. Si nous ne pouvions aller rapidement dans un abri pendant un bombardement, nous devions nous cacher sous un pupitre, une chaise, un lit, ou sous tout autre meuble, ou encore, nous tenir près d'un mur afin de nous protéger contre les vitres qui se brisaient et qui pouvaient nous blesser sérieusement. C'était affolant, mais le pire était encore à venir. Un jour, je suis arrivée à la maison avec une note de la direction de l'école informant mes parents de l'obligation reçue d'évacuer les enfants et les mères avec leurs jeunes bébés. Tous devaient être envoyés dans les campagnes afin de leur assurer une meilleure sécurité. Les parents devaient donc nous préparer une petite valise incluant une taie d'oreiller, un seul vêtement de rechange et quelques effets personnels. Nous devions apporter ce mince bagage à l'école chaque matin, car les autorités ne pouvaient prévoir le lieu et le moment où nous aurions à partir à la sauvette. Tout était gardé secret. Arrivés à destination, nous devions écrire à nos parents pour leur donner notre adresse.

Quelques semaines après les premiers bombardements, ma soeur et moi avons dû laisser la maison, sans même avoir le temps de dire bonjour à nos parents. J'étais bouleversée à l'idée de quitter ma famille; je me sentais déchirée. Des agents de la Croix Rouge nous emmenèrent à la gare, par autobus. Là, ils nous remirent des petits sacs bruns en papier avec un lunch et un billet d'identité attaché à notre manteau. Des enfants et des adultes pleuraient sur le quai de la gare. Certains enfants étaient arrachés des bras de leur mère en larmes. C'était terrible à voir. Nous étions ensuite entassés dans un train avec nos petites affaires personnelles et notre masque à gaz. J'étais très inquiète. Je me demandais où j'allais et avec quelle sorte de gens je vivrais. Allais-je revoir mes parents un jour ? Quand ? Tellement de questions demeurées sans réponses !

Après un long voyage en train, nous sommes finalement arrivés à destination. Plusieurs wagons, remplis à pleine capacité, ouvrirent leurs portes pour laisser descendre des centaines d'enfants accompagnés de quelques infirmières et bénévoles de la Croix-Rouge. Je ne me souviens pas du nom de l'endroit, mais c'était un village tranquille et propre près de Wisbeach dans le Lincolnshire, situé sur la baie The

Wash, dans la mer du Nord. Assis par terre, au gymnase de l'école du village, nous attendions d'être choisis par les familles qui avaient été informées qu'elles devaient prendre un ou deux évacués de Londres. Ces gens n'étaient pas toujours intéressés à nous accueillir, mais ils n'avaient pas le choix et nous le sentions. Ils nous regardaient comme si nous avions été un troupeau d'animaux. Ils choisissaient les meilleurs, selon leurs critères personnels. Loin de maman et de mes amis, inquiète et épuisée par le voyage, j'ai ressenti, à ce moment, une grande détresse. Un couple s'est enfin avancé vers ma sœur et moi. Ces gens semblaient aimables. Ils avaient une fille du nom de Jean[4] d'un an mon aînée. Cette famille possédait un très beau bungalow et une fermette. Nous les appelions tante Rose et oncle Bob. Même si je m'ennuyais beaucoup de ma mère et que je me sentais un peu seule, je découvrais une autre façon de vivre le quotidien avec ma nouvelle famille.

Les enfants évacués n'avaient pas la permission d'aller à la même école que les enfants du village. Cette marginalisation nous donnait l'impression d'être des gens contaminés qu'il fallait tenir à l'écart. Nos cours étaient dispensés dans des salles paroissiales par les mêmes professeurs qu'à Londres. Tous les niveaux scolaires étaient regroupés dans la même classe. Il n'y avait que deux professeurs mais ils semblaient s'en tirer assez bien.

Durant les mois d'hiver, la baie The Wash gelait assez pour que nous puissions aller patiner. Je n'avais jamais chaussé de patins mais Jean, ma nouvelle connaissance, m'en prêta une paire avec lesquels je pus apprendre.

Un jour, un groupe d'élèves de notre école, dont moi-même, avons décidé d'assister à un concours de patinage à l'heure du dîner. Nous sommes arrivées en retard à l'école et,

---

[4] En anglais le «ea» de Jean se prononce comme un «i» en français.

comme réprimande, le directeur nous envoya à l'arrière de la classe en attendant la décision de M. Charles, notre professeur, un homme qui mesurait au moins six pieds. Il nous prévint que nous recevrions une punition pendant la récréation. M. Charles avait décidé de nous frapper à coups de canne de bambou, dans les mains. Je devais être la première du groupe à être punie. Or, juste avant que M. Charles ait le temps de me frapper, Jeanne qui devait nettoyer le tableau de la classe pendant la récréation, arriva en rafale, arracha la canne de bambou des mains du professeur et la cassa. Le professeur figea, stupéfait. Grâce à l'intervention de ma sœur Jeanne, nous avons été épargnées des coups de bambou, mais nous avons quand même hérité d'une sévère réprimande.

Un grand chagrin m'attendait trois semaines seulement après notre arrivée dans cette famille. Ma sœur m'annonça qu'elle voulait retourner à Londres. Elle s'ennuyait tellement de maman qu'elle préférait le travail à l'école, même si elle n'avait que quatorze ans. Je me retrouvai donc seule, loin de ma famille, sans ma sœur pour me protéger.

Pendant ce séjour, je dus fréquenter l'église baptiste plutôt que l'église anglicane, ma religion. Je n'avais pas le choix, je devais faire ce qu'on m'ordonnait.

Chaque dimanche, durant les mois d'été, en après-midi, la famille sortait pour faire un tour à bicyclette dans les alentours. Jean me donna la sienne et ses parents lui en achetèrent une neuve. C'était encore une nouvelle expérience pour moi.

L'été était une saison très occupée à la ferme. Les champs étaient remplis de fleurs magnifiques. Il y avait des rangées de tulipes, de narcisses et de jonquilles Roi Alfred. Toute la famille devait s'affairer à couper les fleurs. Cette besogne se passait à l'ombre d'un immense chêne près de la maison. Nous travaillions sur des tables remplies de boîtes dans lesquelles nous y déposions délicatement les fleurs qui seraient, par la suite, transportées au marché. J'adorais cette activité, même si c'était fatigant.

Tout près de là, il y avait l'enclos des chevaux. Dès que quelqu'un sortait de la maison, les bêtes s'approchaient de la clôture et attendaient patiemment leurs petites gâteries. Avant de partir à l'école, il m'arrivait souvent de leur porter une pomme ou une carotte.

Dans mes temps libres, je devais travailler dans les champs. Oncle Bob y faisait pousser des légumes et tout le monde donnait un coup de main pour les cueillir, dès qu'ils étaient mûrs. Je n'étais jamais oisive. J'avais toujours une tâche qui m'attendait et je l'appréciais.

Lorsque j'allais au champ, j'avais la permission de monter sur le dos du vieux cheval appelé Tom. C'était le plus gros mais il était aussi doux qu'un agneau. J'aimais tous les animaux de la ferme et j'avais une tâche particulière et agréable à effectuer. Un incubateur garni de plusieurs œufs étaient placés dans la grande chambre que j'occupais. Je devais tourner les œufs chaque matin; après trois semaines, j'étais récompensée en voyant les poussins venir au monde. Imaginez ce que cette expérience pouvait apporter à une petite fille de Londres... Les poussins étaient transportés au poulailler et après que l'incubateur ait été lavé et stérilisé, une autre couvée y était placée et le processus recommençait. Oncle Bob vendait les œufs au marché tandis que Tante Rose utilisait ceux qui étaient cassés pour faire des gâteaux. Mais, curieusement, pendant tout le temps passé chez eux, ce couple ne m'a jamais servi un seul œuf dans mon assiette. Moi qui aimais tant les œufs!

Pour la cueillette des pois verts, je recevais un petit montant d'argent avec lequel j'ai pu m'acheter une paire de souliers et subvenir à mes besoins personnels. Maman m'écrivait régulièrement et beaucoup plus tard, j'ai su qu'elle m'avait envoyé de l'argent, mais je ne me souviens pas de l'avoir reçu. Me l'a-t-on remis?

Sur l'un des côtés de la maison, il y avait un petit potager. C'était l'endroit, le long de la voie ferrée, où les trains s'arrêtaient pour faire le plein d'eau. Pendant que les réservoirs se remplissaient, le mécanicien achetait des produits frais de la ferme.

Lorsque je n'étais pas occupée à l'extérieur de la maison, j'aidais à l'intérieur. Je devais nettoyer ma chambre et faire certains travaux ménagers. Dans la salle à manger, il y avait un vaisselier, rempli d'argenterie. Presque tous les samedis matins, je devais nettoyer tous les ustensiles. Je n'aimais pas ce genre de travail et je jurai de ne jamais m'acheter d'argenterie. À certains jours, j'aurais préféré jouer avec mes compagnes de classe, mais je n'en avais pas toujours la permission.

À l'automne 1941, ma mère m'a écrit pour me demander si, pendant le temps de la guerre, je voulais aller vivre chez ma grand-mère maternelle, au Canada. J'ai accepté tout de suite et je suis retournée à Londres pour préparer mon voyage. Minnie était revenue à la maison avec la famille qui vivait, à ce moment, dans l'ouest de Londres sur la rue New Bond, près de Piccadilly Circus. Mes parents travaillaient pour M. Yerbury comme concierges dans un gros édifice appelé *The Building Centre* où se tenaient des expositions de salles de bain, de cuisine et autres. Notre appartement était situé au niveau supérieur de l'édifice, de sorte que pour nous y rendre nous devions prendre l'ascenseur.

Dans l'édifice où nous demeurions, nous pouvions admirer une exposition dédiée à l'histoire de la *Royal Air Force*. Plusieurs photographies avaient été suspendues aux murs. Au milieu de la salle principale d'exposition, trônait un immense trophée; celui qu'on appelait le *Schneider Trophy*. Il avait été gagné par la *Royal Air Force* d'Angleterre, juste avant le début de la guerre, en souvenir d'une course d'avions qui avait eu lieu entre plusieurs pays. Le trophée était gardé jour et nuit par des hommes de service de la *Royal Air Force*. Ils venaient manger à notre appartement. Avec le temps, ils devinrent comme des membres de la famille.

Un jour, un délégué du Palais royal est venu voir l'exposition. M. Yerbury, le propriétaire de l'édifice, demanda la permission à ma mère pour que je présente des fleurs à une dame de la famille royale. J'étais vêtue de l'uniforme des Jeannette dont je faisais partie. À l'arrivée de l'invitée de marque, je fis la salutation que j'avais pris soin de bien pratiquer pendant toute la semaine et je lui remis une gerbe de fleurs. La dignitaire était souriante et elle avait bien apprécié le geste. J'en fus très touchée.

En attendant mon départ pour le Canada, je devais continuer à fréquenter l'école. Un midi, alors que je me rendais à la maison avec deux autres compagnes de classe, un avion allemand tira sur les gens de la rue. On nous criait de nous mettre à l'abri dans les entrées des maisons ou de nous coucher le long des murs des édifices. J'étais presque rendue chez moi et j'ai pu me cacher dans notre entrée sans être blessée. Cependant, mes deux autres compagnes n'ont pas eu cette chance. Elles furent tuées sur-le-champ. J'étais si bouleversée que je ne pouvais pas regarder ce qui se passait. Ce jour-là, plusieurs personnes subirent le même sort, d'autres furent blessées. De tels drames nous affectaient si profondément qu'il était difficile de continuer à vaquer à nos occupations. Nous ne savions jamais à quel moment de la journée ou de la nuit nous serions attaqués.

Au début de décembre 1941, quelques jours avant le départ officiel du bateau qui devait m'emmener au Canada, nous avons été bombardés. Il était environ vingt et une heures. Nous étions au sous-sol, dans un abri que M. Yerbury avait construit pour nous et où nous allions chaque soir. J'étais en pyjama, occupée à lire. Jeanne et Minnie étaient dans le salon avec deux aviateurs de la *Royal Air Force* et chantaient des chants de Noël. Maman était dans la cuisinette à préparer le repas lorsqu'une mine frappa l'arrière de l'édifice, nous enterrant sous les débris. Un avion allemand avait fait descendre cette mine par parachute et lorsqu'elle toucha le sol, elle explosa. Je fus projetée en dehors de ma couchette sur le plancher de ciment et je me suis frappée la tête. Maman fut la première à recouvrer la voix et à nous appeler chacun à notre tour. Nous étions dans un tel état de choc que nous avons mis du temps à lui répondre. Nous avons dû attendre les secouristes pour nous sortir de dessous les débris. Cette attente nous parut une éternité. Quand les gens de la milice et les policiers arrivèrent, ils nous ordonnèrent d'abord de ne pas allumer d'allumettes, car il y avait des tuyaux de gaz un peu partout dans la ville de Londres. Environ trois heures s'écoulèrent avant que nous puissions tous sortir des débris. Les gens de la milice ont aussitôt vérifié si nous n'avions pas de blessures graves ou des fractures. Comme par miracle, personne ne fut blessé. Même pas Daddy qui était allé sur le toit et qui est descendu par l'ascenseur pour nous avertir. Me voyant grelotter de froid, un soldat mit son lourd manteau sur mes épaules pour me réchauffer.

Nous avons ensuite été emmenés dans un centre de la Croix-Rouge où un médecin soigna l'un des aviateurs de la *Royal Air Force* qui avait besoin de points de suture à la tête. Nous avons dormi sur des civières dans un abri de la Croix Rouge. Maman était inconsolable. Encore une fois, tous nos effets personnels avaient été détruits. L'abri était rempli de gens qui avaient été bombardés. Médecins, infirmières, le personnel de la Croix-Rouge, tous travaillaient sans relâche pour soigner et réconforter les rescapés du bombardement. Nous avons reçu quelques vêtements usagés pour nous dépanner et nous avons emménagé dans un appartement meublé.

Plus tard, nous avons su que la bombe qui avait frappé notre immeuble était destinée à l'édifice du gouvernement, situé juste derrière le nôtre. Plusieurs personnes dans notre arrondissement furent tuées. Nous avons aussi appris que *The City of Benares*, le bateau sur lequel je devais embarquer pour aller au Canada, avait été coulé par les Allemands, pas très loin des côtes de l'Angleterre. Plusieurs membres de l'équipage, des enfants, des infirmières, et des médecins furent tués. Les évacuations outre-mer furent dès lors annulées.

Je fus donc sauvée d'une catastrophe pire que celle que je venais de vivre, même si j'avais perdu tous mes effets personnels dont mes papiers d'identification. J'ai alors pensé que je n'aurais jamais une autre chance d'aller au Canada.

Une autre grande épreuve m'attendait en janvier 1942. Comme toutes les écoles étaient fermées à Londres et que j'étais encore à l'âge de la fréquentation scolaire, je fus de nouveau évacuée. Mon appréhension fut encore plus grande que la première fois. Le groupe était plus petit, par contre. Nous sommes allés dans une petite ville de Chatteris, à Cambridgeshire, près de Leeds. Comme toujours, tout était secret : l'endroit, l'heure du départ et le nom des gens chez qui nous devions habiter. Souvent, nous ne demeurions pas longtemps dans une même famille, car les gens ne voulaient pas prendre les enfants émigrés de Londres. Ils faisaient tout pour s'en débarrasser, voire même jusqu'à se rendre chez un médecin pour se faire donner un papier leur certifiant qu'ils étaient épuisés. C'est ainsi que les autorités responsables devaient effectuer d'autres démarches pour nous trouver une place ailleurs.

L'expérience la plus marquante de mon passage à Chatteris fut l'école juive, *The Robert Montefiore School*, dans laquelle on m'avait inscrite. C'était une école secondaire où enseignaient tous les professeurs juifs évacués de Londres. Ces professeurs étaient si compétents et dévoués que malgré toutes mes épreuves, je réussissais à voir la vie du bon côté.

Juste avant les vacances de Noël, nous devions subir des examens et des tests. Si nos résultats étaient assez élevés, nous pouvions gravir un niveau supérieur. C'est ainsi que j'ai pu faire quatre ans de scolarité en deux ans. Cette école a été vraiment bénéfique pour moi. Notre professeure d'Art, Miss Barbara Wells, était jeune et dévouée pour ses étudiants. Une fois, elle avait fait participer toute la classe à peindre une gigantesque banderole qui faisait le tour de la pièce. Comme je n'étais pas bonne en dessin, mais qu'elle insistait pour que je m'implique, j'avais peint du gazon et un paysage. Près de moi, un garçon doué avait dessiné tous les visages. J'étais fort impressionnée. Par ailleurs, notre professeur nous répétait que chacun pouvait faire quelque chose et que, de la somme des efforts, résulterait une œuvre magnifique. Elle avait raison. Elle savait comment nous mettre en confiance et nous sentions qu'elle nous aimait. Je la trouvais très gentille. Elle avait une très belle bicyclette et pendant la récréation elle nous permettait de la lui emprunter pour faire de courtes promenades dans la cour.

Je n'étais pas très douée en Mathématiques, non plus. Mais avec l'aide du professeur, un homme très patient, les Mathématiques me parurent soudainement plus faciles et plus intéressantes. C'est ainsi que j'ai pu aider une jeune américaine à comprendre notre système monétaire et les mesures anglaises, fort différentes de celles utilisées en Amérique.

Comme dans toutes les écoles secondaires, nous portions un uniforme : une tunique vert foncé, une blouse blanche, une cravate verte rayées de jaune et de blanc, un chapeau beige décoré d'un ruban vert.

Grâce à mes résultats scolaires, j'avais gagné une bourse qui me permettait d'aller à l'école jusqu'à l'âge de dix-huit ans. On nous avait demandé de choisir le genre de travail que nous aimerions faire en sortant de l'école. Le théâtre m'intéressait beaucoup, mais j'ai choisi le secrétariat. J'ai suivi des cours préparatoires à cette carrière, l'équivalent d'une dixième année commerciale.

L'un de mes professeurs, M. Smith, enseignait aussi le chant. Il avait mis sur pied une chorale dont je faisais partie. J'ai gardé un très bon souvenir de ce professeur. Quand il entendait une fausse note, il trouvait tout de suite le fautif et il feignait d'étirer ses cheveux alors qu'il était chauve. Nous le trouvions très drôle. Il s'était montré ravi de notre performance lors d'une réception en l'honneur d'une délégation de la famille royale.

Malgré ces petits bonheurs, je n'étais pas très heureuse à Chatteris. J'ai vécu dans une dizaine de familles d'accueil et je ne me suis sentie acceptée dans aucune d'elles. Mes meilleurs moments, je les passais à l'école. J'avais presque quatorze ans lorsque je décidai que j'avais fini de me promener d'une famille à l'autre. J'ai donc écrit à ma mère pour lui demander la permission d'arrêter l'école. J'ai ajouté que si elle ne m'envoyait pas d'argent pour prendre le train pour Londres, je partirais quand même. Je savais, qu'arrivée à la gare, les policiers me ramèneraient à la maison. Ma mère m'envoya l'argent nécessaire, mais je pensais bien qu'elle ne le faisait pas de gaieté de cœur. Par contre, je n'ai jamais autant pleuré que le jour où j'ai quitté mes professeurs et leurs élèves. Ils ont bien essayé de me convaincre de revenir après les vacances, mais en vain. Même si j'aimais beaucoup l'étude et que les professeurs et mes amies de classe étaient un peu comme une famille, je ne pouvais plus vivre dans ces foyers d'accueil. Je voulais être avec ma vraie famille. Imaginez la souffrance d'une jeune fille de quatorze ans privée de voir sa mère pendant deux ans…

Maman et Daddy vivaient maintenant sur Holloway Road, Islington, dans le nord de Londres. Ils habitaient un appartement situé au-dessus d'une épicerie. Les dangers causés par les bombardements étaient constants mais je les préférais à l'obligation de vivre loin des miens. Je sentais que ce Noël, malgré la guerre, allait m'apporter de grandes joies. Au retour d'une visite chez tante Gladys, nous nous dépêchions à revenir à la maison pour respecter le couvre-feu; il pleuvait et il faisait très noir. Tout à coup, maman cria qu'un rat essayait de monter sur sa jambe. Nous sommes retournés avec notre lampe de poche, partiellement recouverte pour tamiser le reflet de la lumière. Quelle ne fut pas notre surprise de découvrir, non pas un rat, mais un chiot. Il avait l'air d'un Terrier. Il était tout blanc tacheté de brun et de noir. Il n'avait aucune identification. Le pauvre petit chien était complètement mouillé et il n'était pas question de le laisser seul, sous la pluie. Nous savions qu'il mourrait de faim et de froid si nous l'abandonnions là. Je l'ai blotti contre moi à la chaleur, sous mon manteau et nous l'avons ramené à la maison. Je lui ai donné un bain chaud pour le nettoyer et le réchauffer. Nous lui avons confectionné un lit douillet dans une vieille boîte remplie de couvertures, placée tout près du foyer flamboyant. Nous venions de le sauver d'une mort certaine. Loin de nous la pensée qu'à son tour, il sauverait la nôtre.

Le lendemain, ma mère rapporta cet incident à la police, précisant qu'elle voulait le garder s'il n'était pas réclamé. Sans nous demander s'il s'agissait d'un mâle ou d'une femelle, nous l'avons surnommé Bobby. Nous n'avons jamais su d'où il venait. Comme beaucoup d'autres animaux, il avait probablement été abandonné lors d'un bombardement. J'étais soulagée de voir que Bobby s'entendait très bien avec notre chatte noire, Blackie. Par contre, nous n'avions pas prévu qu'un jour elle mettrait bas et que nous aurions toutes les misères du monde à distribuer les chiots dans notre entourage. Peu de temps après, Blackie notre chatte, nous fit le même cadeau. Bobby a immédiatement adopté les chatons. Il n'était pas rare d'apercevoir la chienne nourrir les chatons de Blackie. C'était attendrissant de voir ces petites bêtes noires, une fois bien repues, s'endormir sur le ventre blanc de Bobby.

Le temps des Fêtes passé, je me mis aussitôt à la recherche d'un emploi. Je fus embauchée, dès janvier chez *Butler & Crispe,* un grossiste de produits pharmaceutiques, situé sur Clerkenwell Road E.C.1. Environ cinquante dactylographes, réparties, six par table, dans un très grand bureau de deux départements, travaillaient sans relâche. Une équipe s'occupait des appels provenant de la ville de Londres et l'autre répondait à ceux de l'extérieur de la ville. Nous travaillions très fort mais nous aimions notre travail. Nous nous sentions respectées et appréciées de nos patrons.

On nous donnait des échantillons de produits, surtout des produits de maquillage dont un pour les jambes; avec un crayon spécial, nous tracions une ligne droite à l'arrière de la jambe pour créer l'illusion que nous portions des bas. Tout était parfait en autant qu'il fasse beau, mais les jours de pluie, nous nous retrouvions avec des jambes toutes barbouillées.

Quelques semaines plus tard, je reçus une promotion et je fus transférée dans un bureau plus petit, au service du vendeur en chef de la compagnie. Nous étions quatre filles à porter mon prénom. On nous donna donc, à chacune, un surnom. Le mien était Toots. Une des filles, Joan Irving, était un vrai boute-en-train. Nous sommes devenues de bonnes amies.

Un jour, elle arriva au bureau avec une page de journal annonçant des auditions gratuites pour la chanson. Nous avons pris un rendez-vous et nous nous sommes présentées au bureau désigné. Les murs étaient couverts de photographies de chanteurs populaires de l'époque et des années précédentes. Nous avions apporté nos feuilles de musique et, celui qui passait les auditions nous accompagnait au piano. Je chantai *Alice Blue Gown*. Après l'exécution, l'accompagnateur musical nous dit que nous avions du potentiel, mais que nous avions besoin de leçons si nous voulions faire une carrière de chanteuse. Il proposa, non seulement de nous donner des cours mais aussi de nous trouver un emploi pour les payer. J'ai vite réalisé qu'il était plus intéressé à l'argent qu'à notre succès. Nous sommes sorties de là en éclatant de rire et bien sûr, nous n'y sommes jamais retournées.

Dans le bureau où je travaillais, toutes les fenêtres, fracassées à la suite d'un bombardement, étaient remplacées par du contreplaqué. Pendant les heures de travail, un homme se tenait sur le toit, chargé de sonner une cloche si un avion ennemi s'approchait de notre édifice. Nous plongions alors rapidement sous nos tables de travail. Il nous arrivait parfois de le faire si vite que nous nous frappions la tête solidement. Notre entrepôt ne fut pas épargné. Quand ma mère sut qu'une bombe avait éclaté à mon bureau, même si elle ne devait pas s'absenter de son poste, elle en informa son contremaître et vint voir si j'étais blessée. Me trouvant hors de danger, elle retourna à son travail.

J'étais toujours la première à rentrer à la maison après le travail. L'autobus s'arrêtait juste de l'autre côté de la rue et Bobby me regardait par la fenêtre, trépignant d'excitation alors que Blackie était à l'autre fenêtre m'attendant bien sagement pour se faire câliner.

Malgré toutes les situations difficiles à vivre en période de guerre, il y avait des moments où l'on prenait le risque de sortir pour se divertir. Un soir, j'ai demandé à ma mère la permission d'aller à la salle de danse des Irlandais, pas très loin de chez nous. Les pubs et les théâtres fermaient vers vingt-trois heures, après quoi il n'y avait plus de transport public. Comme c'était le temps des Fêtes, l'heure de la fermeture avait été prolongée jusqu'à une heure du matin. J'ai demandé à ma mère si je pouvais rester jusqu'à la fin de la danse. Au début, elle a refusé en disant que c'était trop tard pour une jeune fille de mon âge. Déterminée à faire valoir mon opinion, je suis allée voir ma sœur Minnie qui vivait juste au-dessus de nous. Elle en parla à maman promettant qu'elle et mon beau-frère viendraient me chercher après la danse. À ma grande surprise, maman m'accorda la permission demandée.

Parmi les jeunes hommes que je vis ce soir-là, Harry Archer, un garçon réservé et très gentil attira mon attention. À la fin de la soirée, comme nous allions dans la même direction, il m'offrit de me reconduire à la maison. J'acceptai avec plaisir, oubliant complètement que Minnie devait m'attendre. Quelle ne fut pas ma surprise, en sortant de la salle de danse, d'apercevoir ma mère, Daddy, ma sœur Jeanne, Minnie et son mari. Pour cacher mon malaise, je m'empressai de leur présenter Harry; il marcha avec nous jusqu'à sa demeure.

Le lendemain, comme par hasard, il était dans le même autobus que moi pour se rendre au travail. C'est ainsi que nous avons commencé à mieux nous connaître et nous sommes devenus de grands amis. Comme nous étions membres des mêmes clubs de jeunesse, nous faisions diverses activités ensemble. Nous étions de bons copains et je me sentais à l'aise de jaser avec lui de n'importe quel sujet. Sa famille était formidable et elle me considérait comme la petite amie de Harry. Un dimanche soir, il m'invita chez ses parents. C'était le soir où sa famille se réunissait pour jouer aux cartes. Je fus très bien accueillie. Toutes les femmes apportaient un petit quelque chose à grignoter vers la fin de la soirée, car tout était sévèrement rationné.

À cette époque, j'avais la permission d'aller danser deux fois par semaine, mais je devais être à la maison à vingt-trois heures précises, sinon j'étais privée la fois suivante. Au retour, lorsqu'un garçon m'accompagnait, maman ne voulait pas que je lui dise bonsoir à la porte. Elle exigeait que je l'invite à entrer dans la maison.

En ce temps de guerre, nous avions besoin de divertissements pour oublier, ne serait-ce que quelques heures, le spectacle des gens tués ou blessés sous nos yeux. Il y avait le cinéma avec ses films à la mode, tels *Casablanca*, *Tonight and every night* et bien d'autres, où mes stars préférés se produisaient. J'aimais les films dans lesquels les vedettes chantaient des succès populaires. J'admirais

Humphrey Bogart, Lauren Bacall, Rita Hayworth, Bing Crosby, Bob Hope, Dorothy L'Amour, entre autres. Il arrivait qu'on interrompe momentanément la projection pour annoncer qu'un raid aérien menaçait d'envoyer une bombe sur la salle de cinéma. Certaines personnes se hâtaient de sortir tandis que d'autres décidaient de rester, même si c'était dangereux. Celles qui sortaient étaient souvent tuées sur-le-champ. Ce risque nous suivait partout où nous allions.

Parmi les chanteuses populaires de l'époque, il y avait Vera Lynn qu'on surnommait *The forces' sweetheart*. Elle avait une émission à la radio dans laquelle elle chantait des chansons sur demande pour les soldats et où elle transmettait des messages aux familles. Tous les soirs, au son d'un orchestre, nous pouvions aussi entendre Garcie Fields, une autre chanteuse populaire. C'est à cette époque que j'ai appris à danser le *Jitterburg* avec les soldats américains sur *In the mood*, joué par l'orchestre de Glen Miller et les autres orchestres du temps. Avec Jimmy, le frère de Harry, j'ai appris à danser le Tango.

Pour nous distraire des horreurs de la guerre, nous visitions, de temps à autre, les beaux parcs publics de Londres. Nous aimions aussi aller au restaurant déguster des mets de différents pays. Mais à cause du rationnement, les restaurateurs avaient de la difficulté à se procurer les ingrédients nécessaires pour les préparer.

Ces mesures restrictives se faisaient sentir dans tous les foyers. Nous recevions des timbres de rationnement gratuits, mais nous étions limités à vingt-quatre coupons par trois mois. Pas plus. Je me souviens que pour me payer un manteau, j'en avais pris dix-sept; il ne m'en restait que sept pour vivre. Au marché noir, on pouvait acheter avec de l'argent, mais la marchandise était beaucoup plus chère. À l'épicerie ou aux magasins de fruits et légumes, nous attendions en ligne et quand notre tour arrivait, parfois il ne restait plus d'aliments. Le lendemain, nous retournions et nous recommencions le même scénario.

À Londres, les *fish & chips* étaient très populaires, mais parfois les réserves de patates venaient à manquer. Même le poisson se faisait rare, car c'était dangereux pour les pêcheurs d'aller à la pêche. Ils se faisaient bombarder par les Allemands. Afin d'économiser, dans le but d'acheter des *fish & chips*, nous apportions notre papier journal pour les emballer après que le marchand eut pris soin de nous les présenter sur un papier blanc

Les loyers étaient chers. Maman n'avait pas les moyens de tout payer. Comme je travaillais, je lui versais une pension. Les salaires n'étaient pas très élevés. Après avoir payé mes dépenses, il ne me restait plus beaucoup d'argent. Toutefois, ma paie hebdomadaire me permettait d'acheter un timbre d'épargne de la valeur de six pennies, l'équivalent de douze cents. Je le déposais à la banque pour mes prochains achats. Pendant la guerre, on nous incitait à l'épargne pour aider notre pays.

Les abris qui devaient nous protéger des bombardements étaient de forme rectangulaire, construits en brique; des couchettes y étaient disposées mais il fallait apporter ses couvertures et ses effets personnels. Le nôtre était situé près de notre appartement, sur la rue, juste au bord du trottoir. Quatre groupes de trois lits superposés y avaient été placés. C'était en décembre 1942. Ma mère, Jeanne et moi vivions au troisième étage d'un établissement situé sur Holloway Road, à Islington. Minnie et son mari occupaient le deuxième palier, juste au-dessus de l'épicerie du coin. Tous les soirs, maman préparait des sandwiches et un thermos de thé au cas où il y aurait des bombardements. Dès que le son de la sirène se faisait entendre, nous allions nous réfugier dans notre abri. Aussitôt qu'on ouvrait la porte, Bobby était la première à descendre. Elle allait se cacher sous la couchette la plus basse et attendait là jusqu'à ce que ma mère ouvre la petite valise de sandwiches et le thermos de thé. C'est à ce moment qu'elle sortait de sa cachette et nous lui donnions un peu de thé.

Un soir, vers vingt et une heures, Bobby, tout excitée et très nerveuse, courait de haut en bas, comme pour nous dire de sortir de l'appartement. Même si la sirène n'avait pas retenti, maman crut à l'instinct de Bobby et décida qu'il était préférable de descendre dans l'abri. Nous venions tout juste d'en refermer la porte quand retentit le son si redouté, long, lugubre et macabre de la sirène d'alarme. Au même moment, une bombe tomba juste à l'arrière de la maison. Sans Bobby à qui nous avions déjà sauvé la vie, nous aurions toutes été tuées ou blessées grièvement. Dès que nous avons entendu le signal de la fin des bombardements, nous sommes sorties pour retourner à notre appartement. Quelle désolation! Toutes les fenêtres avaient volé en éclats et l'ameublement du salon était entièrement tailladé par les débris de vitres. Il n'était pas question de réparer ces fenêtres avant la fin de la guerre. Nous les avons placardées avec du contreplaqué pour empêcher la lumière de passer, le soir, et pour éviter que la pluie ne fasse trop de dommages. Mais les dégâts étaient si grands que nous avons dû nous résigner à déménager encore une fois. En plus, nous avons dû nous départir de Bobby. Elle était devenue très nerveuse et de plus en plus agitée à cause des bombardements incessants. Elle fut donc adoptée par un de nos voisins qui se préparait à déménager en Écosse pour le temps de la guerre. Nous étions moins inquiets pour elle, mais sa joyeuse présence nous a terriblement manqué.

Quant à ma mère, elle avait subi un terrible choc; elle tremblait tellement qu'elle dut voir le médecin de la Croix

Rouge qui la transféra dans un hôpital. Elle était couchée sur une civière dans un corridor parmi les blessés graves. Le lendemain matin, aussitôt que Minnie fut informée de son hospitalisation, elle vint la voir. Maman demeura trois jours à l'hôpital. Comme Jeanne et moi n'avions pas d'endroit pour coucher, nous avons pu dormir dans l'entrée, assises sur une chaise, les pieds posés sur une autre. Le sommeil ne fut pas très réparateur à travers le va-et-vient des civières.

Le médecin et les responsables de la Croix-Rouge nous recommandèrent d'aller vivre à la campagne afin que maman puisse mieux se reposer. Nous sommes donc parties pour Otley dans le Yorkshire. Nous vivions alors notre troisième évacuation. C'était en janvier 1943. Daddy Pat demeura à Londres chez sa sœur Gladys.

Je mis peu de temps à me trouver du travail. À Leeds, dans une compagnie hydroélectrique, je fus chargée de préparer les factures et de les envoyer aux clients. Je ne me souviens pas que maman et Jeanne aient travaillé pendant notre séjour à Yorkshire. Nous demeurions dans une charmante famille. Je me souviens que la dame de la maison faisait de délicieuses tartes à l'oignon. J'ai souvent essayé d'en faire par la suite, mais je n'ai jamais aussi bien réussi. Les gens de Otley avaient un accent différent du nôtre, mais ils étaient très accueillants.

Tout près de là, il y avait un campement de l'armée américaine et les gens du village étaient invités à participer à leur danse du samedi soir. C'est à l'une de ces danses que j'ai réalisé pour la première fois que le racisme existait. Un jeune Américain de race noire m' invita timidement à danser. Il venait d'être refusé par une autre fille et il avait senti que c'était à cause de la couleur de sa peau. J'étais mal à l'aise pour lui et je l'ai consolé en lui disant que pour ma part, je ne faisais aucune différence car je le considérais comme un être humain au même titre que moi.

Au printemps 1943, après trois mois passés à Otley, Yorkshire, maman décida de retourner à Londres et ce, en dépit des bombardements. Daddy nous avait trouvé un grand et bel appartement au 28, Burgh Street à Islington, pas très loin du métro d'Angel Street. Nous avions le deuxième plancher pour vivre et le troisième pour dormir. Minnie était revenue vivre avec nous en attendant de se marier.

Je me retrouvai une fois de plus en quête d'un emploi. Je fus embauchée, cette fois, comme secrétaire chez *Barshall & Barshall,* des entrepreneurs en construction. L'un des propriétaires s'occupait des chantiers pendant que l'autre travaillait au bureau avec moi. Ils employaient environ une centaine d'ouvriers, surtout des Irlandais, car la main-d'œuvre anglaise était retenue dans les forces militaires. En temps de guerre, le travail consistait beaucoup plus à effectuer des réparations temporaires plutôt qu'à construire du neuf. En somme, les hommes devaient assurer la sécurité aux édifices.

Je travaillais très fort dans ce bureau, toutes les demandes devant être faites en trois copies avec du papier carbone. De plus, je devais faire les dépôts bancaires de la compagnie. Comme la violence dans les rues était à peu près inexistante à cette époque, je pouvais me rendre aux banques sans risques.

Grâce à l'initiative des employés irlandais qui travaillaient pour notre compagnie, cette année 1943 se termina en beauté. Avec leurs amis, ils décidèrent de faire un Noël pour les enfants démunis. La fête eut lieu dans le hall de l'un des gros édifices, en banlieue de Londres, près de Wimbledon. Je fus invitée à participer aux festivités. C'était merveilleux de voir tous ces enfants déguster les sandwiches et les gâteaux préparés par les travailleurs irlandais. Ensuite, secrétaires reçurent chacune un petit cadeau. Je fêtais vraiment Noël pour la première fois.

CHAPITRE 5

Un idéal patriotique

*Conrad aimait croire qu'au nom de la religion, de la liberté
et du patriotisme, il allait préférer la mort au déshonneur !*

En 1939, quelques compagnons des îles et moi-même
avons rempli les formulaires requis pour l'enrôlement
volontaire dans la marine. La réponse tardant à venir, nous
avons décidé de nous rendre à Québec.

Le départ fut douloureux mais, animé d'un
patriotisme débordant, je quittai mes parents et les Îles-de-la-
Madeleine pour offrir mes services dans les forces armées.
Nous étions quatre du même patelin : les frères Alex et
Aurélius Bourque, Joseph Leblanc et moi-même.

Installé à l'arrière du traversier, le North Gaspé, d'où
je voyais les îles disparaître doucement à l'horizon, je me
disais qu'il fallait désormais regarder en avant. Ne plus
penser qu'à notre vie militaire future. Pour les en convaincre,
je criai à mes compagnons : « Les îles, oubliez ça, les
gars! ».

Ce 26 août 1940, une surprise nous attendait à
Québec. Nous avons frappé à la porte du 12, rue Ste-Anne,
pour apprendre que la Marine était plus sélective que nous
l'avions imaginée. Notre demande n'avait pas été acceptée.
Il aurait fallu aller à Halifax pour être engagés dans la *Royal
Navy*. Par contre, constatant que nous n'étions pas bilingues,
on nous suggéra de nous enrôler dans un régiment
francophone, le Régiment de la Chaudière.

J'encourageai donc mes compagnons à opter pour l'armée de terre. Mes trois confrères des îles et moi décidions de faire partie du Régiment de la Chaudière. Mon numéro de matricule était le E 11172. Nous étions environ soixante-quinze hommes originaires des Îles-de-la-Madeleine à offrir volontairement nos services à la patrie. On nous envoya tous à Valcartier pour nous initier à l'entraînement militaire de base. Cette formation d'une durée de quatre semaines terminée, on nous envoya dans le camp militaire de la ville de Sussex, au Nouveau-Brunswick. Cet entraînement intensif de dix mois broya tous les caractères difficiles et fit marcher droit les plus indisciplinés du régiment. Nos intérêts personnels n'existaient plus. Nous ne vivions plus que pour la patrie. Nous marchions, nous mangions, nous dormions, nous pensions tous à l'unisson. Nous étions prêts à partir pour la guerre.

Quelque temps avant le grand départ, en juin 1941, nous avons obtenu la permission d'aller saluer nos familles. Je n'avais pas mentionné à qui que ce soit que c'était une permission d'adieu. Je revois encore maman les larmes aux yeux m'envoyant la main jusqu'à ce que je dépasse «*la butte*», c'est-à-dire là où j'avais passé une partie de mon enfance et de mon adolescence. Après un congé de dix jours aux Îles-de-la-Madeleine, nous retournions au camp pour aller rejoindre le régiment à Sussex, au Nouveau Brunswick. Ensuite, le 20 juillet, ce fut le grand départ vers l'Angleterre. Après avoir pris le traversier pour Pictou en Nouvelle Écosse, le train nous amena au port d'Halifax. Le lendemain, les 8 000 soldats du Régiment de la Chaudière embarquaient avec tout leur attirail, sur un bateau appelé *H.M.T. Strathmore* et sur le *H.M.S. Malaya*, cuirassés de 35 000 tonnes de la Marine royale canadienne. Ils traversaient l'Atlantique avec un convoi de six autres torpilleurs.

En cours de route, nous avons dû dévier de notre trajectoire initiale; un escadron de trente-cinq avions ennemis survolait la zone où nous devions naviguer. Toute la nuit, le capitaine fit cap vers le nord et revint plus au sud, le lendemain.

Le *Strathmore* jeta l'ancre à Gourock, le 28 juillet 1941, en face de Greenock dans le Clyde, fleuve d'Écosse d'une longueur de cent soixante-dix kilomètres. Sur une mer très calme, la traversée de l'Atlantique dura neuf jours.

Une heure seulement après notre arrivée en Angleterre, un train nous emmena à Aldershot, où nous avons été cantonnés pendant quatre mois à Corunna Barracks. C'est en arrivant là que nous avons composé la chanson *Le petit conscrit*, qui traduit si bien les sentiments que nous éprouvions à ce moment, en tant que jeunes soldats.

À la fin du mois de novembre 1941, à Sheffield Park : entre East Grinstead et Heves, les soldats du régiment purent dépenser leurs réserves d'énergie. En quatre jours, ils installèrent un réseau électrique et posèrent 9 000 pieds d'aqueduc. Après de telles corvées, les congés étaient appréciés.

À la fin de décembre 1942, un groupe de soldats dont je faisais partie, décida d'aller se promener à *St.James Park*, en face du Palais de Buckingham à Londres. Nous y remarquâmes trois jolies jeunes filles assises sur l'herbe, se dorant au soleil. La température était encore chaude tandis qu'aux Îles-de-la-Madeleine, il y avait souvent de la neige jusqu'aux genoux en cette période.

La plus âgée des trois filles s'alluma une cigarette. Alex, un de mes compagnons, en profita pour s'approcher d'elle et lui demander une allumette. C'était admis d'agir ainsi car les allumettes étaient rares. Comme Alex était le seul du groupe à se débrouiller en anglais, il nous présenta aux jeunes demoiselles en leur expliquant que nous venions du Canada et que nous parlions surtout le français. L'aînée des trois, Minnie, fit la présentation pour ses deux sœurs, Jeanne et Joan. Alex demanda la permission de se joindre à elles et ces dernières acceptèrent cordialement. Il nous invita à le suivre, mais je tournai les talons en disant : « Je ne suis pas intéressé à côtoyer des enfants d'école ». Je suis donc reparti vers la gare Victoria où nous devions prendre le train en soirée pour retourner au campement.

Dès le lendemain, l'entraînement intensif reprit de plus belle. Nous avons alors quitté Surrey pour aller à Sussex, sur la côte anglaise près de Hastings aux frontières du Hampshire, Brighton et New Heaven. Vers la fin du mois de mars, nous avons vécu sous la tente pendant quinze jours à Billingshursts. Nous avons quitté Sheffield Park pour Pevencey Bay le 1er mai 1942 où nous avons célébré notre fête nationale du 24 juin. J'avais la nostalgie du Canada et surtout des Îles-de-la-Madeleine. C'était la première fois que je réalisais vraiment être à l'autre bout du monde, très loin des miens. Je crois que c'est à partir de ce moment que j'ai commencé à ressentir quelque peu le mal du pays. Mais, étant toujours très occupés, nous n'avions pas le temps de nous arrêter à penser. Il fallait poursuivre notre route.

À la base militaire, nous avions aussi pris l'habitude de nous couper les cheveux entre nous même s'il y avait un barbier officiel. Par plaisir, je rendais ce service aux autres soldats et je devins plus populaire que le barbier du peloton. C'est ainsi que j'ai commencé à être payé, un *shilling* (vingt-cinq cents), la coupe. Quand j'ai voulu arrêter, mes compagnons ont protesté. Ils trouvaient que le barbier du peloton leur coupait les cheveux trop courts. Sans l'avoir cherché, je devins le barbier de la troupe. Aux jours précédents les défilés, j'étais en grande demande. Comme j'aimais être bien installé pour travailler, je me suis patenté une chaise de barbier que je transportais sur mon porte-mitraillette. Dès lors, le prix régulier d'une coupe fut établi à *half a crown* (soixante cents) et ce, jusqu'à la fin de la guerre.

Presque tous les trois mois, lors de nos congés, nous en allions faire un tour à Londres, lorsque c'était possible. Alex avait gardé contact avec les trois jeunes filles rencontrées en face du Palais de Buckingham. Avec le temps et les pressions d'Alex, c'était devenu notre destination préférée. Nous étions toujours reçus à bras ouverts chez les Smedley. La mère de Joan nous accueillait comme si nous avions été ses propres enfants. De quoi nous donner le goût de retourner souvent dans cette famille. Et, bien sûr, certaines amitiés se transformèrent en amour. Au début, Alex s'enticha de Jeanne et par la suite, c'est Aurélius, le frère d'Alex, qui tomba en amour avec elle. Pour ma part, j'étais en amour avec Joan, mais je ne le réalisais pas tout à fait. Je ne voulais surtout pas le laisser paraître.

CHAPITRE 6

L'heure des déchirements

Les troupes se préparent à l'invasion de la France. Quel sort sera réservé à Joan et à Conrad?

Plusieurs mouvements s'offraient à nous, les jeunes filles d'Angleterre, pour nous inciter à participer aux efforts déployés en temps de guerre. Quant à moi, j'aurais bien aimé me joindre au *Women's Royal Naval Services*, mais ma demande fut refusée parce que j'étais trop jeune; je n'avais pas encore mes dix-sept ans. Par ailleurs, ma sœur Jeanne put s'enrôler avec le *Woman's Land Army*, mouvement qui avait été formé et était géré par le gouvernement afin d'aider les fermiers qui manquaient de main-d'œuvre, tous les hommes en bonne santé étant forcés de s'enrôler dans les services militaires.

De son côté, Conrad venait nous voir à des intervalles assez réguliers. Il arrivait seul ou avec des amis du Régiment de la Chaudière. Ma mère était toujours prête à les recevoir. Chaque semaine, lorsqu'elle faisait son épicerie, elle achetait une ou deux boîtes de conserves pour ses gars, comme elle les appelait. Les soldats recevaient des cartes spéciales de rationnement qu'ils remettaient aux familles qui les accueillaient. Conrad donnait toujours les siennes à maman.

Lors de ses visites chez nous, Conrad aimait assister à la messe du dimanche. Un jour, je lui demandai si je pouvais l'accompagner. Je ne savais pas trop comment agir dans une église catholique, mais Conrad me rassura rapidement. J'aimais les messes dites en latin, l'atmosphère et la tranquillité qui régnaient dans ces églises. Il y a avait plus de deux ans que je n'avais assisté à aucune célébration religieuse.

Après mûre réflexion, j'envisageai de passer de la religion protestante à la religion catholique. J'en parlai à ma mère. N'ayant que seize ans, j'avais besoin de son accord. Elle me répondit qu'elle n'était pas vraiment surprise de ma demande car vers l'âge de dix ans, je lui avais laissé entendre que la vie religieuse m'intéressait. Elle se demandait d'où me venait cette idée car il n'y avait pas de catholiques dans notre entourage. Après quelques échanges, elle put conclure que j'étais assez vieille et assez sérieuse pour prendre cette décision et que je la prenais par conviction et non pour le simple plaisir de changer de religion.

En janvier 1945, lors d'une visite de Conrad, je m'empressai de lui en faire part. Le dimanche suivant, après la messe, il me présenta à un prêtre. J'étais nerveuse, mais Father Herbert Keldany était compréhensif et il convint de me rencontrer un soir par semaine, après le travail. Sa préoccupation première était de s'assurer que mon choix était motivé par mes propres convictions et non par l'influence de mon ami Conrad. Je lui jurai que c'était ma propre volonté de devenir catholique. Je crus bon d'avouer que Conrad était un ami de la famille depuis plusieurs années mais que nous ne sortions jamais seuls, tous les deux; nous étions toujours en groupe. Nous avons discuté pendant environ deux heures et il accepta de m'apprendre les rudiments de la religion catholique. Par la suite, selon les disponibilités de Father Keldany, après le travail, je me rendais au presbytère pour parfaire mes connaissances. Mes visites s'échelonnèrent de janvier à mai 1945. Nous discutions aussi des différents aspects de la vie en général. Ces rencontres furent très enrichissantes et une confiance mutuelle s'établit entre Father Keldany et moi.

Du 9 août 1942 à janvier 1943, je ne revis pas Conrad. Les troupes militaires se déplaçaient beaucoup. Elles passèrent à Hurstpierpoint, Danny Park, Lewes, Shoreham, Brighton, Strood Park, près de Horsham pour se poster, le 5 septembre 1943, au Camp Shira à deux kilomètres de Inverary en Écosse. Puis, après trois autres semaines d'entraînement, elles retournèrent au sud, au camp Toot Hill à Southampton, puis à Borton Stacey, Hiltingbury, Hursley.

***

Ces déplacements étaient faits dans des conditions fort difficiles. Ils faisaient partie de l'entraînement intensif et visaient à mettre l'endurance des soldats à l'épreuve. Plusieurs furent blessés, quelques-uns périrent même pendant ces entraînements. L'Aumônier Turmel, capitaine, écrivait dans son journal personnel du 5 mars 1943 : *Petit déjeuner : deux cuillerées de gruau. Les hommes sont partis à 5 heures du matin mais sans ration. Ils sont fatigués et ils ont froid. Les hommes n'ont pas eu le temps de manger ni de dormir depuis deux jours. On ne parle pas de se laver. Les militaires sont toujours en exercice quelque part.*

Toutes sortes de rumeurs couraient sur la possibilité d'une invasion en France. Le raid de Dieppe avait eu lieu le 19 août de l'année précédente et beaucoup de soldats en service et en permission ainsi que de nombreux civils y avaient perdu la vie. C.P. Stacey du Régiment de la Chaudière considérait : « Du point de vue tactique, ce fut une faillite à peu près complète parce que nos pertes ont été très considérables et que nous n'avons atteint que quelques-uns de nos objectifs. »

Même si tout était gardé «Top secret», bien des signes laissaient croire à des changements éminents. Les périodes d'entraînement s'intensifiaient. Les rumeurs devenaient plus crédibles. Sur des affiches destinées aux civils nous pouvions lire : « *Sh! L'ennemi pourrait t'entendre!* » De fait, à la fin d'octobre 1943, notre régiment s'installa à Bournemouth jusqu'en mars 1944. Suivit un autre séjour sous la tente à Emsworth au camp Stoneham Park, en banlieue de Southampton-Pevencey, près de Estbourne, dans le comté de Wellington.

Le 26 mai 1944, le camp de Stoneham était entouré de fils barbelés et nous procédions à des entraînements intensifs sur l'île de Wight, dans la Manche, au sud de l'Angleterre. Nous y sommes restés jusqu'au 30 mai 1944. Un des entraînements était centré sur l'étude des cartes routières. Aucune indication n'y était écrite afin que l'ennemi ne puisse en ·aucun cas savoir ce que nous y étudions; mais, en regardant bien les contours, nous pouvions déduire qu'il s'agissait de la France. Par contre, la date et l'endroit du débarquement demeuraient secrets. Pendant ces derniers jours de préparation, tous les chauffeurs mécaniciens des porte-mitraillettes devaient imperméabiliser leurs véhicules afin de pouvoir descendre dans l'eau, en arrivant sur les plages en France. Cette seule opération dura au moins trois semaines.

Enfin, le 6 juin 1944, après trois ans d'entraînement intensif et d'attentes interminables, le jour J arriva. La majorité d'entre nous étions contents de mettre en pratique tout ce que nous avions appris pendant toutes ces années et par le fait même de réaliser le but pour lequel nous étions entrés dans le Service militaire : libérer les pays envahis par l'ennemi et enfin vivre la paix. En attente du débarquement, le silence régnait; chacun vivait pour soi ce moment fatidique.

Des milliers de soldats britanniques, américains et canadiens débarquèrent sur les plages de la Normandie lesquelles avaient reçu des noms fictifs. Le Régiment de la Chaudière descendit sur la plage Juno, les Américains sur Omaha, les Britanniques sur Sword, prenant ainsi part aux offensives navales, aériennes et terrestres les plus importantes de l'histoire. Parmi les combattants, il y avait environ 3 500 Canadiens français. Il m'est très difficile de décrire la scène du débarquement, tant elle était bouleversante. Essayez d'imaginer 10 000 avions dans le ciel, 5 000 navires sur l'eau et plus de 150 000 hommes prêts à accoster sur la plage.

Une fois l'ordre donné, les soldats ont passé plus de vingt-quatre heures, confinés dans les barges, entassés les uns sur les autres, détrempés et transis. La mer était houleuse, plusieurs soldats avaient le mal de mer. Les vagues étaient si hautes que certains soldats furent projetés hors des barges. Et comme ils portaient un équipement d'au moins soixante-dix-sept livres, ils étaient rapidement entraînés au fond de la mer. Impossible de les rescaper.

À l'approche des côtes, les avions des Alliés survolaient les bateaux qui transportaient les troupes tandis que les bombardiers passaient au-dessus de nos têtes pour aller attaquer les fortifications allemandes qui, à leur tour, bombardaient les navires des alliés. Des centaines de soldats sont morts en débarquant sur les côtes de la Normandie. C'était l'enfer sur terre ! Les barges qui s'approchaient de plus de deux cents pieds du bord de la plage frappaient des mines flottantes et étaient immédiatement détruites.

Nous avons débarqué dans six pieds d'eau. Ce fut un moment intense, pénible et inoubliable. La plage était complètement couverte de barbelés et de mines cachées dans le sable. En plus de lutter contre la noyade, il fallait éviter les mines. Or, plus nous approchions de la plage, plus nous nous exposions aux tirs des Allemands. Le bruit et le feu nourri par leurs mitraillettes n'en finissaient plus. Entre les éclats d'obus, du coin de l'œil, je voyais mes compagnons tomber comme des mouches autour de moi. Je ne pouvais même pas m'arrêter pour leur venir en aide. Ceux qui essayaient de secourir leurs camarades se faisaient tirer à tout coup. Il fallait se mettre à l'abri le plus rapidement possible pour sauver sa peau.

Pendant les deux ou trois jours suivants, une tempête fit rage. Une rumeur circulait chez les Français à savoir que les Alliés devraient retourner en Angleterre et tout recommencer. Mais pour les soldats et l'armée, il n'en était pas question; personne ne voulait repasser par là et risquer de perdre encore d'autres hommes. Pour décourager les Français et leurs alliés, les Allemands faisaient circuler toutes sortes de papiers, allant jusqu'à affirmer que dans les quinze jours suivants nous serions tous anéantis. Le Régiment de la Chaudière devait se battre contre les S.S.[5] (sigle de Schutz Staffel, échelon de protection), déterminé à remplir sa mission.

J'apprenais plus tard que mon cousin et ami Edwin était de ceux qui n'avaient pas réussi à se mettre à l'abri assez vite sur la plage de Bernières-sur-Mer. Ce fut un moment très pénible pour moi. Aux îles, les gens se connaissent très bien et étant plus près les uns des autres, si

---

[5] Police militarisée du parti nazi créée en 1925. En 1939, les SS s'occupaient du contrôle des territoires occupés et ils assurèrent la gestion et la garde des camps de concentration. À partir de 1940, ils étaient des troupes de choc engagés dans toutes les offensives et contre-offensives décisives encadrant les volontaires de l'armée allemande.

un événement majeur survenait, tous en étaient profondément touchés. Ce ne fut pas moins pénible pour moi d'annoncer à mon cousin Ephrem la mort de son frère Edwin.

Sur la ligne de feu, nous pensions à survivre et à sauver notre peau, tout en accomplissant notre mission. Pendant quatre ans, nous avions été entraînés à obéir aux ordres de façon presque automatique. Mais dans les quelques rares moments de répit, je me demandais parfois comment affronter la mort. Je me disais que je survivrais peut-être encore pendant un, deux ou trois jours. Je m'interrogeais sur la façon que j'allais mourir : est-ce que j'allais être touché par une balle ou une bombe sur mon porte-mitraillette ? Est-ce que j'allais souffrir ? Au fond de moi-même, j'étais prêt à mourir.

Notre dernière bataille s'est échelonnée du 4 au 12 juillet 1944. Elle fit 176 victimes au sein de notre Régiment de la Chaudière; soit cinquante-trois morts et cent vingt-trois blessés. Il y avait aussi d'autres victimes dans les autres régiments impliqués. Nous avions réussi à reprendre Carpiquet des mains des Allemands, mais à quel prix ?

Au lendemain de cette bataille, je commençai à ressentir de vives douleurs dans l'abdomen. Comme elles devenaient de plus en plus insupportables, j'en fis part à mon supérieur qui m'envoya voir le médecin du peloton. Je lui dis que je croyais avoir été blessé lors des derniers bombardements à Carpiquet. Je lui racontai que j'étais débarqué de mon porte-mitraillette depuis à peine deux minutes lorsqu'une pluie d'obus de mortier s'abattit sur nous. L'un des obus tomba dans mon véhicule rempli de munitions et d'essence. Le souffle de la déflagration me projeta à environ trente pieds plus loin. Je me suis écrasé contre le mur d'une maison et je suis resté étourdi pendant quelques minutes. À mon grand étonnement, je n'avais aucune blessure ouverte. Ce que je ne savais pas à ce moment-là, c'est que j'avais des lésions internes importantes. Cependant, le médecin ne trouva pas la source de mes douleurs. Il me donna des médicaments et m'envoya me coucher dans une cave. Le lendemain, je retournai donc au front et repris mon poste avec un porte-mitraillette équipé à neuf.

Après deux mois de bataille intensive, on nous accorda quarante-huit heures de repos. J'en profitai pour répondre aux nombreuses lettres de Joan.

Différents régiments anglais, américains et canadiens combattaient ensemble vers Falaise dans le but de faire reculer davantage les Allemands. Il y eut de nombreuses pertes de vie et des blessés de tous les côtés. Beaucoup d'Allemands furent faits prisonniers. Pendant trois mois, nous avons marché à travers des corps en décomposition. Nous voyions toute cette cruauté autour de nous, sans vraiment nous en soucier. Nous devions nier notre sensibilité et faire taire notre conscience pour continuer à avancer.

C'est la bataille de Carpiquet qui a été la plus difficile et la plus longue : huit jours et huit nuits à découvert. Tous les soldats étaient épuisés. Ils avaient hâte d'avoir un peu de répit et du temps pour se laver et changer de vêtements. Nous sommes finalement arrivés à Boulogne à la mi-septembre, au moment où la compagnie de la *Royal Air Force* d'Angleterre nous a finalement sauvés. Ensuite, nous sommes allés à Anvers, en Belgique, non pas pour nous battre, mais pour déblayer les rues et transporter les blessés.

Même si nous étions au jour de l'An, cela n'empêcha pas les Allemands de descendre dans les rues et de mitrailler tout ce qui bougeait dans les environs. Ils firent sauter un dépôt de pétrole. Je me souviens qu'une petite fille apeurée soit venue nous trouver pour qu'on l'amène avec nous. Elle avait tellement peur que ses yeux semblaient vouloir sortir de leur orbite. Nous l'avons confiée aux soins de la Croix-Rouge avant de partir pour la Hollande.

Nous avons passé l'hiver entre les frontières hollandaises et allemandes. Il y avait une bande de terre qui avait été décrétée terrain neutre « *no man's land* ». De l'autre côté de cette bande de terre, les Allemands nous regardaient embarquer des civils dans les camions pour les amener loin des zones de bombardements.

Je me considère très chanceux de m'en être sorti vivant. Parmi mes meilleurs souvenirs de l'invasion, je me rappelle avec beaucoup d'émotion de la franche camaraderie et de l'amitié qui y régnaient. Nous étions jeunes et ambitieux. Quelques-uns avaient même menti sur leur âge pour s'assurer d'être acceptés dans l'armée. Certains étaient mineurs et d'autres dépassaient la quarantaine. La majorité venaient de la campagne et n'avaient pas beaucoup d'instruction. Mais, nous étions tous des hommes vaillants, déterminés et convaincus que nous nous battions au nom de la liberté et pour défendre notre patrie : le Canada. À preuve, les soldats qui ont participé au débarquement étaient tous des volontaires.

La France avait été occupée par les Allemands pendant quatre longues années où la paix et la joie avaient fait place à l'angoisse et à l'inquiétude. La population avait hâte d'être libérée. Elle savait toutefois que les soldats vivaient des moments très pénibles pour la libérer de l'occupation des Allemands. La victoire n'est venue qu'après plusieurs batailles.

***

Pendant que Conrad risquait sa vie dans l'armée, je demeurais à Londres et je vivais l'horreur des bombardements.

En revenant de mon travail, le 13 juin 1944, levant les yeux vers le ciel, j'aperçus une brillante lueur jaune à l'arrière d'un objet qui ressemblait à un poteau de téléphone. Cette lumière tournoyait en descendant vers le sol. Elle survola le centre-ville où j'étais et alla s'écraser en explosant, quelques rues plus loin. C'était une *V1-Rocket Bomb*. Nous ne pouvions pas la détecter à l'avance comme les avions. Ces bombes étaient lancées directement des côtes de la France à partir de rampes de lancement. Elles ressemblaient étrangement à des pistes pour les sauts à ski alpin. Ces fusées mesuraient environ huit mètres de long par cinq mètres de large. À pleine charge, elles pouvaient peser jusqu'à deux tonnes. Elles contenaient près de six cents kilogrammes d'explosifs et environ sept cents litres de carburant. Elles étaient dotées d'un moteur qui, après un temps déterminé, arrêtait de fonctionner entraînant la chute de la fusée. Son explosion causait des dommages énormes et tuait beaucoup de gens dont des civils. De quoi semer la panique quand on nous annonçait l'arrivée d'une deuxième série de ces épouvantables monstres tueurs (V-2 Rocket Bomb).

Dans la frayeur, je soupirais après les visites de Conrad. Chaque fois qu'il en obtenait la permission, il venait me voir. Mais c'était trop peu et trop court pour moi.

Lors de son dernier passage à Londres, à la fin du mois de mai 1945, je le raccompagnai à la gare Victoria. Il était quatre heures trente du matin et, juste avant de remonter dans le train, il me chuchota à l'oreille : « *C'est pour bientôt, l'invasion.* » Et là, il prononça des paroles qui me déchirèrent le cœur : « *Au retour, je ne sais pas si mon uniforme me fera encore. Je reviendrai peut-être blessé ou avec un membre en moins, mais si je reviens sain et sauf, on se mariera ».* Après le départ du train, le préposé à la vente des billets vit que des larmes coulaient sur mes joues. Il m'adressa la parole dans un accent typiquement cockney et me dit : « *Don't cry mate, he'll come back* », c'est-à-dire, « Ne pleure pas ma petite, il reviendra. » Bien sûr, je pleurais encore plus.

Personne ne savait ce qui nous attendait. Cette fichue guerre nous empêcherait-elle de nous revoir ? Tous les jours, nous apprenions que des soldats et des civils étaient tués, d'autres estropiés, d'autres rendus aveugles et quoi encore !

Pendant deux mois, je n'ai reçu aucune nouvelle de Conrad. Je ne savais pas s'il était vivant ou mort. Même si j'étais très angoissée, je gardais espoir et je continuais à lui écrire chaque jour, qu'il me réponde ou non. J'étais déterminée à lui écrire tant et aussi longtemps que je n'aurais pas de ses nouvelles. Finalement, une lettre de lui me parvint après la bataille de Caen, alors qu'il avait eu un moment de répit. Cette missive ne comptait que quelques lignes pour me dire qu'il était bien vivant et qu'il recevait mon courrier; il me donnait enfin sa nouvelle adresse.

Toutes les lettres étaient censurées et les soldats étaient bien avertis de ne donner aucune information qui pourrait aider l'ennemi. Alors, les seules nouvelles que nous recevions étaient celles des journaux et de la radio.

À la même époque, maman me prévint de sa séparation d'avec Daddy. Je ne lui ai pas dit, mais j'étais contente de sa décision. Daddy était devenu très possessif envers « ses filles », comme il nous désignait. Il ne voulait pas que nous ayons des amis et il ne permettait pas que nous les invitions à la maison même si ma mère le souhaitait. Il était maladivement jaloux. La vie était devenue insupportable autant pour maman que pour nous. Maman, Jeanne et moi sommes donc déménagées dans un plus petit appartement au 28-A Lonsdale Square à Islington. Ce n'était pas un château, mais nous étions heureuses. Minnie et son mari vivaient seuls dans leur logis.

Un vent de délivrance se fit peu à peu sentir à travers toute l'Europe. Conrad réussit finalement à obtenir un congé et arriva à Londres au début de janvier 1945. Il était méconnaissable. Épuisé, il avait perdu environ trente livres. Je devinais qu'il avait beaucoup souffert, même s'il parlait très peu de son expérience de la guerre. Malgré son retour, j'étais triste. En mon for intérieur, je me disais qu'après la guerre, comme la majorité des soldats survivants, il retournerait chez lui aux Îles-de-la-Madeleine et nous ne nous reverrions plus. Après avoir pris une bonne partie de la fin de semaine à se reposer, il me dit : « Les Alliés sont sur le point de gagner la guerre. Dès qu'elle sera terminée, si mes habits me font encore, j'aimerais t'épouser... » J'acceptai avec une joie immense.

CHAPITRE 7

Le grand jour approche

Était-ce possible qu'après avoir vécu dans la peur, l'angoisse et l'inquiétude nous puissions un jour parler d'avenir?

Mes rencontres avec Conrad étaient toujours trop brèves et trop peu fréquentes. Ensemble, nous discutions de mille et un sujets. En me décrivant la vie et les coutumes des gens des îles, il ne me cachait pas sa préférence : retourner vivre aux Îles-de-la-Madeleine après la guerre. Il savait toutefois que la fille de ville que j'étais aurait beaucoup à faire pour s'adapter à un tel changement et il ne voulait pas me l'imposer. Pour ma part, j'étais disposée à tenter l'expérience.

Toutefois, nous voulions nous marier en Angleterre. Il fallait donc en demander la permission au brigadier du régiment ainsi qu'à ma mère, car j'étais mineure. Je n'avais que dix-sept ans. Conrad présumait que les démarches seraient longues et difficiles. Il me promit de m'attendre si ma mère exigeait que je sois majeure pour me marier. Il m'aimait assez pour accepter de rentrer au Canada sans moi et de revenir m'épouser lorsque j'aurais atteint ma majorité.

Il va sans dire qu'au début, ma mère n'était pas très favorable à notre mariage, mais avec le temps, des éléments jouèrent en notre faveur. Connaissant Conrad depuis plus de trois ans, elle s'était attachée à lui et elle croyait qu'il prendrait bien soin de moi. Aussi, elle admettait que la guerre m'avait rendue plus mature, plus sérieuse et responsable. Finalement, elle accepta que nous entreprenions les démarches nécessaires auprès du régiment. Nous avons alors annoncé officiellement nos fiançailles aux membres de ma famille.

Rien ne fut facile, ne serait-ce que de trouver une bague de fiançailles. Il y avait si peu de bijouteries à cette époque. Finalement, nous en avons trouvé une en or, montée d'une pierre d'onyx et de deux diamants. Comme j'étais fière de la porter ! D'autre part, la permission tant attendue tardait à venir. Après la saga des formulaires, ce fut la série de tests dont certains pour dépister la présence de maladies transmises sexuellement. Des procédés aussi simples que les analyses sanguines devinrent compliqués, dans mon cas, à cause de la finesse de mes veines. On a dû me mettre les coudes dans l'eau chaude pour faciliter la dilatation des veines.

De son côté, Conrad devait faire compléter un formulaire par Mgr Arsenault, le curé de Lavernière, sa paroisse. Ce dernier devait attester que Conrad n'était pas déjà marié. Il arrivait que de jeunes soldats, déjà mariés dans leur pays natal, se remariaient avec une anglaise, alors qu'ils n'étaient pas divorcés. Les documents complétés furent portés à l'officier chargé de les remettre au brigadier du régiment. L'attente d'une réponse fut longue. La permission de nous marier nous arriva quatre mois plus tard, nous accordant le feu vert à compter du 9 mai 1945. L'anniversaire de naissance de Conrad, le 12 mai, nous apparut comme la journée toute désignée pour unir nos destinées. Pendant que Conrad cherchait une solution pour obtenir un congé à cette date, je voyais aux préparatifs de la noce. Comme il était primordial pour moi de partager la même foi que mon futur époux, je devais obtenir de *Father*

Keldany la permission d'être baptisée pour ensuite célébrer le mariage à l'église catholique. Il hésita quelque peu, mais il conclut finalement que j'étais prête. Je fus baptisée le 5 mai 1945. En souvenir de cette mémorable journée, je reçus un missel de *Father Keldany* et un chapelet de la dame qui me servit de marraine. Une autre convertie, accompagnée de son mari, me tint lieu de témoin. Ce même couple me présenta à la confirmation, le lendemain. Les enfants de la paroisse recevaient ce sacrement ce jour-là et *Father Keldany* me proposa de me joindre au groupe. J'avoue que, seule adulte parmi une vingtaine de petits enfants, j'étais un peu intimidée. *Father Keldany* m'avait attribué le prénom de Bernadette comme pour ma confirmation. C'était très émouvant. J'étais très heureuse, je me sentais comblée.

Finalement, malgré la guerre qui se poursuivait, tout fut mis en place pour un mariage réussi. Comme je n'avais pas assez de coupons de rationnement pour m'acheter une robe de mariée et que c'était difficile d'en trouver sur le marché, Minnie me prêta la sienne. Je choisis des roses rouges avec des soupirs de bébé pour mon bouquet de mariée et je commandai mon gâteau de noce chez le pâtissier. C'était un gâteau aux fruits à deux étages. Nous devions le réserver assez tôt afin de s'assurer que le pâtissier puisse trouver tous les ingrédients nécessaires. Ma mère avait mis de côté différentes boîtes de conserves depuis plusieurs mois pour nous faire une belle réception nuptiale à la maison. Deux ans plus tôt, elle avait préparé une fête semblable pour Minnie.

Nous avions obtenu le permis spécial au Civil, les bans avaient été annoncés à l'église, le photographe était engagé et des voitures nous étaient réservées. Tout était fin prêt pour le grand jour du 12 mai 1945. Or, Le 8 mai, on annonça à la radio et dans tous les journaux que les Alliés avaient gagné la guerre. Le monde entier jubilait. La guerre était finie! Les gens sortaient dans les rues, riant, chantant, pleurant, s'enlaçant avec allégresse. C'était la fête partout. Je revois encore ma sœur Jeanne, vêtue d'un manteau trois quart rouge et d'un chapeau noir, sortir pour aller fêter dans la rue en compagnie de Raymond Cormier, un compagnon d'armes de Conrad.

À Londres, les gens se rendaient au Buckingham Palace pour voir, au balcon du Palais, le roi, la reine, et Winston Churchill qui faisait son fameux V en signe de victoire. J'étais heureuse de voir la fin de cette guerre, mais ma plus grande joie était d'anticiper le retour imminent de Conrad. J'étais certaine que désormais plus rien ne pourrait briser notre projet de mariage.

Le 12 mai arriva mais le marié ne se présenta pas. Aucun message ne vint pour nous informer de ce qui lui arrivait. Après l'avoir attendu pendant plusieurs heures, je dus avertir le prêtre, la trentaine d'invités ainsi que les fournisseurs des différents services (voiture, fleurs, gâteau) que le marié n'avait pu se libérer. Tous se sont montrés compréhensifs, me faisant promettre de les prévenir de la date de report de mon mariage. J'ai beaucoup pleuré ce soir-là. Follement inquiète, j'imaginais les pires scénarios.

Cinq jours plus tard, soit le jeudi suivant, une joie indescriptible m'attendait : Conrad se présentait à notre demeure. Plus d'un obstacle l'avait empêché de revenir en Angleterre pour le 12 mai. Ayant obtenu un congé en janvier, il lui avait été difficile d'en décrocher un autre, quatre mois plus tard. La mauvaise température s'était mise de la partie et avait empêché, pendant plusieurs jours, la traversée de La Manche.

Enfin, je retrouvais mon bonheur. Conrad était là! J'étais certaine que maintenant tout irait bien.

Le lendemain de son arrivée, ce fut le branle-bas pour réorganiser la noce reportée au samedi suivant, le 19 mai 1945, à onze heures du matin. Le soir précédent notre mariage, pendant que maman et la dame de la maison préparaient la table pour la réception, Conrad et moi allions nous confesser. Baptisée depuis deux semaines seulement, j'étais nerveuse à la pensée de faire cette démarche. Comme j'appréciais d'avoir Conrad près de moi !

Au grand étonnement de tous, à notre retour à la maison, je me suis mise à pleurer sans pouvoir m'arrêter. Conrad avait beau essayer de me consoler, il n'y parvenait pas. Les larmes coulaient à flots sur mon visage. Je crois avoir versé, en cette soirée, toutes les larmes que j'avais retenues au cours des dernières années. Le calme revenu, Conrad se rendit passer la nuit à la Légion canadienne. C'est là que la majorité des soldats résidaient lors de leurs visites à Londres.

J'étais très nerveuse en ce matin du 19 mai 1945. Après que maman m'eut aidée à mettre ma robe de mariée, je me retrouvai seule dans ma chambre à réfléchir. Que de questions je me posais ! « Est-ce correct de se marier si jeune ? Qu'est-ce que l'avenir me réserve de l'autre côté de l'océan, loin des miens ? » Heureusement, il m'a suffi d'imaginer Conrad m'attendant à l'église, pour qu'au fond de mon cœur, je sente que je prenais la bonne décision. J'étais convaincue que je pouvais me fier à lui pour prendre soin de moi le reste de mes jours.

Le photographe arriva. La voiture, une Daimler noire, m'attendait pour me conduire à l'église, accompagnée de Fernand Collerette, un soldat canadien-français de Montréal qui me servait de père.

En arrivant devant l'église St.John the Evangelist, à Islington, mon cœur se mit à battre très fort à la vue de l'homme qui allait devenir mon mari. Le port fier dans son bel habit de soldat, il m'attendait fébrilement. J'appris qu'il était arrivé presque une heure à l'avance, accompagné de son garçon d'honneur, Alfred Bellefleur, un de ses compagnons d'armes. Dès qu'il vit la voiture s'arrêter, il entra dans l'église pour m'attendre au pied de l'autel.

C'était comme si tout se déroulait au ralenti dans ma tête. Je voyais les gens sans vraiment les voir. J'avançai machinalement vers l'église au bras du substitut de mon père et je marchai dans la nef jusqu'au pied de l'autel. J'avais l'impression de flotter. Plus j'avançais, plus je ne voyais que Conrad qui me fixait d'un regard profond rempli d'amour et de mansuétude. On aurait dit qu'il n'y avait que nous deux dans cette église. *Father Keldany* célébra notre mariage.

Mon bonheur était sans faille jusqu'au moment où, pendant la cérémonie, alors que tout était silencieux, mon talon de soulier s'est pris dans l'une des pattes de la chaise qui se renversa et déboula toutes les marches jusqu'en bas. Tout le monde a retenu sa respiration un instant, essayant de comprendre ce qui se passait. Sans faire de bruit, calmement, Conrad descendit les quelques marches menant à l'autel et tout en faisant un petit sourire aux invités avec un haussement d'épaules pour les rassurer, il ramassa la chaise et la replaça près de moi. J'étais mal à l'aise, mais son sourire me réconforta. Il reprit sa place à mes côtés et Father Keldany continua la célébration. Il me confia, plus tard dans la journée, qu'il s'était dit : « C'est un bon commencement que de lancer les chaises comme ça ! »

Le banquet se déroula sans le moindre accroc. Mon gâteau de noce à deux étages arriva à temps et mon bouquet était magnifique. Après la réception, je fis parvenir un étage de mon gâteau à la famille de Conrad, aux Îles-de-la-Madeleine, espérant qu'il leur arrive en parfaite condition.

Le lendemain, j'allais déposer mon bouquet de mariée sur la tombe de mon oncle Thomas Walker que j'avais beaucoup aimé.

Ce fut un jour mémorable. Aussi radieux que le soleil qui nous accompagna toute la journée.

Vint ensuite la tournée de la parenté. Notre première destination fut *Leicester*, afin de rapporter la robe de mariée de Minnie qui habitait cette ville avec son mari. Le voyage se fit en train. Nous y sommes demeurés quelques jours. Comme ils ne disposaient pas de chambre d'invités, nous avons dû coucher sur un matelas, dans le salon. Nous sommes ensuite allés rendre une petite visite à ma grand-mère paternelle, Mme Smedley, qui habitait non loin de là. Elle nous accueillit avec un copieux goûter et nous avons passé de très bons moments avec elle. Nous avons aussi rencontré mon père biologique William Smedley. Il avait refait sa vie avec une autre femme et ils avaient eu un enfant. William nous a invités chez lui où j'ai pu rencontrer ma demi-sœur, sa petite Ivy, une fillette blonde aux cheveux frisés. Triste constat, mon père avait encore de la difficulté à me parler et il ne m'a même pas embrassée.

Par la suite, nous sommes retournés à Londres et nous sommes allés au *Canadian Wives Bureau* afin de placer ma demande d'immigration pour le Canada. Il y avait une très longue liste d'attente de femmes anglaises mariées à des soldats canadiens. Pour les dates de départ, les femmes qui avaient des enfants avaient priorité sur celles qui n'en n'avaient pas. Un officier apprit à Conrad qu'aucun départ n'était prévu avant plusieurs mois.

Le lendemain, je reçus une lettre des parents d'un ami de la famille, m'informant du décès de Bernie qui était dans la *Royal Air Force* en tant que fusilier. Il avait été tué dans le dernier bombardement en Allemagne. J'étais bien bouleversée et je pleurais à chaudes larmes en pensant à ses parents pour qui la perte de leur fils unique de dix-neuf ans devait causer une immense douleur. De fait, sa mère fut transportée à l'hôpital psychiatrique où elle décéda quelques années plus tard.

Faute de pouvoir rentrer au Canada, Conrad retourna à son régiment installé en Allemagne. Il y servit dans l'Armée d'occupation jusqu'à ce qu'il revienne à Londres, trois mois plus tard, pour un congé de dix jours avant de quitter pour le Canada. Dès leur arrivée en sol natal, les soldats étaient soumis à un examen médical très sommaire effectué par un médecin de l'armée. Après quoi, ils signaient leur libération. Conrad avait parlé de ses douleurs, mais le médecin lui répondit qu'avec son retour au civil et le temps, tout rentrerait dans l'ordre. Ce ne fut pas le cas. Conrad aurait dû insister pour se faire soigner avant de sortir de l'armée; sa pension aurait été maximisée et les études de ses enfants payées. À ce moment, il ne pouvait mesurer les conséquences fâcheuses de cette négligence. Il a été démobilisé le 8 novembre 1945. En tant que soldat, il recevait environ un dollar trente par jour. Mais après sa sortie, il se retrouvait sans salaire et sans recours financier pour se faire soigner.

La vie suivait son cours et je devins enceinte. Avant que Conrad ne retourne au Canada, nous sommes allés présenter mon certificat médical au *Canadian Wives Bureau*. On m'informa que parce que j'étais enceinte, je serais sur la liste prioritaire des départs d'Angleterre. Je crus qu'au plus tard dans deux mois, je me retrouverais au Canada avec Conrad. Mais, une autre déception nous attendait. Ma situation de femme enceinte ne me permettait pas de voyager : je devais prendre le bateau avant mes six mois de grossesse ou attendre trois mois après la naissance du bébé.

Une décision s'imposait. Ou Conrad restait dans l'Armée d'occupation en attendant que j'aie une place sur le bateau, ou il rentrait chez lui sans moi. Malgré la douleur de la séparation et de l'éloignement, nous avons jugé qu'il était préférable que Conrad retourne aux Îles-de-la-Madeleine. Il pourrait mieux récupérer chez lui dans la tranquillité des îles, parmi les siens, sans compter qu'après tant d'années d'exil, il avait hâte de se retrouver avec eux. Peiné, fatigué, épuisé, il partit donc pour le Canada avec les autres soldats canadiens. Je m'accrochai au faible espoir d'avoir une place sur le bateau avant mon sixième mois de grossesse faute de quoi, je devais me consoler en imaginant mon mari accueillir son épouse et son bébé aux îles, dans neuf mois.

À partir de ce moment, comme toutes les femmes de soldats, je recevais moitié de la paie de mon mari. Ce qui m'assurait un maigre revenu.

Lors d'une visite à la clinique prénatale, le médecin m'avisa que je travaillais trop fort à la compagnie de construction *Barshall & Barshall*. Il me conseilla donc de trouver un travail plus léger. Il me remit un certificat médical à présenter à la compagnie pour motiver ma demande de changement d'emploi. Les frères Barshall étaient bien déçus que je doive les quitter. Et pour cause, j'appris plus tard qu'ils avaient engagé deux employées pour effectuer les tâches que je parvenais à faire toute seule.

Je ne mis pas trop de temps à dénicher un poste de réceptionniste dans une compagnie d'importation et d'exportation où travaillaient plusieurs jeunes femmes. Or, voilà que mes patrons, sachant que j'étais mariée à un Canadien-français, m'offrirent d'aller travailler à leur nouvelle succursale en France. Ils étaient même prêts à me payer des cours de langue française. Mais, sachant que

Conrad ne serait pas intéressé à s'installer en France après tout ce qu'il y avait vécu, je déclinai l'offre.

Le président de la compagnie était très gentil et il prenait bien soin de moi. J'aimais mon travail. Je suis restée là jusqu'à mon septième mois de grossesse. À mon départ, la compagnie m'offrit un lot de laine pour tricoter des ensembles pour mon bébé. Ce cadeau était d'autant plus précieux que la laine était rare à cette époque.

Pendant toute ma grossesse, j'étais en parfaite santé physique, mais j'appréhendais l'accouchement. J'étais jeune et je n'avais pas d'expérience. De plus, étant la plus jeune de la famille et sans jeunes enfants dans mon entourage immédiat, je n'avais jamais été attirée par les bébés. J'ai donc fait part de mes inquiétudes à ma mère. Elle me répondit sagement que lorsque j'aurais mon enfant dans mes bras, je saurais exactement quoi faire parce que, croyait-elle, chaque bébé qui naît apporte avec lui son amour. Cette affirmation me rassura un peu et je commençai à compter les jours. Je priais pour qu'il soit en bonne santé.

Comme les hôpitaux de Londres étaient pleins de malades et de blessés de guerre, le gouvernement prit donc des arrangements avec les hôpitaux des campagnes pour que les femmes enceintes puissent aller y accoucher. Nous devions partir six semaines avant la date d'accouchement prévue. Le gouvernement payait les familles qui nous hébergeaient en attendant que nous puissions les rembourser. Les coûts étaient proportionnels à nos revenus.

De temps à autre, je me rendais au *Canadian Wives Bureau* pour vérifier si j'étais bien sur la liste prioritaire vers le Canada. J'ai vite compris que je ne pourrais rejoindre mon mari avant l'accouchement et que je devrais attendre que mon bébé soit âgé d'au moins trois mois avant de pouvoir prendre le bateau. J'écrivais souvent à Conrad pour lui donner des nouvelles, mais il ne pouvait pas toujours me répondre.

Un jour, il m'a fait parvenir un petit colis, une boîte à chaussures dans laquelle il avait placé une miche de pain. J'ai trouvé cela bien étrange. En essayant de sortir le pain de la boîte, je me suis aperçue que le pain avait été coupé en deux et vidé de sa mie pour faire place à un flacon de crème des îles. Ma première réaction a été de penser que Conrad était bien fou de m'envoyer de la crème de si loin; elle avait eu le temps de cailler. Mais maman savait quoi en faire. Elle a battu la crème pour faire du beurre. Quel délice!

Mon départ pour le Canada fut retardé. Comme l'attente fut longue pour ma mari et moi. Jeanne et moi allions souvent au *Canadian Wives Bureau*. Elle aussi avait marié un soldat canadien des Îles-de-la-Madeleine, Aurélius Bourque, un ami et camarade de guerre de Conrad. Leur mariage avait eu lieu le 15 septembre 1945. Elle attendait comme moi pour traverser au Canada.

Quelques semaines avant l'accouchement, je recevais mes billets de train pour aller vivre la fin de ma grossesse à la campagne. Plusieurs autres futures mères prirent aussi le train en direction d'une petite ville près de Bath, Bradford-on Avon, dans le Wiltshire, à environ cent milles de Londres. Encore une fois, j'étais évacuée, mais pas pour les mêmes raisons qu'auparavant et surtout pas pour longtemps. Je me consolais en pensant que je ne reviendrais pas seule. Je reviendrais avec mon bébé, notre premier enfant, à Conrad et moi.

À la gare de Bradford-on-Avon, un M. Poole m'attendait. Un homme très calme et vraiment agréable. Nous étions deux femmes enceintes qui devaient aller chez lui. Mme Poole nous accueillit cordialement et nous conduisit à notre chambre commune. Deux lits simples, deux bureaux, une garde-robe étaient mis à notre disposition. Il n'y avait rien de luxueux, mais c'était simple, propre et confortable. Cette charmante dame nous offrit ensuite le thé. L'après-midi suivant, elle nous amena par autobus à l'hôpital de la maternité où nous devions rencontrer le médecin pour la première fois. Il était âgé d'environ soixante ans et sa femme l'aidait en tant qu'infirmière et assistante.

Chaque semaine, le mercredi après-midi, nous allions à la clinique pour faire une prise de sang et un test d'urine. Les sages-femmes répondaient à toutes nos questions. Lorsque la température le permettait, toutes les femmes enceintes se rendaient à l'hôpital à pied. C'était émouvant de voir toutes ces jeunes femmes qui gravissaient la colline.

Dans la famille Poole, il y avait quatre enfants : trois garçons et une fille. Nous sommes devenues très vite comme des membres de la famille; nous aidions du mieux que nous le pouvions. Les enfants étaient très respectueux envers nous. L'aîné des garçons avait environ quatorze ans et moi, j'en avais à peine dix-huit. Ma relation avec ce jeune garçon était très amicale. Il adorait me taquiner. Nous nous courions dans le jardin mais il était plus rapide que moi. M. Poole avait l'habitude de dire que si je continuais ainsi je risquais d'accoucher dans le jardin.

Pendant mon séjour, nous avons visité cette jolie ville de Bradford-on-Avon. J'étais fascinée par le pont de style gothique qui traversait la rivière au centre de la ville, par les boutiques et par plusieurs édifices construits à l'époque des Romains. On aurait dit une carte postale. Je suis tombée sous le charme de cette ville. Même si mon mari et ma famille me manquaient éperdument, je me considérais chanceuse de terminer ma grossesse dans un si bel environnement.

Environ deux semaines avant la naissance de mon bébé, je commençai à éprouver des difficultés mineures; le médecin m'hospitalisa immédiatement. Quelques jours plus tard, il décida de provoquer la naissance du bébé en crevant les eaux. J'étais assistée de deux sages-femmes. Douze heures s'écoulèrent avant que ma petite fille naisse, le 22 février 1946 à une heure vingt-deux minutes. Maria pesait sept livres et demie; elle était très belle et en parfaite santé.

À cette époque, les femmes étaient obligées de rester au lit pendant neuf jours après la naissance de leur bébé pour éviter toute complication. Tout ce que j'avais à faire, c'était de me reposer et d'attendre que l'infirmière m'apporte mon bébé environ toutes les quatre heures pour le nourrir au sein. Malgré les difficultés du début, j'étais bien contente de le nourrir. J'adorais regarder ce petit visage près de mon sein. La première fois que je me suis levée, n'ayant pas fait d'exercice depuis neuf jours, je ressentis beaucoup de douleur dans les jambes, mais je me sentais bien en général et heureuse de pouvoir enfin sortir du lit.

Le jour suivant ma sortie de l'hôpital, je devais retourner à Londres. Je me suis empressée de faire parvenir un télégramme à Conrad et à ma mère leur annonçant la naissance de notre petite fille. Plus tard, Jeanne m'a raconté que pendant que j'accouchais, ma mère avait ressenti des douleurs sévères à l'estomac. Quelle coïncidence !

Ma mère et Jeanne étaient toutes deux à la gare à notre arrivée. Après six heures de train, j'étais si fatiguée que je ne me fis pas priée pour confier ma petite à ma mère. Mes maigres économies et les dons de ma mère et de ma sœur m'ont permis d'acheter un carrosse, un lit et quelques vêtements pour Maria.

Je réservais à *Father Keldany* ma première sortie avec mon bébé. Il décida de baptiser ma petite le dimanche après-midi suivant. J'avais choisi pour elle les prénoms de Maria et Bernadette. Maria, en l'honneur de la mère de

Conrad et de la Sainte Vierge, puis Bernadette, le nom que *Father Keldany* m'avait attribué pour ma confirmation. Il était bien content de ce choix.

Ma belle-sœur Flora et mon beau-frère Jeffrey, des Îles-de-la-Madeleine avaient été nommés marraine et parrain de Maria. En leur absence, le couple présent à mon baptême, les remplaça.

Maria était un bon bébé; elle dormait bien entre ses boires et elle était toujours souriante. Chaque semaine, je l'emmenais à la clinique postnatale où on la pesait et l'examinait. Elle progressait normalement et rien ne présageait que quelques jours plus tard je serais obligée de l'hospitaliser. En constatant qu'elle faisait de la diarrhée et qu'elle avait un furoncle, j'ai paniqué. Rapidement, en toute urgence, j'ai appelé maman qui venait tout juste de reprendre son travail. Elle accourut et nous nous sommes précipitées à la clinique médicale. Le diagnostic était clair : mon bébé souffrait d'une gastro-entérite et je devais la transporter au *The Great Ormond Street Hospital*. C'était une maladie grave pour un bébé de cet âge; elle aurait pu en mourir. Elle fut mise en quarantaine. Comme je demeurais loin de l'hôpital, on m'installa dans une aile spécialement aménagée pour les mères qui allaitaient leur bébé.

Par la suite, j'ai appris, qu'avant la naissance de Maria, il y avait eu une épidémie de gastro-entérite à l'hôpital où j'ai accouché et que plusieurs bébés en étaient morts. À la suite de cette épidémie, le temps de tout stériliser, on avait dû fermer l'hôpital pour un certain temps.

Pendant qu'on me faisait passer des tests pour la qualité de mon lait, Maria était nourrie par intraveineuse. J'avais beaucoup de peine et j'étais bouleversée de voir mon bébé avec des aiguilles sur son petit corps si fragile. Comme j'aurais bien aimé que Conrad soit près de nous deux à ce moment.

Puis, aussitôt que le résultat des examens arriva, on me donna la permission d'allaiter ma fille à nouveau. Après dix jours de bons soins, ma petite eut son congé. Toutefois, je dus continuer mes visites à la clinique où l'on me remettait, pour elle, de l'huile de foie de morue et du jus d'orange concentré. Maria devait en boire chaque jour jusqu'à l'âge de deux ans. C'est aussi à cette clinique qu'elle reçut sa première série de vaccins. Elle est redevenue un bébé en parfaite santé.

Le moment était venu d'enregistrer Maria sur la liste des futurs immigrants pour le Canada. Toujours pleine d'espoir, je retournai au *Canadian Wives Bureau*. Nous étions toutes deux considérées comme des immigrantes reçues, car j'étais mariée à un soldat canadien et une loi spéciale promulguée par les gouvernements britannique et canadien entérinait cet état de fait. À six semaines, Maria, fort jolie, fut photographiée par un professionnel et je m'empressai d'envoyer une photo à la famille de Conrad.

CHAPITRE 8

En route pour le Canada

Joan quitte son pays natal pour aller à la rencontre du bonheur. Sera-t-il à la hauteur de ses espérances ?

Le grand départ approchait. Secrètement, ma mère avait écrit aux autorités du *Canadian Wives Bureau* expliquant que Jeanne et moi étions des sœurs et que nous allions retrouver nos maris aux Îles-de-la-Madeleine. Elle avait imploré la faveur que ma sœur et moi puissions voyager ensemble afin que Jeanne puisse m'apporter son aide auprès du bébé.

Vint ce jour tant attendu où Jeanne et moi recevions les billets et les étiquettes requises pour nos bagages, ainsi qu'une convocation nous priant de nous présenter à un endroit qui nous serait dévoilé vingt-quatre heures à l'avance, à compter du 12 juillet 1946. Cette lettre d'acceptation présentait aussi des directives concernant les limites pour les bagages sur le bateau et ce que nous pouvions envoyer à notre nouvelle demeure, avant de partir. Je fis donc parvenir à l'avance le carrosse, le lit et le parc du bébé ainsi qu'une grosse valise remplie d'effets personnels pour Maria et moi. Ces bagages furent placés dans la cale du bateau. Nous avions droit à une petite valise chacune. On nous avait aussi suggéré d'apporter un petit siège en toile pour transporter le bébé; à prix modique, nous l'avons trouvé, ainsi que nos valises, dans les articles non-réclamés au siège social de la gare centrale de Londres.

Les mères, nourrissant leur bébé, devaient, par précaution, apporter une réserve de lait en poudre pour la durée du voyage. Les médecins nous avaient prévenues que les émotions et l'énervement causés par les préparatifs du voyage pouvaient altérer la quantité et la qualité du lait maternel. Nous avions aussi reçu les vaccins nécessaires pour aller au Canada. Nous étions vraiment prêtes.

Le 17 juillet 1946, à vingt-quatre heures d'avis, tel que prévu, nous étions informées de la date du départ. Le jour même, Jeanne et moi, chargées de nos maigres effets entassés dans nos petites valises, nous nous rendions par autobus en compagnie de maman, à un hôtel de l'ouest de Londres où devaient se rassembler toutes les épouses des soldats canadiens, avec leurs enfants. Dès notre arrivée, nous devions nous enregistrer. Nos valises furent prises immédiatement en charge pour être entreposées dans la cale du bateau. La grande salle de bal de l'hôtel était envahie par des centaines de jeunes mamans attendant, l'œil hagard, le moment du départ.

Les membres de la famille immédiate avaient la permission de rester sur les lieux jusqu'à vingt-deux heures. Que de larmes sur les visages ! Que de souffrance dans les yeux des mères et pères venus assister au départ de leurs filles ! Certaines ne partirent pas, la séparation étant trop difficile pour elles. Dans une telle atmosphère, l'attente devenait insupportable.

En soirée, maman vint nous rejoindre à l'hôtel. Nous avons passé quelques heures ensemble sans toutefois pouvoir converser vraiment. En ces moments-là, nous voudrions tout dire, mais l'émotion trop vive retient les mots à l'intérieur.

Nous agissons alors comme si nous étions pour nous revoir bientôt, sachant très bien qu'il en sera tout autrement.

Le lendemain matin, tout de suite après le déjeuner, on nous informa que le départ s'effectuerait au cours de la prochaine heure. À la sortie de l'hôtel, nous aperçûmes maman qui nous attendait à l'extérieur pour nous embrasser une dernière fois. Nous avons juste eu le temps de la serrer dans nos bras avant de monter dans l'autobus qui nous amenait à la gare. Nous étions bouche bée devant sa détresse. Inquiètes de savoir comment elle allait s'en sortir, ma sœur et moi essayions de nous apaiser en pensant que le destin nous appelait ailleurs. L'autobus rempli, il démarra et se fraya un chemin dans le stationnement bondé pour aller prendre la route. Ma sœur et moi assistions alors à un des spectacles les plus cruels de notre vie. Prise de désespoir, maman courait derrière l'autobus, en plein trafic, en criant : « Joan ! Jeanne ! » Au feu de circulation, elle nous rattrapa et nous supplia de lui laisser au moins Maria, si l'une de nous deux ne voulait pas rester. Elle était folle de chagrin. Jeanne et moi en avions le coeur déchiré. Comment choisir dans un moment pareil entre l'amour pour notre mère et celui pour notre mari ! C'était horrible ! Dans les bras l'une de l'autre, ma sœur et moi pleurions à chaudes larmes. Nous n'avions pas le courage de nous retourner, de peur de voir de la voir courir encore derrière l'autobus. Nous avons dû attendre d'avoir franchi une certaine distance pour nous assurer qu'elle avait rebroussé chemin.

Une fois à la gare, les passagers devaient défiler sur le quai, à la queue leu leu, et suivre les directives des guides pour monter dans les wagons. Installée près d'une fenêtre, je regardais dehors mais sans rien voir tant j'étais inquiète de maman. Je ne l'avais jamais vue aussi désemparée. Je me demandais même si elle aurait le courage d'aller dormir chez elle. J'appris, plus tard, qu'après notre départ, elle était restée alitée pendant deux semaines, atteinte d'une profonde dépression nerveuse. De mon côté, je luttais aussi contre l'angoisse et le découragement. Que de questions je me posais sur l'avenir qui m'attendait ! Par contre, l'enfant que je tenais dans mes bras, à qui je chantais toutes les berceuses que je connaissais, m'apportait confiance et réconfort.

Parvenues à Southampton, le Queen Mary, un immense navire nous attendait. En montant dans ce bateau, nous devions encore nous enregistrer et on nous donna tous les papiers nécessaires pour entrer au Canada. On assigna les cabines aux passagers, offrant les meilleures à la douzaine de femmes qui avaient un bébé. Je fus donc séparée de ma sœur Jeanne. Dans ces cabines dépouillées de leur luxe, des couchettes avaient été placées autour des murs et de petits hamacs, attachés au lit, étaient aussi disponibles. La chambre de bain était très petite pour le nombre de personnes qui l'utilisaient. Lorsqu'on lavait les vêtements, nous les étendions partout dans la cabine et dans la chambre de bain. Tous les espaces possibles et imaginables étaient occupés.

Quand la sirène annonça le départ du quai, j'eus l'impression que mon cœur s'arrêta de battre. Il n'y avait désormais plus de retour possible. Une nouvelle vie débutait pour moi.

La plupart d'entre nous étions sur le pont du bateau lorsque qu'il quitta Southampton pour le Canada. Toutes les femmes pleuraient à chaudes larmes en regardant les rives de l'Angleterre disparaître graduellement l'horizon. Les mêmes questions revenaient, plus brutales. Pourra-t-on revoir notre pays un jour ? Qu'adviendra-t-il de nous là-bas, au Canada ? Reverrons-nous ceux et celles que nous aimons et que nous quittons ?

À l'auditorium du bateau, on nous rassembla pour nous communiquer les directives de la traversée : heures de repas, liste des services incluant le service médical disponible jour et nuit. Une infirmière devait nous visiter chaque matin pour examiner nos enfants. On nous remit des couches jetables pour les bébés. C'était la première fois que nous en utilisions. Nous les avons beaucoup appréciées. Que de travail en moins ! Une garderie était à notre service pour de courtes périodes, comme pour aller prendre un bon repas ou aller voir un film.

Quelques militaires qui retournaient au Canada faisaient partie du voyage, mais la majorité d'entre eux occupaient une section réservée sur le bateau. Gare aux femmes qui seraient vues en leur compagnie ou avec un membre de l'équipage. Si l'une d'elle enfreignait cette consigne, elle ne pourrait descendre du bateau à son arrivée au Canada. L'interdiction était si sérieuse, qu'une dizaine d'entre elles, à leur grand désespoir, durent retourner en Angleterre.

Une première visite de la salle à dîner, nous laissa médusées devant la quantité de nourriture, mais surtout devant les gros plats de fruits et de pain blanc placés au centre de chacune des tables. Nous n'avions pas mangé de pain blanc depuis le début de la guerre et celui qu'on nous servait était habituellement brun foncé. Ces petits pains, cuits le jour même, étaient si légers et si tendres que nous n'en étions jamais rassasiées. Le serveur nous dit qu'il n'avait jamais vu des gens bouffer autant que les épouses de guerre.

Certaines femmes furent malades pendant la traversée et elles ont dû rester à l'infirmerie pendant tout le voyage. Heureusement, Jeanne, Maria et moi avons été épargnées. Ainsi, nous avons pu participer à plusieurs activités offertes pendant le voyage dont le concours du plus beau bébé. Maria fut qualifiée comme la plus belle de son groupe d'âge. Elle était souriante et elle allait facilement à tout le monde.

Lorsqu'il faisait beau, nous allions sur le pont. Nous étions toutefois prévenues des dangers du soleil, même pendant les jours nuageux. On prenait vraiment soin de nous; nous ne restions pas longtemps dans notre cabine. Parfois, je prenais des marches avec ma petite Maria et lorsque je rencontrais une autre épouse de guerre, j'en profitais pour jaser avec elle. Le fait de pouvoir partager nos inquiétudes, la hâte de revoir notre mari, et nos appréhensions face à notre pays d'adoption nous faisait du bien.

Lors de cette traversée de l'Atlantique, un record de vitesse fut battu par le Queen Mary. Nous sommes entrés à Halifax le 23 juillet 1946, soit cinq jours après notre départ d'Angleterre. Une brume épaisse couvrait le ciel; il a fallu attendre quelques heures avant que le bateau puisse accoster au quai 21.

Les femmes des soldats, qui allaient dans les Maritimes, avaient le privilège de descendre les premières. Ne sachant pas où se situaient les Maritimes et encore moins les Îles-de-la-Madeleine, je m'informai auprès d'un officier qui me l'indiqua sur une immense carte du monde. Cet officier me demanda de quelle partie de l'Angleterre je venais. Lorsqu'il apprit que j'étais originaire de Londres, il ne put cacher son étonnement : quitter une si grande ville pour aller s'établir sur une île si petite et si isolée du monde ne lui inspirait pas confiance. Il me souhaita bonne chance. Je compris qu'il m'en faudrait, mais j'étais déterminée, coûte que coûte, à aller rejoindre Conrad. Je me disais que lorsqu'on aime son mari, on applique la devise : « Qui prend mari, prend pays ».

Du pont, nous pouvions voir la foule et entendre jouer l'orchestre. Sur de gigantesques banderoles, nous pouvions lire en grosses lettres :

Bienvenue aux épouses de guerre

Nous avions beau regarder de tous côtés, ni Jeanne ni moi n'arrivions à reconnaître qui que ce soit. Nous étions encore trop éloignées et il y avait trop de monde.

Par un heureux hasard, Jeanne, le bébé et moi étions les trois premières à descendre du bateau. Un matelot apporta notre sac à main et un autre prit ma petite Maria. Les gens sortaient de la foule pour venir nous serrer la main et nous souhaiter la bienvenue.

Soudain, j'aperçus dans la foule mon beau-frère Aurelius qui venait vers nous. Je l'ai tout de suite reconnu par sa petite moustache. Il nous regardait avancer vers lui, un large sourire aux lèvres.

Du regard, je cherchais anxieusement Conrad mais je ne le voyais nulle part. Plus les secondes passaient, plus je sentais mon cœur se serrer et ma respiration devenir de plus en plus difficile. Je ne pouvais croire qu'il n'était pas là pour nous accueillir. Après tous ces mois de séparation et les émotions des derniers jours, je n'avais d'autres désirs que de le voir, de le serrer dans mes bras et de lui présenter sa fille.

Arrivée près d'Aurelius, retenant mes larmes de peine et de misère, je lui demandai si Conrad était avec lui. Il ne répondit rien, mais il leva le regard vers un jeune homme qui se tenait juste derrière moi et que je n'avais pas vu arriver. C'était lui ! J'éclatai en sanglots. Je ne pouvais plus m'arrêter de pleurer, tant j'étais heureuse de le retrouver et de me blottir dans ses bras. Vêtu d'un habit civil et d'un chapeau à la *Al Capone,* je ne l'avais pas reconnu. Je le trouvai encore plus beau au naturel que dans mon souvenir. Onze mois s'étaient écoulés depuis son départ pour le Canada. J'étais à la fois gênée et fière de voir ce bel homme à mes côtés et de réaliser qu'il était mon mari. Il avait beaucoup changé, mais son sourire était demeuré le même. Dans l'excitation et l'énervement, Conrad oublia qu'il avait un bébé. La dernière fois qu'il m'avait vue, j'étais enceinte de trois mois et maintenant Maria en avait cinq. Ce moment aussi fut inoubliable. Il n'y avait pas de mots pour traduire nos émotions.

Il était déjà sept heures trente du soir et nos maris qui nous avaient attendues toute la journée, étaient affamés. Jeanne et moi avions soupé avant de descendre du bateau, mais nous n'avons pu résister au *Banana split* qu'ils nous offrirent. Nous n'avions pas mangé de crème glacée depuis six ans. Aurélius et Conrad riaient de nous voir la dévorer avec une telle avidité.

Ce soir-là nous avons couché à Halifax dans un *Bed & Breakfast*. Dès notre arrivée, la dame de la maison s'offrit pour laver les vêtements du bébé. Le lendemain matin, je les recevais propres et tous bien pliés. J'ai bien apprécié ce geste.

Pour nous rendre à Souris, Île-du-Prince-Édouard, nous avons fait le trajet en autobus. De là, nous sommes montés à bord du bateau, le *S.S. Lovat,* à destination des Îles-de-la-Madeleine. S'y trouvaient aussi d'autres gens des îles, dont Angus et Léo Lapierre. Angus aimait jouer de la guitare et comme il chantait souvent en anglais, nous avons pu mêler nos voix à la sienne. Deux religieuses de la Congrégation-de-Notre-Dame faisaient aussi partie du groupe. Quelques années plus tard, l'une d'entre elles reconnut Maria au couvent de Havre-aux-Maisons, où elle fit son École Normale, à cause de sa ressemblance avec moi. À huit heures, le matin suivant, nous accostions aux Îles-de-la-Madeleine. Comme elles me semblaient petites ! On aurait dit une carte postale. La mer était calme comme un miroir. Le soleil brillait de tous ses éclats. Tout paraissait si limpide et si propre pour la jeune femme qui venait de Londres, là où les bombardements n'avaient laissé que désordre et ruines.

Une foule nous attendait aussi au quai de Cap-aux-Meules. Du doigt, Conrad me désigna sa sœur Flora, venue à notre rencontre. Il y avait aussi un certain Monsieur McLean, le mari d'Ethel, une anglophone qui correspondait avec moi en Angleterre depuis six mois. Elle m'avait beaucoup parlé des gens des îles, de leurs us et coutumes, et elle avait su apaiser mes angoisses. M. McLean nous invita chez lui « pour un léger déjeuner de bienvenue », dit-il. J'aurais plutôt parlé d'un buffet de mariage tant il y avait de nourriture sur cette table magnifiquement décorée par Mme McLean. Plus tard, nous sommes allés à l'Étang-du-Nord où ma belle-mère nous accueillit chaleureusement. En la voyant, Maria lui tendit les bras. Quelle joie pour cette femme que d'accueillir la première de ses petits enfants ! Ce soir-là, il y eut une fête de bienvenue en notre honneur. Jeanne et Aurelius étaient présents. Heureusement pour nous trois, quelques personnes parlaient anglais. Même si je ne pouvais échanger avec les francophones, je sentais leur sincérité et leur grande aménité.

Conrad me présenta à tout le monde. Comme je déplorai à ce moment de ne pouvoir leur offrir plus que mon sourire ! Je me sentais un peu ridicule de ne pouvoir leur adresser la parole. Le fait de ne pas parler français rendit mon adaptation plus longue et plus difficile. Pour compliquer les choses, plusieurs personnes portaient le même prénom et nom de famille. Pour les différencier les uns des autres, les gens des îles disaient la fille ou le garçon d'un tel; par exemple, Conrad à Dominique Landry. Encore aujourd'hui, cette coutume est d'usage courant. On me nomme souvent Joan à Conrad Landry.

Aux îles, tout le monde se voisinait et se connaissait. Leur culture était bien différente de la mienne. J'avais tendance à comparer. À Londres, même pendant les années de guerre, nous avions toutes les commodités : le gaz, l'électricité et l'eau courante dans les maisons. Or, à la même époque, ces services n'existaient pas aux îles. J'ai vite compris que j'aurais bien des défis à relever pour m'adapter à ce nouveau mode de vie. Par exemple, quand je demandai où était la salle de bain, on m'indiqua la porte vers le jardin où il y avait un cabinet d'aisance. Lorsque je voulus tirer la chaîne, je constatai qu'il n'y en avait pas. Ma sœur Jeanne, qui demeurait à environ un mille de chez nous, sur le chemin du Phare, me raconta avoir vécu la même expérience. Malgré le fait qu'il y avait peu de commodités, les maisons étaient très propres. Les gens étaient fiers de leur habitation et ils travaillaient constamment à l'embellir.

Une des premières difficultés rencontrées fut de devoir puiser l'eau au puits. Je me croyais presque au Moyen Âge. Imaginez, un puits avec un seau et une perche… Pour les besoins quotidiens, nous devions faire chauffer l'eau sur un poêle à bois. J'avais pris pour acquis que le confort offert en Angleterre était présent partout au Canada. Quelle illusion !

Pour s'éclairer, il fallait allumer une mèche et pomper la gazoline en même temps. Je n'ai jamais été capable d'en allumer une, ni pour l'éclairage ni pour chauffer le fer à repasser. J'avais peur que la lampe éclate dans mon visage. S'il n'y avait personne pour l'allumer, je m'éclairais avec une lampe à paraffine et j'utilisais le fer à repasser qu'on plaçait directement sur le poêle à bois.

Je passais toutes mes journées seule avec ma belle-mère et mon bébé; les hommes pêchaient, Annette allait encore à l'école et Flora, nouvellement mariée, avait quitté la maison. Cette femme était très patiente avec moi et elle faisait tout ce qu'elle pouvait pour m'aider. Que de quiproquos causés par le fait que nous ne pouvions converser dans la même langue ! Nous parlions souvent par signes. Ma belle-mère était une très bonne cuisinière, mais sa façon de cuisiner et les aliments servis étaient complètement différents de ce que j'avais connu à Londres. Comme tout ce qu'elle faisait était réussi, je finis par aimer sa cuisine.

Pendant la Semaine Sainte, comme la plupart des habitants des îles, Conrad et moi allions à l'église en carriole, tôt le matin. Nous étions à jeun depuis minuit. Un jour, la belle-mère de Flora nous invita à prendre le petit déjeuner chez elle après l'office religieux. Au cours de la conversation, elle dit : « J'ai hâte qu'on finisse de gaboter ». Je compris *cup of tea*. En revenant de chez elle, je demandai à Conrad : « Pourquoi parlait-elle de *cup of tea* ? Qu'est-ce qu'elle voulait dire ? » Le sourire aux lèvres, Conrad m'expliqua qu'elle avait utilisé le mot *gaboter* pour dire aller et venir souvent à l'église.

Je m'appliquai à apprendre le français dès mon arrivée aux îles. Ma belle-mère me donnait le nom des articles que je ne connaissais pas et j'essayais de le répéter après elle. Lorsque Conrad arrivait à la maison, j'essayais de les lui redire mais j'avais de la difficulté avec la prononciation, ce qui le faisait rire. J'avais plus de difficulté à suivre les discussions de groupe. Je demandais constamment à Conrad de me les traduire. Les échanges me manquaient beaucoup. Pendant cette période, je me sentais souvent seule, délaissée et j'étais parfois frustrée. J'imagine que ce ne fut pas toujours facile pour mon mari. À l'apprentissage du français je voulus ajouter, pas très longtemps après mon arrivée aux îles, l'art de traire les vaches. Je n'avais jamais fait cela mais j'imaginais que c'était facile. Ma belle-mère me donna un seau et je me suis dirigée gaiement vers la vache. J'ai essayé autant comme autant mais je n'ai pas pu obtenir une seule goutte de lait. Je suis retournée à la maison avec mon seau vide, disant à ma belle-mère que la vache n'avait plus de lait. Un sourire narquois aux lèvres, elle se rendit à l'étable et quelques minutes plus tard, elle en revint avec une chaudière pleine de lait ! Avec le temps, j'ai appris la bonne technique.

Chaque matin, je devais laver mes vêtements sur une planche à laver qu'on installait dans une grande cuve. C'était un travail pénible pour mon dos et pour mes jointures; elles saignaient parfois à force de frotter sur la planche.

La guerre était finie mais je réalisai à l'occasion d'un orage électrique que j'en étais encore traumatisée. Chaque coup de tonnerre résonnait à mon oreille comme l'arrivée d'une bombe. Je partais en courant dans le boudoir et je me cachais la tête sous les coussins du sofa. Nul doute que ma belle-mère pensa que j'étais folle. Conrad dut lui expliquer…

À Londres, le transport en commun existait tandis qu'aux îles il n'y en avait pas. Le petit nombre de véhicules motorisés circulaient sur les îles que pour aller à la messe du dimanche. Il fallait s'y rendre à l'arrière d'un camion où des bancs avaient été installés. Le transport coûtait dix cents. En après-midi, le camion repassait pour les gens qui voulaient aller visiter les malades à l'hôpital. Sur semaine, ce même camion était utilisé pour transporter, soit la marchandise venant des bateaux, soit la terre ou la pierre concassée pour la voirie.

À l'automne, les gens devaient faire leur provision de nourriture pour l'hiver, car la navigation ne reprenait que lorsque les glaces disparaissaient du golfe. Il n'y avait pas d'aéroport ni de piste d'atterrissage, mais un petit avion venait aux îles une fois par semaine si la température le permettait. Il atterrissait sur la plage. Cet avion apportait le courrier et transportait quelques passagers venant de l'Île-du-Prince-Édouard.

Mon premier hiver aux îles fut long et pénible. Les routes n'étaient pas déneigées. Les gens voyageaient à cheval, en carriole ou en traîneau. Sur ce grand traîneau bas sur ses patins, on pouvait faire monter plusieurs personnes pour aller à l'église ou à l'école. Je n'avais jamais vu autant de neige. Jeanne était incapable de sortir pour venir me voir et il n'y avait pas de téléphone. Rares étaient les personnes qui en possédaient, aux îles. Il y a des jours où je me sentais vraiment isolée.

Nos loisirs étaient rares et peu diversifiés. Il y avait au moins les courses de chevaux sur la baie. Jeanne et moi y sommes allées avec la famille Landry. C'était en plein hiver et nous deux étions enceintes depuis plusieurs mois. Nous n'avions pas l'habitude de marcher sur la glace et nous titubions. Conrad s'est placé entre nous deux en nous supportant du mieux qu'il le pouvait. Jeanne tirait de son côté et moi du mien pour éviter de tomber. Les gens s'amusaient de nous voir aller.

Comme je m'ennuyais de la lecture ! À Londres, j'avais l'habitude d'aller à la Bibliothèque municipale chaque semaine et de rapporter plusieurs livres que je lisais rapidement. Mais aux îles, il n'y avait pas de bibliothèque. J'étais folle de joie lorsque je reçus de la famille Archer d'Angleterre, un abonnement au *Daily Mirror*, un journal de la ville de Londres. Même si les nouvelles me parvenaient parfois un mois plus tard, je lisais tout, même les petites annonces. Plus tard, Florrie m'envoya un abonnement à

Women's own, un magazine que j'achetais lorsque je vivais à Londres. En plus de quelques histoires courtes et des histoires à suivre, j'y trouvais des recettes et des patrons pour les tricots à l'aiguille et pour la couture. Je dévorais ce magazine. Je me félicitai d'avoir apporté avec moi mes aiguilles à tricoter et quelques accessoires de couture. J'avais aussi des restes de laine et je tricotais des mitaines et des bas pour ma petite et plus tard pour mes autres enfants. Contrairement à ma belle-mère et à la plupart des femmes des îles, j'utilisais presque toujours un patron pour tricoter. Je les admirais de pouvoir s'en passer. Il faut dire qu'aux îles, on ne pouvait acheter de patrons que par l'entremise des catalogues *Eaton* et *Simpsons* où je me procurais aussi des tissus et de la laine. Un jour, à mon grand étonnement, ma belle-mère me fit gentiment remarquer que ce n'était pas permis de tricoter le dimanche, jour du Seigneur. Je demandai à Conrad d'expliquer à sa famille que pour moi c'était un passe-temps et que j'avais besoin de me tenir occupée car je m'ennuyais beaucoup. Pour ne pas l'incommoder inutilement, je me cachais souvent dans ma chambre pour faire mes activités personnelles.

Aux îles, les femmes se débrouillaient comme elles pouvaient. Pas de patrons pour la couture et le tricot, pas de recettes pour la cuisine. Plus encore, ma belle-mère ne pesait pas ses ingrédients. C'était toujours à peu près, « à l'œil », comme elle disait. Que d'apprentissages à faire, dont celui de fabriquer du pain ! La pâte restait toujours collée à mes doigts, mais pas à ceux de ma belle-mère. De plus, le poêle étant chauffé au bois et au charbon, la chaleur n'était pas toujours constante. Il fallait apprendre à mettre assez de combustible pour atteindre un certain degré de chaleur et le maintenir aussi longtemps que nécessaire. Encore là, ma belle-mère faisait tout ce qu'elle voulait avec son poêle. Une vraie magicienne... à mes yeux.

Un jour, Conrad m'acheta une boîte de farine *Swansdown* au dos de laquelle apparaissait une recette de gâteau au chocolat. Je me risquai à la faire et j'ai très bien réussi. Plus confiante en mes talents culinaires, je commandai le livre de recettes de *Five Roses* et je les essayai avec succès. Dès lors, je me mis en quête d'autres livres disponibles gratuitement. J'avais trouvé le moyen de me débrouiller seule.

Une grande joie m'attendait au début de janvier 1947. Ma mère décidait de venir s'établir au Canada pour être plus près de nous. Elle arriva à New York sur le transatlantique Queen Elizabeth d'où elle prit le train pour Toronto où vivait sa mère. Elle ne l'avait pas vue depuis trente-trois ans. Plus tard, elle rencontra sa demi-sœur Élizabeth.

Quatre mois plus tard, Jeanne et moi accouchions, à dix jours d'intervalle, à l'hôpital des Îles-de-la-Madeleine. Elle donna naissance à une petite fille qu'elle nomma Gloria et moi, à un garçon qu'on prénomma Peter John. À cause de notre difficulté à parler le français et du peu de personnel bilingue, notre séjour à l'hôpital ne fut pas toujours facile.

La joie de mettre au monde un beau garçon en santé fut suivie d'une dure épreuve pour moi. Jeanne et Aurélius décidèrent, peu de temps après la naissance de Gloria, d'aller vivre à Toronto, auprès de ma mère. Leur départ me plongea dans une profonde solitude. Plus personne de ma famille près de moi. De plus, Conrad partait vers trois heures du matin pour la pêche et ne revenait qu'à la tombée du jour. J'avais beau m'occuper à toutes sortes de tâches, la nostalgie des miens et de mon pays continuait de m'habiter. Je pleurais presque tous les jours. Plus d'une personne des îles pensaient que je partirais à mon tour, mais je savais que Conrad préférait y demeurer et j'espérais m'habituer à y vivre.

Heureusement, l'aspect historique des îles me passionnait. Je lisais tout ce qui me tombait sous la main. J'appris que les Îles-de-la-Madeleine avaient été découvertes par Jacques Cartier en 1534, qu'elles avaient connu leur première bataille avec les Anglais et les Français à propos de la chasse aux phoques. Elles accueillirent plusieurs nationalités, notamment les Acadiens, dispersés en 1755, et plusieurs rescapés de naufrages. Parmi ces réfugiés figuraient des Écossais, des Irlandais et des Français de France. Ils ont vécu ensemble dans des conditions très difficiles et avec très peu de moyens pour survivre.

À cette époque, les îles étaient couvertes de forêts, surtout des conifères. Les nouveaux habitants utilisaient le bois pour se faire du feu, pour se bâtir des abris et pour construire leurs bateaux de pêche. Débrouillards, vaillants et talentueux, leurs descendants réussirent à s'en sortir malgré les conditions pénibles dans lesquelles ils vivaient.

Les gens des îles travaillaient fort, mais ils aimaient beaucoup s'amuser. Les mariages leur en offraient l'occasion. En général, ceux-ci avaient lieu à l'automne, dès que la saison de la pêche était terminée. Il n'était pas rare de voir plusieurs couples se marier lors d'une même cérémonie. Tout le monde était bienvenu. Aucune invitation n'était requise. Un mariage pouvait durer jusqu'à trois jours et plusieurs repas étaient servis par des amies de la famille qui donnaient un coup de main pour préparer les plats. Comme tout le monde aux Îles-de-la-Madeleine, aimait chanter et que la plupart avaient de belles voix, il y avait du chant dans tous les rassemblements sociaux. Plusieurs savaient jouer d'un instrument, que ce soit la guitare, le violon ou l'accordéon.

Au plaisir de la musique s'ajoutait celui des jeux de cartes, de la danse et des visites amicales. Pendant l'hiver, les gens se visitaient souvent entre eux et parlaient de leurs enfants, des amis ou de leur famille. Très peu de foyers avaient le téléphone et la distribution du courrier n'était guerre régulière. Tout dépendait de la température. Pendant l'été, il arrivait par bateau une fois par semaine mais nous en recevions rarement l'hiver. Quand la température le permettait, un petit avion atterrissait sur la plage et faisait la navette pour la distribution du courrier, des îles à la «Grand'terre».

Le progrès le plus souhaité était l'avènement de l'électricité. Après de nombreuses discussions, souvent interminables, entre La Coopérative des îles et l'Hydro-Québec, l'électricité fut enfin installée en 1953. Quelque dix ans plus tard, Hydro-Québec rachetait tous les actifs de La Coopérative. Nous avons d'abord acheté une radio puis une bouilloire et je pus utiliser un fer à repasser reçu de ma mère. Au fur et à mesure que nos moyens financiers nous le permettaient, nous nous procurions d'autres appareils électriques.

CHAPITRE 9

La famille s'agrandit

Joan doit faire un choix : vivre de nostalgie ou prendre racine aux Îles-de-la-Madeleine.

Maria n'était âgée que de quinze mois quand son petit frère vint au monde. Elle était bien contente et en même temps, très curieuse. Mais comme elle avait reçu beaucoup d'attention depuis son arrivée au Canada, elle se sentait probablement un peu rejetée depuis la venue de son frère. Un jour, en cachette, elle lui mordit le bout d'un doigt. Je l'ai semoncée, assurée qu'elle pouvait comprendre qu'elle ne devait pas agir ainsi. La leçon a porté fruit puisqu'elle ne répéta pas ce geste. Peter était un enfant souriant et de bonne humeur. Il était aussi très actif et il avait toujours faim.

Chez mes beaux-parents, nous nous retrouvions treize autour de la table à l'heure des repas. Nous avions hâte de vivre notre petite vie de famille dans notre propre maison. Mais avant d'en entreprendre la construction, Conrad voulut connaître mes désirs. Deux ans après mon arrivée aux îles, il savait que c'était encore difficile pour moi. Je m'ennuyais toujours de ma famille nouvellement établie en Ontario. Il me demanda si je préférais aller vivre en ville ou si je voulais demeurer aux îles. Nous en avons discuté longuement. De ma parenté au Canada, il n'y avait que ma sœur Jeanne et ma mère, alors qu'aux îles, j'étais entourée de la famille et des amis de mon mari. De plus, je savais que Conrad préférait ne pas déménager. Nous avons pris ensemble la décision de nous construire une maison selon nos moyens financiers.

Comme Conrad était un vétéran, nous avons eu la possibilité d'obtenir un prêt à la banque à un taux d'intérêt minime. Il acheta donc un terrain, situé juste en face de celui de ses parents. Le *Veteran's land act* nous offrait des plans de construction, mais finalement nous avons décidé de dessiner nos propres plans. Pendant plusieurs mois, les soirées passèrent à les tracer, corriger, modifier jusqu'à ce que nous en soyons vraiment satisfaits. Nous les avons fait approuver et estampiller par le *Veteran's land act* qui déclara ne se tenir aucunement responsable de nos erreurs. Ces gens semblaient ignorer que les habitants des îles savaient comment construire des maisons adaptées au climat, assez solides pour faire face aux intempéries et surtout aux vents violents.

Sur un terrain dont le quart était marécageux, Conrad creusa la cave à la pelle et, le 3 septembre 1948, le ciment pour la fondation était coulé. À l'aide d'un ami charpentier, il commença à monter les murs. Après de longues journées de travail ardu, le 18 décembre, nous pouvions l'habiter. Deux ans et demi après mon arrivée aux îles, Conrad et moi avions notre propre demeure. J'en étais très heureuse. Nous ne possédions peu de meubles. Nous ne voulions pas nous endetter et nous procédions par étapes. Nous avons d'abord fait l'acquisition d'un gros poêle tout neuf, blanc avec les rebords noirs, de marque L'Islet. Nous pouvions le chauffer au bois ou au charbon et il était muni d'un chauffe-eau et d'un réchaud. Nous nous en servions aussi pour réchauffer la maison. J'en étais très fière et je le nettoyais régulièrement avec du papier spécial pour sabler le fer.

Dans la maison, il n'y avait pas encore de couvre-plancher et les murs n'étaient pas peints, mais nous étions tellement heureux d'être chez nous que le côté apparence nous importait peu.

Chaque soir, après que les enfants étaient couchés et jusqu'à ce que nous ayons les moyens financiers d'acheter un prélart, à genoux, je frottais les planchers en bois. Je trouvais cela bien difficile surtout en période de grossesse. Par contre, le fait de vivre dans notre maison, et tout le travail qui m'incombait dissipaient quelque peu ma nostalgie.

Le 2 janvier 1949, ce fut l'arrivée de mon deuxième garçon, Raymond. Nous étions une famille heureuse. Je me débrouillais assez bien et avec le temps et l'expérience, j'avais appris à cuisiner le pain et je réussissais à faire des tartes et des gâteaux, au grand plaisir de toute la famille. J'aimais humer l'odeur du pain chaud. Nous étions mieux installés.

Quelque temps auparavant, Conrad avait acheté une jeune vache et quelques poules. Il s'occupait de traire l'hiver, et moi, l'été, lorsqu'il était à la pêche. Un jour, mon bébé Raymond ne voulait plus boire le lait. Par contre, il ne semblait pas malade et il ne pleurait pas. Je n'y comprenais rien. Je lui donnais de l'eau sucrée et il l'avalait sans problème. C'était l'hiver et nous ne pouvions pas nous rendre facilement chez le médecin. J'en parlai à une voisine qui me suggéra de lui faire boire du lait évaporé *Carnation,* réduit avec de l'eau. Il le but avec appétit. À partir de ce moment, j'adoptai la formule pour tous mes nouveaux-nés. Plus tard, nous avons constaté que notre vache était malade et que son lait, sans être dommageable pour les adultes, pouvait être nocif pour les jeunes enfants. Nous manquions de terre fertile pour la bien nourrir. Lui acheter de la nourriture ne représentait pas une économie. Considérant aussi le surcroît de travail qu'elle m'imposait et les douleurs aux jambes que j'endurais à la traire, nous avons décidé de la vendre.

Comme j'attendais notre quatrième enfant et que j'avais de grosses lessives à faire, Conrad m'acheta une laveuse à linge munie d'un moteur à gazoline et d'un tordeur manuel. Cet appareil devait être mis en marche comme une tondeuse à gazon. C'était difficile pour moi de faire démarrer le moteur. De plus, si le tuyau amovible qui était attaché au moteur pour évacuer la fumée à l'extérieur n'était pas tout à fait bien installé, la fumée se répandait dans toute la maison. Parfois, ces émanations me rendaient malade. Je me hâtais donc de terminer le lavage pour sortir dehors, étendre le linge sur la corde. J'aimais voir tous les vêtements propres battre au vent et sentir l'air marin lorsque je les rentrais dans la maison. L'hiver, ils devenaient pleins de glace et de neige. Je les étendais alors sur des cordes au deuxième étage de la maison, tout le long des corridors. Lorsqu'ils étaient secs, je les repassais.

À mon sixième mois d'une autre grossesse, le médecin est venu me voir à la maison et m'obligea à garder le lit pour au moins une semaine. Je devais éviter tous les travaux lourds si je voulais rendre mon bébé à terme. Ma plus jeune belle-sœur, Annette, vint m'aider chaque matin jusqu'à ce que le bébé naisse. Le jour de l'accouchement, Conrad étant parti à la pêche, c'est un voisin qui m'amena à l'hôpital. Le 23 mai 1950, j'accouchais d'une jolie petite fille, Shirley-Ann. Nous avions maintenant deux garçons et deux filles. Quelle belle famille !

Tout allait bien et nous nous organisions de mieux en mieux. Conrad avait trouvé une machine à coudre à pédale, usagée. Dans mes temps libres, je m'entraînais à la couture en confectionnant des couches de bébé et des linges à vaisselle. Lorsqu'en 1959, l'électricité arriva enfin, Conrad m'installa un moteur électrique sur cette machine et mes douleurs aux jambes diminuèrent.

En dépit du fait que j'étais bien occupée, il y avait quand même des moments où je m'ennuyais et pleurais à chaudes larmes. Lorsque c'était trop difficile pour moi, Conrad prenait soin des enfants et j'allais visiter les malades à l'hôpital pour me changer les idées. Même si je ne connaissais personne et que je pouvais encore difficilement m'exprimer en français, ces courtes visites m'aidaient grandement. Je revenais à la maison en pensant que j'étais bien chanceuse d'être en santé, d'être capable de prendre soin de mes enfants et de les voir eux aussi en parfaite santé. L'ennui me reprenait quand même de temps à autre.

Ma mère était maintenant bien établie en Ontario où elle avait trouvé du travail. Parfois, elle m'envoyait des coupons de tissus, des patrons et des vêtements usagés pour les enfants. J'ai vite appris comment utiliser de vieux vêtements que je décousais, repassais et retaillais pour en faire de nouveaux. Il se glissait souvent des erreurs, mais je me consolais en me disant que c'est avec l'expérience qu'on apprend. J'avais toujours quelque chose à faire, même si je m'assoyais seulement quelques instants. Ma mère m'envoyait de la laine et je tricotais des mitaines, des bas, des chapeaux et des chandails pour les enfants, puis des mitaines et des bas pour Conrad. Ma belle-mère trouvait que je faisais du beau travail. Je me suis même risquée à tricoter des ensembles pour mes petits. J'étais fière de mes réussites.

Je récupérais également les sacs de farine ou de sucre que nous achetions en grande quantité pour les provisions de l'année. Je blanchissais ces sacs de coton et j'en faisais des linges à vaisselle, des petites nappes et des taies d'oreillers que je me plaisais à broder.

L'écriture était mon loisir préféré. Je m'y consacrais surtout le dimanche matin. Ce n'était pas toujours facile avec les enfants qui me distrayaient constamment. Malgré tout, j'ai écrit à ma mère tous les dimanches, sans exception, à partir du jour où j'ai quitté l'Angleterre et jusqu'à sa mort. Elle était toujours celle à qui j'écrivais la première lettre. Lorsqu'elle mourut en 1968, j'ai trouvé difficile de continuer l'exercice. Il m'a fallu quelques semaines pour me ressaisir et recommencer l'écriture.

Un jour, quelqu'un donna mon nom à un magazine pour avoir des *Pen pal*, des correspondantes. J'ai tellement reçu de réponses que les responsables du magazine m'ont demandé si je pouvais en envoyer à une dame du Cap-Breton. J'ai accepté avec plaisir car je ne pouvais répondre à toutes ces lettres. J'eus la chance de correspondre pendant des années avec des personnes de différents pays comme les États-Unis, l'Angleterre et l'Australie. C'était fort intéressant d'apprendre sur leurs moeurs et coutumes. Helen, une correspondante d'Ontario, m'envoyait des vêtements pour la famille. Avec les années, une amitié se développa entre nous et elle dure encore.

Nos enfants étaient rarement malades. Toutefois, lorsque notre petite Shirley-Ann eut environ quinze mois, elle attrapa la coqueluche. Lorsqu'elle toussait, elle devenait bleue et elle avait beaucoup de difficulté à respirer. Je ne savais plus quoi faire. Je la prenais souvent dans mes bras pour la rassurer du mieux que je le pouvais. Elle était constamment près de moi. J'avais peur de la perdre. Elle était si faible qu'elle ne pouvait plus marcher alors qu'elle le faisait depuis plusieurs mois auparavant. On me dit qu'il n'y avait rien d'autre à faire que de laisser la maladie suivre son cours. Le printemps suivant, elle allait mieux mais demeurait faible. Avec le temps et la chaleur de l'été, elle reprit beaucoup de forces.

Puis, ce fut ma cinquième grossesse qui se termina le 7 juin 1952, avec l'arrivée d'Yvonne, une belle fille de neuf livres et une once. Elle était affamée comme Peter, facile à comprendre et toujours joyeuse. Avant sa naissance, j'ai dû être hospitalisée pendant trois semaines. Une gardienne prit soin des enfants pendant que Conrad allait à la pêche.

Quelques jours après l'accouchement, j'étais de retour à la maison pour reprendre la charge quotidienne. Je ne pouvais passer une journée sans faire de lessive. Chaque matin, je devais transporter l'eau sur le poêle à bois pour la faire chauffer et ensuite la verser dans la machine à laver. C'était une besogne ardue même si j'étais encore jeune et en santé.

Notre famille n'avait pas été planifiée et nous n'avions pas de moyens contraceptifs. De toute façon, il n'était pas question « d'empêcher la famille » dans ces années-là. La religion avait beaucoup de pouvoir sur nous et elle nous exhortait à accepter les enfants que « le bon Dieu nous envoyait ». Compte tenu des circonstances, Conrad et moi accueillions chaque nouveau-né avec beaucoup d'amour.

Lors de ma sixième grossesse, je commençai à souffrir de varices aux jambes. J'étais donc plus limitée dans mes activités et mes tâches ménagères. L'accouchement fut difficile. Le 1er octobre 1953, naissait une quatrième fille, Stéphanie; elle pesait à peine six livres et demie. C'était le plus petit de tous nos bébés. Elle était quand même jolie et toujours souriante.

Environ un an et demi plus tard, soit le 7 mai 1955, je devais vivre mon septième accouchement. Tout semblait se dérouler assez bien jusqu'à ce qu'une infirmière s'entête à retarder la sortie du bébé. Elle disait qu'il fallait attendre l'arrivée du médecin. Je souffrais horriblement. Une fois le médecin arrivé, il a fallu donner de l'oxygène au bébé, tant il était épuisé. Heureusement, ce bébé de neuf livres, nommé Steven, n'a gardé aucune séquelle de cet incident.

La grossesse suivante a été plus difficile. J'ai souffert de nausées et de brûlements d'estomac pendant neuf mois. Malgré tout, j'ai continué à accomplir mes tâches quotidiennes. Je me demande comment j'ai pu arriver à rendre cette grossesse à terme. Et qui plus est, Dorothy naquit sans problème et en santé, le 11 août 1957.

Je n'étais pas la seule à éprouver quelques problèmes de santé. Conrad souffrait d'une blessure à l'estomac subie à la guerre. Tout son système nerveux commençait à montrer des signes de fatigue extrême. Son médecin lui disait régulièrement d'arrêter de pêcher mais il ne voyait pas comment il pourrait subvenir autrement aux besoins de sa grande famille. Il continua tant bien que mal jusqu'au jour où il fut transporté à la maison, plié en deux de douleurs. Transporté à l'hôpital, il reçut la visite d'un conseiller du département des affaires des anciens combattants. Ce dernier constata que Conrad ne pouvait plus travailler aussi fort. La guerre l'avait épuisé physiquement et mentalement. Il en avait connu les cruautés psychologiques en plus d'être blessé physiquement. Hélas, cela n'ayant pas été reconnu, il n'avait donc jamais été soigné pour des blessures qui le faisaient souffrir depuis plus de douze ans. On lui suggéra donc de faire une demande d'allocation en tant que vétéran. Après avoir passé un examen médical à Charlottetown, à l'Île-du-Prince-Edouard, les diagnostics s'avérèrent unanimes : Conrad ne pourrait plus pêcher et il était condamné à des travaux plus légers. Peu de temps après, il vendit son bateau et ne retourna plus jamais à la pêche.

Nous avons réussi à obtenir une pension. Le fait de recevoir un revenu régulier permit à Conrad de faire la transition entre la pêche et une nouvelle façon de gagner sa vie. Pour arrondir les fins de mois, il dut cumuler plusieurs emplois. Il se consacra d'abord à l'entretien des lumières des phares, lesquelles servaient à diriger les bateaux qui entraient dans l'anse. Chaque fois que la brume menaçait d'assombrir le ciel, il devait enclencher le signal pour en avertir les bateaux. Il effectua ce travail pour la garde côtière pendant trente ans. Sur demande, il pratiquait encore son travail comme barbier. Il avait aussi décroché le contrat de nettoyeur de poêles à bois dans les résidences. À l'automne, la pêche aux éperlans l'occupait pour quelques semaines. Au printemps, le travail aux fumoirs à harengs et l'aide à la construction de ports de pêche prenaient tout son temps. Les travaux de la maison aussi étaient accaparants tout comme l'entretien du jardin familial. Même s'il était très fatigué et malade, Conrad s'occupait tout le temps. Je le taquinais souvent en affirmant qu'il avait pratiquement tout fait sauf se lancer dans l'écriture. Il répondait qu'il n'en avait pas besoin, car il avait sa propre secrétaire. Ce changement lui permettait d'accorder plus de temps à sa famille et il en était heureux.

Conrad a également été administrateur à la coopérative d'alimentation et conseiller municipal à la municipalité de l'Étang-du-Nord.

L'Assurance-Chômage n'existait pas aux îles à la fin des années 60. Nous devions donc prévoir des économies longtemps d'avance. De plus, grâce à sa débrouillardise et à ses nombreux talents, Conrad, qu'on surnommait « Jack of all trades », trouvait toujours du travail. L'idée lui vint un jour de se construire une petite *Barber shop*. Il était de plus en plus en demande comme barbier et il ne trouvait pas très pratique de faire ce travail dans le salon familial avec de jeunes enfants autour de lui. C'était une première aux Îles-de-la-Madeleine. Ensuite, il commença à faire son propre jardin. Il fit une chambre froide dans le sous-sol pour conserver les légumes pendant l'hiver.

Conrad avait à cœur de moderniser notre domicile. Comme il avait acheté une part à la Coopérative d'électricité des Îles, après la naissance de Dorothy, il put faire entrer l'électricité dans la maison. Par la suite, il installa une pompe à l'eau électrique qui amenait l'eau du puits à l'évier de la cuisine et à la salle de toilette du deuxième étage. Quelques années plus tard, il aménageait une chambre de bain au rez-de-chaussée. C'est ainsi qu'au fil des ans, il parvint à rendre notre maison de plus en plus fonctionnelle et confortable.

Nous n'avions pas beaucoup d'argent mais Conrad réussissait à s'organiser pour nous rendre la vie agréable. Sa priorité était de prendre soin de sa famille, de lui donner un toit, de la nourriture, de l'instruction, une bonne éducation et du savoir-vivre.

Lorsque notre huitième enfant, Dorothy, eut sept mois, Conrad réalisa que j'avais vraiment besoin d'un temps d'arrêt. Il me suggéra d'aller visiter ma mère en Ontario. Quel bonheur ! J'y passai deux semaines des plus réconfortantes avec ma petite Dorothy, ma mère, ma sœur Jeanne et sa famille. Elle avait quatre enfants, dont trois filles Gloria, Sandra, Deborah et un garçon Mickael. Ma mère acheta de beaux vêtements pour Dorothy. Je me rappelle tout particulièrement d'un ensemble jaune dans lequel Dorothy avait l'air d'une poupée tellement elle était belle. Sur l'avion du retour, tous les passagers voulaient me l'emprunter. Il faut dire qu'en plus d'être jolie, Dorothy était toujours souriante et très sociable. En mon absence, Conrad a pris la maison en charge comme s'il l'avait toujours fait.

Malgré les conseils du médecin de ne plus avoir d'autres enfants, je me trouvai enceinte pour la neuvième fois. Après une autre grossesse très difficile, Élizabeth vint au monde le 3 septembre 1959. Une belle petite fille que ses frères et soeurs admiraient et cajolaient.

Lorsque j'ai porté mes deux dernières filles, j'ai été malade pendant les neuf mois. J'ai dû être hospitalisée à deux reprises pour épuisement général. Après avoir mis Élizabeth au monde, le médecin me recommanda fortement de plus avoir d'enfant. Cette fois, je suivis son conseil. Donner naissance à neuf enfants, en prendre soin, les éduquer et les faire instruire, dans les conditions de vie des Îles-de-la-Madeleine, dépassait tout ce que j'aurais imaginé faire.

Les journées étaient longues et exigeantes. Pendant que les aînés étaient à l'école, j'assumais seule les corvées de la maison et les soins dus aux petits. Mais lorsque qu'ils entraient, c'était la rafale. Je leur permettais donc d'aller jouer dehors pendant que je préparais le souper. J'aimais l'ambiance de ce repas où chacun racontait sa journée. Suivait l'heure du bain pour les plus jeunes pendant que les plus vieux me prêtaient main forte. Les plus jeunes mis au lit, commençait la ronde des devoirs. J'aurais bien voulu les aider à la lecture, pour la prononciation de certains mots, mais ils me corrigeaient : « Ce n'est pas comme ça que le professeur l'a dit ». J'ai recommencé ma première année au moins neuf fois ! Lorsque mes enfants entraient en troisième année, au lieu de les aider en grammaire française, j'apprenais d'eux. J'avoue que je me sentais bien impuissante. Heureusement les plus vieux compensaient, non seulement pour l'aide aux devoirs mais aussi pour amuser leurs frères et sœurs. Je me rappelle entre autres qu'avant le coucher, Raymond leur racontait une histoire qui pouvait s'échelonner sur plusieurs soirs. Les jeunes l'écoutaient attentivement, puis il les amenait au lit et leur faisait réciter leur prière du soir.

CHAPITRE 10

Une bouteille à la mer

Une bouteille à la mer réservait une grande surprise à Joan pour ses 32 ans.

C'était à l'été 1959 et j'étais au sixième mois de ma neuvième grossesse. En jouant sur la plage, des enfants trouvèrent une belle bouteille brune moulée à l'effigie de la carte géographique de l'Angleterre. Elle était fermée hermétiquement et ne contenait aucun liquide mais un papier dont le texte était rédigé en anglais. Intrigués, les enfants l'apportèrent à la maison pour me le faire traduire. C'était une bouteille de bière de la Brasserie Guinness de Liverpool en Angleterre. La compagnie Guinness fêtait son bicentenaire et, en collaboration avec *National Geographic*, M. Fawcett, président de la compagnie, précisait que plusieurs bouteilles avaient été envoyées à la mer pour faire une étude des courants. Chaque bouteille était numérotée. Les gens qui en trouvaient une étaient invités à envoyer une lettre mentionnant l'endroit où la bouteille avait été trouvée et quelques renseignements sur les habitudes de vie des gens de la région qu'ils habitaient. Toutefois, aucune récompense n'était promise. Je mis la bouteille de côté en attendant d'avoir le temps de répondre à la lettre. J'étais plus que d'habitude débordée de travail. Et pour cause, cinq jours après la naissance de notre dernier bébé, Conrad avait dû subir l'ablation des amygdales. Je me retrouvai seule avec

141

les neuf enfants. Je récupérai péniblement. Je ne prenais jamais de repos.

Un bon matin, je décidai de prendre le temps de répondre à la lettre insérée dans la bouteille. Je racontai à M. Fawcett comment la bouteille s'était retrouvée entre mes mains et je lui résumai la vie aux Îles-de-la-Madeleine. On aurait dit, ce dimanche-là, que les mots glissaient de ma plume comme par magie. Je lui appris aussi que la plupart des gens étaient Canadiens français aux îles et que si je lui écrivais en anglais c'est que j'étais native de Londres et que j'avais épousé un soldat des Îles-de-la-Madeleine, ancien combattant à la guerre de 1939-1945. J'en ai profité pour lui raconter mon histoire personnelle et lui parler de toutes les péripéties que nous avions vécues depuis notre installation aux îles.

Un mois plus tard, alors que j'étais à étendre le linge dehors, une lettre à la main, Conrad vint vers moi et me dit : « Prépare tes valises, tu pars. Tu t'en vas en Angleterre. ». Je croyais rêver. Le président de la compagnie Guinness, M. A. Fawcett, m'y invitait, toutes dépenses payées. Cette fois, c'est de joie que je pleurais. Jamais je n'aurais pensé revoir mon pays. Il y avait maintenant treize ans que je l'avais quitté. Ce moment d'exaltation passé, l'inquiétude prit le dessus. Qui pourrait bien s'occuper de toute ma petite famille en mon absence ? Je n'arrivais pas à me décider. Tout s'entremêlait dans ma tête. Mais Conrad m'encourageait à faire ce voyage et le médecin affirmait que je pouvais trouver mieux pour me refaire une santé. J'entrepris donc les préparatifs du voyage. Du département des Affaires des anciens combattants, je reçus les papiers requis pour obtenir mon passeport. Comme je devais m'absenter pendant les vacances des Fêtes, je trouvai une jeune fille qui accepta de venir prendre soin des enfants à la maison. Mon bébé de trois mois serait gardé à l'hôpital par les religieuses. Je n'arrivais pas à croire que cette année, je serais à Londres pour écouter le message de la Reine d'Angleterre sur les ondes de la radio et de la télévision.

Un jour qu'il pleuvait à boire debout, un voisin vint m'avertir d'un appel interurbain; nous n'avions pas encore le téléphone à la maison. C'était l'agent de voyage qui m'avisait que je devais prendre l'avion le lendemain afin de me rendre à Moncton. Même si je partais pour un voyage de rêve, le fait de laisser toute ma famille pour un mois m'inquiétait.

Arrivée à l'aéroport de Moncton, je fus appelée au comptoir des billets où un taxi m'attendait. Il me conduisit à l'hôtel Brunswick pour le dîner. Ensuite, je fus amenée à la gare de St-John. C'est là que l'agent de voyages devait me rejoindre. Pour nous identifier, nous avions décidé à l'avance des vêtements que nous porterions ce jour-là. L'agent me reconnut dès ma sortie du train et il me conduisit à l'hôtel Nelson. Il m'offrit de me faire visiter les environs de St-John. J'acceptai et nous avons fait un tour de ville d'environ une heure et demie. C'était un peu sombre et l'on pouvait à peine distinguer les environs. J'ai quand même apprécié la promenade. Il me ramena à l'hôtel et m'informa que le matin suivant vers les dix heures, il me conduirait au bateau. J'étais tellement heureuse que j'ai eu peine à dormir.

Le lendemain matin, à mon réveil, le soleil brillait déjà. Des pigeons chantaient à ma fenêtre. Je n'en avais pas vus depuis mon départ d'Angleterre. À chaque instant, mon rêve devenait de plus en plus réalité. On me servit le déjeuner à ma chambre. Quel dépaysement pour moi qui, depuis plus de dix ans, prenais à peine le temps de m'asseoir pour manger. Plus tard, l'agent de voyages vint me chercher. Il m'amena au bateau où l'on m'indiqua ma cabine. J'étais en route vers l'Angleterre, traitée comme une invitée spéciale même si j'étais en classe économique. Je jouissais d'un grand confort, de la convivialité des autres passagers et de toutes les activités organisées.

À mon arrivée à Liverpool, l'un des directeurs de la compagnie Guinness vint à ma rencontre. Il m'informa que plusieurs médias avaient l'intention de m'approcher pour des entrevues mais il me conseilla de ne pas acquiescer à leur demande afin d'éviter d'être suivie par les journalistes. Nous nous sommes rendus directement à la maison mère où M. Fawcett m'accueillit comme un père accueille sa fille après une longue absence. J'en étais fort émue. Il me demanda si j'avais déjà visité Liverpool. Il chargea sa secrétaire de faire un tour de ville avec moi, avant le dîner. Cette charmante dame me montra les sites principaux de Liverpool et m'amena à une boutique pour acheter des petits souvenirs pour ma famille. Lorsque je voulus payer, elle m'informa que c'était déjà fait.

Je fus invitée au dîner des directeurs. On m'assigna une place juste à côté de M. Fawcett. Tous étaient bien gentils et s'intéressaient à ma vie aux Îles-de-la-Madeleine. M. Fawcett mentionna que ma lettre les avait touchés et qu'ils tenaient tous à me rencontrer. On ne cessait de me combler d'honneurs et d'égards. M. Fawcett m'offrit une très belle gerbe de roses de couleur jaune. Après le repas, il me tendit une enveloppe contenant de l'argent, avec l'ordre formel de le dépenser pour moi. Il m'avait suggéré de m'acheter une belle robe et de la lui montrer à mon retour. Puis, on me conduisit à la gare pour prendre le train en direction de Londres. La famille Archer, amie de M. Fawcett, m'offrit le gîte pour trois semaines. J'en profitai pour visiter des endroits que je connaissais déjà, mais aussi pour voir de nouveaux films à Leicester Square, dans l'est de Londres : *Gigi* avec Maurice Chevalier et *South Pacific* que j'ai beaucoup apprécié. C'était deux excellentes comédies musicales. Je n'étais pas allée au théâtre depuis plusieurs années.

Avant de quitter Londres, je fus invitée par la compagnie Guinness à visiter leur immense domaine. Une limousine vint me chercher chez la famille Archer. Les enfants du voisin jouaient dehors. Lorsqu'ils virent le chauffeur costumé, ils le prirent pour un policier et lui demandèrent s'il m'emmenait à la station de police. À mon arrivée, je fus accueillie par une demoiselle Nells qui me fit visiter la ferme qui produisait la nourriture pour les employés. J'étais vraiment impressionnée par l'étendue de cette ferme et de l'usine de fabrication de bière. On m'invita ensuite à rejoindre le directeur général et ses assistants pour le dîner. Ils ne me laissèrent pas partir sans m'offrir des souvenirs et des cadeaux pour ma famille.

Pendant mon séjour à Londres, je visitai le *Chapel Street Market* où j'avais l'habitude d'aller magasiner avec ma mère. Comme je tournais le coin de la rue, je me retrouvai face à face avec George, un militaire avec qui j'étais allée au cinéma quelques fois avant de connaître Conrad. Il m'a tout de suite reconnue. Nous avons échangé un peu. Il était très surpris d'apprendre que j'étais mère de neuf enfants et que je demeurais au Canada. Il trouvait que je n'avais pas changé.

J'ai passé Noël avec les Archer. Malgré tous les efforts qu'ils faisaient pour que je me sente chez moi, je m'ennuyais beaucoup de mes enfants et de mon mari. Je me sentais prête à rentrer au Canada. Je pris le train pour Liverpool où je dînai avec M. Fawcett. J'avais pris soin de mettre ma nouvelle robe de couleur bleu royal. Elle était splendide. Il déclara que cette couleur et le style princesse m'allaient très bien. Il tenait à s'assurer que ce voyage avait été pour moi des plus agréables. Je le lui confirmai, ajoutant que je lui serais reconnaissante toute ma vie d'avoir fait de mon rêve une merveilleuse réalité.

D'autres honneurs m'étaient réservés pour mon retour. Comme invitée spéciale, j'eus droit à la réception du capitaine avant le départ du bateau. L'un des officiers me présenta à plusieurs personnalités importantes dont George Formby, un comédien anglais bien connu qui voyageait avec nous. Aussi, un soir, à bord du bateau, le capitaine m'invita à danser. Il m'a dit qu'il ne se rappelait pas de mon nom mais qu'il savait que tout le monde m'appelait la « *Guinness Girl* », ce qui n'était pas si mal.

Cette fois-ci, la traversée au Canada fut plus houleuse, mais je n'ai pas été malade. Je suis arrivée à St-John, Nouveau Brunswick où je prenais le train pour Moncton. C'est à cette gare que j'appris que plusieurs journaux, à travers le Canada, avaient parlé de mon voyage en Angleterre. Pendant que j'attendais le train, un homme d'un certain âge me reconnut et me dit qu'il avait lu mon histoire avec intérêt. Puis, il s'excusa de s'absenter pendant quelques minutes et revint avec un livre de poche de Perry Mason. Il me l'offrit pour que j'aie de la lecture à faire pendant le trajet. Quelle gentillesse !

La joie de retrouver ma famille fut aussi grande que celle éprouvée en m'embarquant pour l'Angleterre. Après cinq semaines d'absence, tous me reçurent à bras ouverts.

Ces vacances m'avaient fait un bien énorme et j'étais prête à reprendre mon travail de mère de neuf enfants même si, pour moi, à trente-deux ans, c'était souvent une tâche très lourde. Plusieurs amis à travers le Canada, m'envoyèrent des lettres et des articles publiés dans les journaux, au sujet de mon voyage de rêve.

Par la suite, M. Fawcett continua de m'écrire, surtout à la période des Fêtes. Quelques années plus tard, je reçus une lettre de sa fille m'informant de son décès. J'en fus fort attristée.

Ce premier retour dans mon pays natal me fit tant de bien que trente et un ans plus tard je voulus repartir pour l'Angleterre. Un bon matin de 1990, j'en informai mon mari. À ce moment-là, tous les enfants avaient quitté la maison et vivaient leur propre vie familiale. Conrad comprit mon grand désir, même je n'avais plus qu'une parente en Angleterre, cousine Florrie.

Mes enfants ne voulaient pas que je fasse ce voyage, seule. Une de mes filles, Stéphanie et l'un de mes fils, Steven, décidèrent de venir avec moi. Puis, une de mes amies, Lucie, demanda si elle pouvait se joindre à nous. Nous étions finalement quatre personnes à faire le voyage. Nous avons tracé notre itinéraire : nous allions passer une semaine complète à Londres et prendre le reste de nos vacances pour voyager dans le sud de l'Angleterre et visiter nombre d'endroits où mon mari avait vécu pendant la guerre. British Airways nous avait remis un répertoire des gîtes du passant en Grande-Bretagne.

Nous sommes partis en septembre. Nous avons atterri à l'aéroport de Heathrow à environ vingt-deux kilomètres de Londres où nous avons loué une voiture. De temps à autre, je devais rappeler à mon fils de conduire du côté gauche de la route. Il s'y habitua très vite. Nous sommes arrivés à Londres dans une vague de chaleur intense et inhabituelle. L'hôtel *Cumberland*, était situé juste en face du parc appelé Hyde Park. Pendant notre séjour, nous avons emprunté tous les moyens de transport de Londres : le métro, l'autobus et le taxi.

Le premier jour, ce fut le tour de Londres en autobus. Nous avons aussi visité des boutiques très connues comme *Harrod's*, *Fortnum* and *Mason*. Ensuite, ce fut le musée de cire de *Madame Tussaud*. Je ne voulais pas rater le changement de la garde de Buckingham Palace. J'ai montré aux enfants l'endroit où j'avais rencontré leur père la première fois, à St. James Park. Une autre journée, nous sommes allés à l'*Embankment* où nous avons fait un tour de bateau sur la Tamise. Après un repas pris à bord, quelle ne fut pas notre surprise de lire, sur une banderole géante accrochée à l'un des édifices longeant la Tamise : *Le Cirque du Soleil*. Nous avons aussi visité la Tour de Londres avec les gardes de la reine, nommés les *Beefeaters*, et la Cathédrale St.Paul avec son *Whispering Gallery*. Pendant la guerre, elle avait été frappée par une bombe, mais tout a été restauré depuis.

Le jour, nous visitions surtout la ville. Je servais de guide à mes enfants et à mon amie Lucie. Nous sommes allés voir le spectacle *Miss Saigon*. Nous avons mangé dans différents restaurants et nous avons constaté qu'il y en avait pour tous les goûts.

Un jour, nous sommes allés voir des endroits où j'ai grandi : là où nous avions été bombardés la première fois à New Bond Street et le pub où Conrad m'attendait jusqu'à ce que j'arrive du travail. Nous sommes entrés et avons jasé avec les nouveaux propriétaires. Je leur ai dit que j'avais vécu près de là, pendant la guerre et que maintenant j'habitais au Canada. Ils nous ont fait la gracieuseté de nous servir un sandwich avec une salade. Lorsque nous avons voulu payer, ils n'ont pas accepté. Un des propriétaires nous a offert un sac plein de souvenirs du pub, pour Conrad.

Partout où nous nous présentions, les gens étaient très accueillants. Puis, nous nous sommes rendus à l'église St.John The Evangelist où avait eu lieu mon mariage et où notre fille Maria avait été baptisée. En visitant cette église, j'ai constaté que rien n'avait changé, sauf quelques réparations nécessitées par les dommages causés par la guerre. Le prêtre qui nous avait mariés, *Father Keldany*, n'était plus là, mais celui qui nous a reçus se montra très gentil. Il poussa la générosité jusqu'à sortir les registres paroissiaux pour nous montrer les pages concernant mon mariage et le baptême de Maria.

Une autre journée, mon fils Steven et moi sommes allés visiter le bureau des *Public Records* où sont conservés tous les registres de naissances, mariages et décès de la Grande-Bretagne. Nous y avons retrouvé les certificats de naissance et de mariage de mes parents et j'en profitai pour rapporter des copies de mon certificat de naissance ainsi que celui de Maria et une nouvelle copie de notre certificat de mariage. Nous sommes allés aussi au bureau où les vieilles cartes géographiques de Londres étaient conservées. Mais, ce fut impossible de retracer la rue où je vivais lorsque j'étais petite. Nous avons finalement pu trouver une vieille carte de Londres et en obtenir une photocopie. Cette partie de Londres avait été complètement détruite pendant les bombardements et tout avait été reconstruit. C'était devenu un très beau quartier avec des édifices très modernes, dont des banques internationales. Les balcons étaient tous fleuris. C'était fort joli à voir.

Nous cherchions la rue Renous Court, là où j'avais demeuré avec mes parents jusqu'à leur séparation. Mais sans succès. Finalement, nous sommes entrés dans un pub où se trouvait un homme âgé qui avait toujours vécu dans cette partie de Londres. Il nous a gentiment conduits à l'endroit recherché. Cette rue n'existait plus. À la place de la maison que j'habitais, on avait érigé un édifice à bureaux des plus modernes.

Chemin faisant, nous avons aperçu un monument qui représentait un groupe de travailleurs, mais il ne portait pas de plaque commémorative. Un agent de la sécurité nous apprit que ce monument avait été érigé en l'honneur de la classe ouvrière, en mémoire de tous ceux qui avaient perdu la vie pendant les raids aériens de la Deuxième Guerre mondiale. Lorsque nous sommes arrivés à l'hôtel, mes chevilles étaient si enflées que j'ai dû me reposer pendant plusieurs heures.

Nous aurions pu nous attarder encore, tant il y avait des choses à voir, mais nous devions continuer notre route. Nous avons donc pris la direction de Bradford-on-Avon, près de Bath dans le Wiltshire. J'avais fait les arrangements avec Pamela, la bru de Mme Poole, cette dame qui m'avait hébergée quelques semaines avant mon premier accouchement. Elle devait nous rencontrer sur un petit pont dans le centre-ville. Je lui avais envoyé ma photographie, car je n'avais pas revu Mme Poole depuis la naissance de Maria en 1946 et je ne connaissais pas sa bru. Il pleuvait très fort lorsque nous sommes arrivés au pont. Après quelque temps d'attente, nous avions envie de rebrousser chemin. Mais tout à coup, j'ai aperçu une dame qui venait vers nous. C'était Pamela. Elle nous attendait à l'autre bout du pont.

Les retrouvailles furent chaleureuses. Elle nous emmena chez elle et nous offrit un *tea shop* de style ancien pour le lunch. La serveuse et les autres membres du personnel portaient les vêtements typiques du XVIIIe siècle. Après avoir échangé longuement, nous avons fait un tour de ville et Pamela nous conduisit à la maison où j'avais vécu pendant plusieurs semaines avant la naissance de Maria.

Ensuite, nous sommes allés chez Mme Poole que je n'avais pas revue depuis quarante-six ans. Ce fut toute une rencontre ! Que de souvenirs et que d'émotions ! Mme Poole était en fauteuil roulant, mais elle était très lucide; nous avons conversé avec elle pendant de nombreuses heures. Ce fut un moment très agréable. Il y avait même un journaliste du journal local qui préparait un reportage sur nos retrouvailles. De là, nous sommes allés visiter l'hôpital où Maria naquit. Le personnel fut surpris d'apprendre que nous étions venus de si loin pour revoir cet hôpital. Je tentai d'obtenir des renseignements sur le médecin et les infirmières qui étaient là à l'époque, mais les filières étaient déjà transférées à un autre endroit.

À Bath, nous avons trouvé un gîte intéressant. Dans notre chambre, il y avait des biscuits, du thé et une théière. Les gens étaient très gentils et le déjeuner du lendemain matin fut délicieux.

Après avoir quitté Bradford-on-Avon, nous avons continué notre route vers le sud de l'Angleterre. Le paysage de la campagne était splendide. Les enfants ont photographié des maisons aux toits de chaume et plusieurs paysages. Nous sommes allés visiter des villes où Conrad était passé avec le Régiment La Chaudière pendant la guerre. Nous prenions des photographies partout où nous allions. Nous nous sommes arrêtés à Rye dans la région de Hastings.

Cousine Florrie vivait dans un petit village tout près de là. Je lui avais écrit avant mon départ du Canada pour la prévenir de ma visite. À quatre-vingt-douze ans, bien que lucide et en pleine forme, elle vivait dans un édifice à appartements pour personnes âgées. Prévenue de notre arrivée, elle nous attendait à l'extérieur. Elle nous montra son jardin et ses fleurs et, fidèle à la coutume anglaise, elle nous offrit une tasse de thé. Je pus causer seule avec elle pendant environ une heure. J'étais très heureuse de la revoir, mais tellement déçue de ne pas avoir pensé de lui apporter un petit souvenir des îles. En sa compagnie, nous avons visité les alentours et ensuite, nous avons poursuivi notre route. Elle semblait très heureuse de notre visite. En sortant de la résidence, elle nous a présentés à toutes ses voisines comme étant de la parenté venue du Canada.

Pour la dernière partie de notre voyage, nous avons décidé d'aller vers Dover et Folkstone pour voir où en étaient les travaux du tunnel qui traverserait la Manche. Nous avons eu droit à une visite guidée exclusive et avons pu admirer la maquette du futur tunnel. L'intérêt était plus vif pour Steven, lui-même ingénieur.

Pour notre dernière journée, nous décidâmes à l'unanimité de visiter la Normandie. Nous nous sommes rendus à Boulogne par traversier et de là, nous avons circulé en voiture jusqu'à Bernières-sur-mer, en Normandie, où mon mari avait débarqué avec le Régiment de la Chaudière, le 6 juin 1944. Plusieurs monuments et routes portaient le nom de ce régiment.

Ensuite, nous sommes allés à Arromanche où nous avons visité le Musée du 6 juin 1944. Un film relatant le débarquement des troupes alliées en Normandie nous fut présenté ainsi que des maquettes et des photographies évoquant cette tragique journée. J'eus alors l'idée de téléphoner à Conrad. Quelle ne fut pas sa surprise d'apprendre que nous étions à Bernières-sur-mer, destination non prévue dans notre itinéraire. Les questions pleuvaient. En France, on parlait déjà de célébrer le 50e anniversaire du débarquement. Quatre ans pour s'y préparer, cela ne semblait pas exagéré. On nous a dit que plusieurs réservations étaient déjà faites.

N'ayant pu trouver un gîte pour la nuit à Bernières-sur-mer, nous avons filé vers Port-au-Bassin où nous avons loué une chambre au Château de Sulley. Il faisait presque nuit lorsque nous y sommes arrivés. Nous n'avions rien mangé depuis le midi. Comme la salle à manger était fermée, on nous a servi un léger goûter à notre chambre. L'hôtel était superbe, tout décoré de bleu royal et d'or. Le lendemain, nous avons pris le traversier pour Folkstone, en Angleterre. Nous avons roulé jusqu'à Working où nous avons été hébergés dans un gîte du passant. Une fois de plus, nous avons retrouvé des hôtes très accueillants, nous traitant comme des membres de leur famille. Ils nous ont apporté le thé avec des biscuits, dans nos chambres, et nous avons causé avec eux. C'était fort agréable.

L'heure du départ avait sonné. Un avion en direction du Canada nous attendait à Heathrow. À notre arrivée aux Îles-de-la-Madeleine, les amis et la famille nous attendaient avec enthousiasme et curiosité. Même si j'avais apprécié chaque minute de mon voyage, j'étais très contente d'être de retour à la maison. Que de bons moments nous avons passés, Conrad et moi, à regarder les documents rapportés et les photos prises lors de ce voyage !

CHAPITRE 11

La vie familiale

Quel beau défi que celui d'inculquer des valeurs à ses enfants tout en respectant la personnalité de chacun!

Éduquer des enfants n'est pas une tâche toujours facile. Des cours préparatoires en cette matière n'existent pas. Nous désirons inculquer à nos enfants les valeurs reçues de nos parents. Nous voulons leur donner le goût de se développer au maximum et d'exploiter leurs talents dans différents champs d'activités. J'étais consciente que plus un enfant développe d'habiletés, mieux il pourra faire ses propres choix.

Conrad et moi avons essayé d'enseigner à nos jeunes l'importance des bonnes manières et du savoir-vivre. Nous tenions aussi à ce qu'ils soient tolérants et respectueux envers eux-mêmes et les autres. Comme tous les enfants, les nôtres se chamaillaient parfois quand ils étaient plus jeunes et je devais intervenir pour rétablir l'ordre. Souvent, je les envoyais se calmer et réfléchir dans leur chambre.

J'ai été élevée à une époque où les enfants n'avaient pas leur mot à dire. Chez nous, en Angleterre, les adultes considéraient que les enfants étaient là pour être vus et non entendus. Nous ne parlions pas à table et nous n'avions pas souvent la chance d'exprimer ce que nous vivions. Nous avons dû refouler nos sentiments et apprendre à nous débrouiller par nous-mêmes. Comme je n'étais pas tout à fait d'accord avec cette éducation, j'ai essayé de mieux agir avec

155

mes enfants. Dans le respect et la politesse, ils pouvaient parler pendant les repas et je vous assure qu'avec neuf enfants, les sujets de discussion ne manquaient pas. Ce n'était pas facile de trouver du temps pour donner à chacun d'eux l'attention requise. Lorsque l'un d'eux désirait se confier, nous allions dans une chambre pour ne pas être dérangés, et nous prenions le temps d'échanger mutuellement.

Il m'arrivait souvent de me questionner sur les moyens que je prenais pour éduquer mes enfants. Je me demandais si je n'étais pas trop sévère, car j'aimais bien l'ordre et la discipline. Je n'avais ni modèle autour de moi, ni personne d'autre que mon mari avec qui échanger à ce sujet. Je ne pouvais me référer qu'à la manière dont ma mère m'avait élevée : une façon que je considérais assez positive et courageuse, compte tenu des circonstances dans lesquelles nous vivions.

En ces années-là, comme dans beaucoup de foyers, je dus assumer en grande partie les charges reliées à l'éducation de nos enfants. Mon mari faisait de très longues journées de travail et quand il rentrait, il était très fatigué, sans compter qu'il souffrait souvent de maux d'estomac. Il n'aurait pas eu la patience de s'occuper des plus jeunes et d'aider les plus vieux à faire leurs devoirs. C'est donc moi qui passais la plupart du temps avec eux. Il va sans dire que la charge de semoncer et de punir m'incombait presque totalement. Comme j'appréciais, le soir venu, de causer de ma journée avec mon mari, de lui parler des enfants et de prendre son avis sur l'attitude à adopter envers chacun d'eux. Ensemble, nous essayions de trouver les meilleures solutions.

L'éducation reçue de ma mère se reflétait dans mes exigences envers mes enfants. D'elle, j'avais appris : « Tout travail qui mérite d'être fait mérite d'être bien fait. » Je n'ai jamais oublié cette maxime et je visais en tout, l'ordre et la perfection. Rien ne pouvait me faire plus plaisir que lorsque tout était bien rangé. À cette condition seulement, je pouvais m'asseoir et relaxer. Un jour, une de mes filles me dit, exaspérée : « Maman, t'es trop perfectionniste. » Ces mots m'ont fait réfléchir. Tout en essayant d'être moins exigeante, je leur fis comprendre que savoir s'organiser sauvait du temps et de l'énergie; qu'il était important d'être fier de soi dans tout ce qu'on accomplit.

À la maison, nous aimions tous chanter et danser. Si nous avions eu plus d'argent, Conrad et moi aurions payé des cours et acheté des instruments de musique à nos enfants. Faute de mieux, Conrad se procura un tourne-disque et, à l'occasion, nous achetions des microsillons. Les enfants les faisaient jouer, chantant et dansant sur les musiques du temps. Ils écrivaient les paroles des chansons et les apprenaient par cœur en peu de temps. Le dimanche midi semblait leur moment privilégié pour chanter en famille. Au plaisir de les entendre, mon mari et moi ajoutions celui de mêler nos voix aux leurs.

En grandissant, les enfants amenaient leurs amis à la maison. Il n'était pas rare de compter une vingtaine de jeunes pour le souper du dimanche soir. Nous discutions beaucoup avec eux et c'était intéressant de connaître leurs opinions. Ils semblaient nous apprécier, car ils venaient souvent nous voir.

Cette atmosphère de musique et d'échanges nous a beaucoup manqué après que les enfants nous aient quittés pour voler de leurs propres ailes. La maison nous sembla vide et beaucoup trop tranquille. Pour tromper ma nostalgie, je me remémorais certains moments privilégiés de leur enfance. Quand ils étaient jeunes, je prenais plaisir à les voir s'amuser sur la plage, ou, les jours de pluie, à les entendre se balancer dans le sous-sol. Un de leur jeu préféré était celui du marchand général. Ils avaient aménagé un décor de magasin dans le sous-sol, ramassé des boîtes vides de carton et de conserves et les avaient bien rangées sur des étagères. Raymond avait fabriqué de l'argent en papier qu'il distribuait aux autres enfants afin qu'ils puissent acheter de la marchandise. Mais un jour, je me suis aperçue que les étiquettes sur les boîtes de conserves de mon garde-manger avaient été enlevées... Comment savoir ce que contenaient mes boîtes? Je dus leur interdire de se servir dans mon garde-manger. Lorsque Peter se fatiguait de ce jeu, il achetait toute la marchandise, ne laissant rien pour les autres. Il n'en fallait pas plus pour que la tempête éclate et je doive intervenir. Pendant que les garçons se construisaient des camions et des routes, à même les restes de bois et de clous de leur père, les filles s'amusaient à habiller leur chatte des vêtements de leurs poupées ou à jouer au professeur sur le grand tableau noir que je leur avais acheté. D'autres préféraient dessiner et colorier sur du papier recyclé. Shirley-Ann n'avait que six ou sept ans qu'elle s'intéressait déjà à la couture. Elle était toujours près de moi, prête à découper dans un morceau de tissu. Il lui arriva, pendant que j'étais occupée, de tailler en plein milieu d'une pièce le tissu nécessaire pour faire une robe à sa poupée. Je lui montrai comment tailler sans trop de perte. Elle apprenait très vite et plus tard, elle a confectionné ses propres vêtements.

Un autre souvenir précieux de leur enfance fut celui de la visite du Père Noël en 1959. Cet hiver-là, ma mère et mon amie Hélène m'avaient envoyé beaucoup de cadeaux pour les enfants. Comme l'un de nos amis, le dentiste Levasseur avait décidé de s'habiller en Père Noël, je lui confiai les étrennes destinées à mes enfants. Les plus vieux, ne croyant plus au Père Noël, avaient cherché les cadeaux partout dans la maison, sans rien trouver. La nuit de Noël venue, vers quatre heures du matin, le Père Noël monta l'escalier qui menait au deuxième étage en criant : « Ho ! Ho ! Ho ! ». Ce ne fut pas long que les enfants se levèrent. Quelle surprise d'entendre la vraie voix du Père Noël ! Les plus petits étaient médusés de voir ce grand et gros homme habillé en rouge avec une longue barbe blanche qui donnait des présents à tous et à chacun. Steven était le plus jeune à s'être levé; il devait avoir environ trois ou quatre ans. C'était l'euphorie : tant de cadeaux remis par un vrai Père Noël ! Cette nuit-là fut très courte pour toute la famille.

J'appris avec le départ des plus vieux, à m'accorder des compensations dans la lecture. Un soir, j'étais à lire *The egg and I* et je trouvais cette histoire si drôle que je pouffais de rire à tout moment. Les enfants, intrigués de me voir, questionnèrent leur père du regard. Le sourire en coin, Conrad leur répondit : « Je pense qu'elle commence à troubler. » Quelques semaines plus tard, j'étais au magasin pour acheter quelques articles quand je vis que le film *The egg and I*, avec Fred McMurray et Claudette Colbert était à l'affiche. Je me suis hâtée de retourner à la maison avec mon épicerie et j'ai annoncé à Conrad que j'avais l'intention d'aller voir ce film. Le cinéma était ouvert depuis peu et je n'y étais pas encore allée. À ma grande satisfaction, le film était encore plus drôle que le livre. Était-ce parce que je me retrouvais un peu dans cette histoire d'un jeune couple qui avait décidé de quitter la ville pour acheter une ferme et y élever des volailles même s'il n'y connaissait rien ? Que de situations cocasses ont vécues les deux personnages principaux ! Je ne pense pas avoir vu un film aussi drôle de toute ma vie.

Avec les années, nous avons pu nous offrir un peu plus de confort à la maison. Un jour, Peter me dit qu'il avait compté neuf cordes à linge, toutes remplies. C'était trop d'ouvrage pour moi. Je ne me voyais pas vivre un autre hiver sans une sécheuse à linge. Attentif à mes besoins, peu de temps après, Conrad m'offrit non seulement une sécheuse électrique mais aussi une machine à laver automatique. Quel soulagement! Grâce à ces nouvelles acquisitions, tous les vêtements étaient lavés, séchés, pliés et prêts à être portés dans la même journée. C'était à l'automne 1963, l'année de l'assassinat du président Kennedy.

***

Conrad et moi avions à cœur de donner à nos enfants, sans distinction de sexe, une bonne éducation et la meilleure instruction possible. Nous étions tous les deux convaincus que ces outils leur permettraient de s'épanouir, d'être heureux et de trouver le travail qui leur conviendrait. Or, dans les années cinquante et soixante, plusieurs parents de notre génération jugeaient que l'instruction pour les filles était une perte d'argent puisqu'on s'attendait à ce qu'elles restent à la maison pour élever les enfants. Conrad et moi n'étions pas d'accord avec cette idée. J'affirmais que les filles devaient avoir le même droit aux études que les garçons. Nous avons donc fait les sacrifices nécessaires pour laisser à nos enfants le plus bel héritage qui soit : l'instruction.

Quand **Maria** eut seize ans, le temps était venu pour elle de décider de son avenir. Elle était intéressée à des études en secrétariat, mais il n'y avait pas de collège aux îles. Elle aurait dû aller à l'extérieur et nous aurions dû payer sa pension en plus de ses cours et des transports. Après avoir obtenu des informations de plusieurs collèges, nous avons constaté que nous n'avions pas les moyens financiers pour couvrir toutes ces dépenses. Les maisons de formation des îles n'offraient que deux choix : devenir enseignante ou infirmière. Maria a finalement choisi la profession d'enseignante. Douée et aimant les études, elle avait, de plus, une grande facilité pour les langues, notamment l'anglais. Même si nous ne le parlions pas beaucoup à la maison, Conrad et moi l'utilisions à l'occasion, surtout quand les enfants étaient jeunes et que nous ne voulions pas qu'ils comprennent ce que nous disions. Ils ont vite fait de nous déjouer.

Pour économiser un peu d'argent, j'ai donc confectionné ses deux tuniques et ses six blouses. La première année, même si elle ne résidait qu'à sept ou huit kilomètres de la maison, Maria ne sortait qu'aux vacances de Noël et à celles de Pâques. Nous allions la visiter au couvent le dimanche après-midi; nous lui apportions des vêtements propres et rapportions les autres pour les laver. Plusieurs parents s'organisaient pour co-voiturer. Les années suivantes, Maria vint à la maison toutes les fins de semaine et parfois elle emmenait avec elle une pensionnaire originaire de l'Île-du-Prince-Édouard.

Maria travaillait tellement bien qu'avant même que ses études soient terminées, la Commission scolaire des îles lui offrit un poste d'enseignante au secondaire, en Anglais langue seconde au collège des garçons. Ensuite, elle a enseigné l'Anglais un an à Les Méchins, en Gaspésie. Suivirent trente-quatre autres années à Verdun dont quinze ans en Français, langue maternelle. Une carrière pour laquelle elle se donna corps et âme pendant trente six ans.

***

161

Peter était l'enfant au sourire moqueur et à l'air taquin. Nous ne savions jamais à quoi nous attendre avec lui. Il devait avoir quatre ans quand, un jour, il entra à la maison, l'air piteux, les pantalons tout noirs de suie. À mes questions, il répondit : « Maman, j'ai été au poulailler ramasser les œufs. Il y en avait beaucoup, j'ai rempli mes poches de pantalon. » Les œufs tournèrent à l'omelette quand il décida, avant de venir les porter à la maison, de pelleter du charbon prêt à être remisé dans la cave. Il avait l'air tellement peiné d'être si sale et d'avoir cassé tous les œufs que je n'ai pas pu le chicaner. Il m'a dit : « Je voulais t'aider maman. ». Il est venu près de moi pour me dire qu'il me promettait de ne plus aller ramasser les œufs. Je n'ai pu m'empêcher de rire.

Peter trouva longue la première journée de Maria à l'école. Dès son retour à la maison, elle lui montra tous ses livres et lui raconta ce qu'elle avait appris à l'école. Dans son catéchisme, il y avait une illustration sur laquelle on voyait un ange à l'arrière-plan, et en avant, deux jeunes enfants sur le bord d'un cap. Maria expliqua à son frère que nous avions tous un ange gardien qui nous guidait, nous surveillait, nous protégeait et qu'un jour, il nous amènerait au ciel. Peter voulut savoir comment l'ange s'y prendrait. Maria répondit qu'elle ne le savait pas, mais que l'ange avait peut-être une échelle pour se rendre sur le cap. Peter, bien calme, réfléchissant à ce que sa sœur venait de lui dire, déclara soudain : « Moi, je sais comment. ». Joignant le geste à la parole, il expliqua que l'ange gardien nous tenait par une aile et qu'il battait de l'autre pour monter au ciel.

Peter a toujours été le boute-en-train de la famille. Entre autres, il aimait beaucoup taquiner ses frères et ses sœurs. Mais à l'adolescence, il a passé peu de soirées à la maison; quelqu'un ou quelque chose l'attendait toujours à l'extérieur. Il était très populaire auprès de ses amis et des filles. C'était connu, là où était Peter, là il y avait du plaisir.

***

Raymond était un garçon très différent de Peter. Il était tranquille et il avait toujours à la main un livre, du papier et un crayon. Il était solitaire et très studieux. Il tenait de sa mère alors que Peter tenait plutôt de son père. Lorsque ses petites sœurs Dorothy et Élizabeth étaient jeunes, presque tous les soirs, il leur racontait une histoire dont la suite viendrait le lendemain. Elles l'écoutaient avec un tel intérêt que si par mégarde Raymond se trompait, elles le reprenaient.

Peu de temps après que Maria eut commencé ses études à l'École Normale, Raymond, qui avait environ treize ans, nous informa de son désir d'aller au séminaire. Nous avions à ce moment huit enfants aux études. Il nous a vraiment surpris. Compte tenu de son jeune âge, je demandai conseil à notre curé. Il nous recommanda le séminaire de Chambly où l'enseignement était donné par les Pères Oblats de Marie Immaculée. À son tour, il n'eut la permission de sortir qu'aux vacances de Noël et à celles de Pâques. Entre temps, il allait chez son oncle Léo, le frère de Conrad, qui demeurait à St-Constant, non loin de Chambly. Il fréquenta le séminaire pendant deux ans et revint aux îles pour continuer ses études secondaires à la polyvalente de Lavernière. Par la suite, il est allé habiter chez Maria à Ville Lasalle, fit son cours pré-universitaire à Verdun et fut admis aux Hautes Études Commerciales. Sa formation en administration lui permit de gravir plusieurs échelons et de se rendre jusqu'au siège social d'une banque. Après plusieurs années d'expérience dans ce domaine, il s'associa à son épouse Ginette qui avait démarré une petite entreprise de gestion. Tous deux ouvrirent un bureau d'affaires. À la tête d'une équipe dynamique, Raymond est devenu conseiller en entreprises. Parallèlement à son travail de gestionnaire, il nourrit une grande passion pour la lecture et l'écriture. Il a publié quelques livres et projette d'en écrire encore.

***

Vers l'âge de six ans, **Shirley-Ann** commençait déjà à vouloir me rendre des services en s'occupant des plus jeunes. Une vraie mère pour ses frères et sœurs. Était-ce un présage de la profession qu'elle allait choisir? Après avoir commencé son cours d'infirmière auxiliaire à l'hôpital des îles, elle poursuivit sa formation à Verdun et revint s'installer aux Îles-de-la-Madeleine quelques années plus tard. Ensuite, elle travailla comme gérante d'une boutique de vêtements pour enfants. Depuis deux ans, elle travaille en esthétique à Moncton. Shirley-Ann fit partie des étudiantes choisies pour effectuer un premier échange avec les étudiants du Manitoba.

***

Toujours souriante, vive d'esprit, pince-sans-rire comme son frère Peter, **Yvonne** prenait toujours la vie du bon côté. Elle était drôle et elle parlait avec tout le monde. Elle n'était pas gênée. Par contre, elle aimait bien dormir. Quand elle fut en âge d'aider au ménage le samedi, elle changeait les draps des lits en écoutant la musique populaire, mais voilà qu'arrivée au dernier lit, elle s'endormait dessus.

Lorsque Yvonne eut terminé son cours secondaire, elle décida d'aller au bureau d'emploi. Elle semblait vouloir s'orienter vers un cours de secrétariat en anglais, au Nouveau-Brunswick. Quelques jours plus tard, on nous informa qu'il y avait un programme d'immersion en langue anglaise d'une durée de six semaines pour les jeunes ayant complété leurs études secondaires. Ce cours était offert à Fredericton, au Nouveau-Brunswick. Nous n'avions qu'à lui payer son billet aller-retour ainsi que ses dépenses personnelles. J'ai immédiatement accepté qu'Yvonne s'inscrive. Très peu de temps après, elle partit pour l'université de Fredericton. C'était la première fois qu'elle quittait la maison, mais je sentais qu'elle était prête à assumer cette responsabilité. À peine quelques jours après son retour aux îles, elle se trouva un emploi. L'année suivante, elle déménagea à Schefferville, dans le nord du Québec. Depuis plusieurs années, elle est revenue aux îles. Elle travaille au centre hospitalier des îles, comme secrétaire médicale. Elle est très dynamique et bien dévouée.

***

Dix-sept mois après la naissance d'Yvonne, toute menue, la cinquième fille arriva au foyer des Landry. Il fallait lui trouver un nom. Conrad avait fait jadis la connaissance d'une jeune fille de la Belgique qui s'appelait **Stéphanie**. Personne ne portait ce joli nom aux îles. C'est celui qu'on lui donna.

Stéphanie était une très petite fille, heureuse, souriante et facile. Elle aimait que son père la prenne dans ses bras pour lui chanter de petites chansons. Avec le temps, nous nous sommes aperçus qu'elle aussi avait du caractère et qu'elle était capable de se défendre.

Pendant ses études, elle réussissait très bien et elle était très active. Au secondaire, elle a participé à des pièces

165

de théâtre et elle était impliquée dans le Conseil des étudiants de l'école. Comme toute la famille, elle aimait le chant et la danse. Après son cours secondaire, elle voulut prendre une formation comme infirmière auxiliaire, mais le cours ne se donnait plus au centre hospitalier des îles. Nous n'avions pas les moyens financiers de l'envoyer à l'extérieur. Elle a donc décidé de faire son cours de secrétariat en anglais à Charlottetown, à l'Île-du-Prince-Edward. Elle a obtenu son diplôme de secrétariat après deux ans d'études et elle a toujours travaillé dans ce domaine.

Stéphanie aimait s'entourer de belles choses. Les arts, les spectacles, le chant, la danse et la lecture ont toujours fait partie de sa vie. Elle a chanté dans plusieurs chorales dont celle de Leucan, pour les enfants atteints de leucémie. Elle peint de très beaux tableaux et elle possède un grand talent pour la décoration. Stéphanie a élevé ses quatre enfants tout en travaillant à l'extérieur. Elle est aujourd'hui grand-mère de six beaux petits enfants et elle est toujours aussi active.

***

Steven était un garçon bien espiègle. Il s'amusait beaucoup avec les petits voisins. Il réussissait bien à l'école mais il devait travailler fort. Je me souviens d'une année, où l'école avait organisé un petit spectacle à l'occasion de la fête des Mères. Steven avait été choisi pour chanter : Petite mère c'est toi. Au début de la chanson, il devait saluer l'auditoire, mais voilà qu'il le salua maintes fois avant et après avoir chanté, ce qui provoqua les rires dans la salle.

Jeune scout de treize ans, Steven est allé dans un camp, à Victoriaville avec sa troupe. Il m'avait écrit une lettre sur un morceau d'écorce de bouleau. Je l'ai toujours conservée précieusement. En voici le texte :

Bonjour maman !
Ici, le papier est très rare. Ici il fait 90°. Il y a moins de maringouins Je finis de faire la vaisselle. Nous avons reçu la visite du maire de Rimouski. J'ai une surprise pour toi en arrivant aux Îles. Tant que nous serons ici nous ne crèverons pas de soif, car il y a de la bonne eau. Il fait très chaud dans les tentes. Tous les matins, en nous levant à 7 heures, car nous ne faisons pas la paresse, nous allons nous laver à la source. J'ai fait mon lavage hier. La nourriture est excellente. Nous allons nous baigner une heure l'avant-midi et une heure l'après-midi. Hier, il y eut un grand jeu et le trésor que nous devions trouver était une poule que nous devions tuer, éplucher, enlever les intestins, manger et puis digérer.
Bonjour et à plus tard.
Steven »

Par la suite, Steven a poursuivi ses études et est devenu ingénieur.

***

Dorothy était une belle petite blonde, bien tranquille. Elle ne touchait à rien sans permission et elle disait à Steven et Élizabeth : « Touchez pas à ça, maman veut pas. » Elle était la plus gênée de la famille. Un jour, alors que Mgr Arseneault, faisait sa visite paroissiale, je demandai à Dorothy et à Élizabeth de le surveiller et de me prévenir de son arrivée. Quand Dorothy aperçut Mgr Arseneault, elle s'écria : « Maman, ça n'a pas d'allure! Un homme en robe! » Mgr l'avait entendue…

Dès son retour de l'école, en première année, Dorothy s'empressait d'enseigner à Élizabeth tout ce qu'elle avait appris dans la journée. Élizabeth et Dorothy avaient du plaisir à apprendre ensemble. Ces deux fillettes s'entendaient très bien. Elles se plaisaient aussi à apprendre les chansons populaires et à les chanter en duo. En dépit du temps, elles sont demeurées de grandes amies.

***

Maria avait treize ans et demi lorsque **Élizabeth** est née. Tous ses frères et soeurs voulaient dorloter la petite dernière. Une vraie poupée ! Élizabeth était une enfant curieuse; elle posait beaucoup de questions. Parfois elle se choquait mais elle revenait vite de bonne humeur. Elle a toujours eu un grand cœur. Lorsqu'elle était toute petite, si on lui offrait quelque chose, elle en demandait toujours pour Dorothy. Lorsque ses frères et soeurs étaient partis à l'école, elle s'ennuyait et elle avait hâte que Dorothy revienne. Tout comme moi, Élizabeth adorait les animaux et lorsqu'elle était seule, elle s'amusait à habiller sa chatte avec les vêtements de ses poupées, la couchait dans le berceau du bébé et la chatte se laissait faire. D'ailleurs, l'an dernier, pour la fête des Mères et la fête de son père, elle m'a remis la lettre que voici :

Miou ! Miaou ! Miaou !

Je me présente. Mon nom est Oups ! Miaou ! Je ne connais pas mon nom. Mais je sais que je suis âgée d'à peine un mois. Je viens d'une grande famille. Chez moi, nous vivons tous ensemble, mes frères et sœurs et deux de mes tantes ainsi que mes cousins et cousines.

Je crois même qu'ils vont me manquer. Mais ton regard me dit que tu sauras me faire oublier ma peine. Donne-moi un peu d'attention et quelques caresses et en revanche je te ronronnerai mes meilleures mélodies. Miaou!

Tu sais, je vais te dire un petit secret : « À ma naissance, j'ai reçu un don. Miaou! Miaou! J'ai le pouvoir de divertir et de faire sourire les gens qui quelquefois s'ennuient. Alors, tu veux bien être ma nouvelle maman ? »
Je t'aime déjà tellement !
Miaou ! Miaou !
N.B. Miaou ! Je prendrais bien un papa aussi, car je ne sais pas pourquoi, mais je n'ai jamais connu le mien.

En effet, nous avons reçu ce beau chat beige caramel pâle et blanc avec tout ce qu'il lui fallait. Nous l'avons appelé Jackie. Nous en sommes très fiers. Il égaie nos journées.

Toute petite, Élizabeth regardait les émissions de télévision pour enfants et elle apprenait les chansonnettes en un rien de temps. Elle était toujours prête à m'aider, soit pour ramasser les jouets ou mettre la table pour les repas. Elle était fière de faire sa grande. Après le dîner, elle faisait sa sieste et pendant ce temps, je faisais un peu de pâtisserie : du pain, des biscuits ou un dessert. Lorsqu'elle se réveillait, une petite collation l'attendait. J'essayais de faire plaisir aux enfants. Je savais qu'ils aimaient bien ces petites surprises !

***

Pendant toutes ces années, j'ai vécu des expériences émouvantes. Je les gérais de mon mieux. La vie m'a appris qu'on réussissait toujours à s'en sortir quand on voulait. J'étais persuadée qu'avec des efforts et du temps, on peut arriver à ses fins; je le crus aussi pour l'apprentissage d'une langue étrangère, dans mon cas, la langue française. Ces convictions m'ont amenée à relever un défi de taille : retourner sur le marché du travail. En décembre 1968, on manquait de personnel au bureau de poste de l'Étang-du-Nord. Ce bureau de poste existait depuis 1870. J'étais d'autant plus intéressée à cet emploi qu'il ne demandait que deux heures par semaine, le samedi avant-midi. J'ai postulé et j'ai obtenu ce poste pour lequel je fus payée un dollar vingt-cinq l'heure. Avec mes deux dollars cinquante par semaine, je me sentais riche. Je pouvais m'acheter des choses personnelles ainsi que des bricoles pour la maison et les enfants. J'ai gradué jusqu'au rang d'assistante à la direction. Toutefois, je n'ai jamais voulu travailler à plein temps, sauf pour remplacer un employé en vacances ou en congé de maladie. Je préférais être avec mes enfants pour les voir grandir et aussi pour garder ma maison à l'ordre et toujours propre.

Les enfants avaient vieilli et ils pouvaient m'aider un peu plus dans la maison. En mon absence, les aînés étaient capables de s'occuper des plus jeunes. Ils aidaient aussi à l'extérieur de la maison, surtout les fins de semaine. Chacun assumait sa propre tâche selon ses habiletés. Leur aide m'était indispensable.

J'aimais mon travail au bureau de poste; il me sortait de la routine quotidienne. J'étais très occupée et j'aimais rencontrer le public. J'ai travaillé pour Postes Canada pendant vingt et un ans, soit de 1968 à 1989.

De défis en défis, je prenais de l'assurance. Suffisamment pour songer à prendre des cours de conduite automobile. Je considérais que mon mari s'était assez dévoué à me conduire à chacune de mes sorties, que ce soit pour les conseils d'administration ou pour toute autre activité. J'avais réussi à épargner un peu d'argent et c'est à l'âge de cinquante-huit ans que j'ai commencé mon cours. Vous devinez que je me suis retrouvée dans un groupe de jeunes adultes et d'adolescents… C'était un cours intensif de trois semaines, en français, naturellement. C'était difficile pour moi, mais j'étais déterminée à réussir. J'avais toujours interdit à mes enfants de baisser les bras avant d'avoir essayé. Je devais maintenant donner l'exemple. J'ai beaucoup étudié et j'ai réussi mes examens théoriques et pratiques avec une moyenne de 95 %. L'instructeur était tellement content pour moi qu'il m'a téléphoné à onze heures du soir pour m'annoncer les résultats. Il se doutait que j'avais très hâte de les connaître.

Quelle journée mémorable que celle où j'ai obtenu mon permis de conduire ! Plusieurs femmes de mon âge me demandaient si j'avais trouvé les cours difficiles. Elles avaient entendu plusieurs jeunes s'en plaindre. Je leur répondais que j'avais étudié mes notes chaque jour et que si j'avais réussi, elles le pourraient aussi. Encouragées par mon succès, plusieurs de ces dames suivirent mon exemple. Je suis encore très surprise de moi-même lorsque je me retrouve au volant de ma voiture. Je ne pensais jamais y arriver. J'apprécie cette liberté de pouvoir aller où je veux, quand je veux !

Ce défi relevé, il me vint l'idée de prendre des leçons de piano. Pendant des années, je chantais dans la chorale de notre paroisse, à Lavernière. J'avais l'oreille musicale. Même si je n'avais jamais pris de leçons de solfège ni de piano, je succombais à la tentation de jouer quelques airs chaque fois que je voyais un piano. Un jour, mon mari m'a fait la surprise de m'acheter un synthétiseur électrique. Je pouvais apprendre n'importe quelle mélodie à l'oreille mais je pouvais difficilement jouer les accords. Le hasard me permit de rencontrer une dame qui avait longtemps enseigné cet instrument. Je lui confiai mon désir de prendre des leçons et mes craintes, compte tenu de mon âge. Elle m'encouragea à essayer et m'avoua qu'elle avait eu déjà des étudiants plus vieux que moi qui avaient réussi. Elle m'accepta comme étudiante et j'ai appris quelques pièces musicales simples. Je pratiquais tous les jours. Elle se montrait très patiente et je l'appréciais beaucoup. Malheureusement, mon état de santé m'obligea à discontinuer mes cours. Je suis toujours passionnée de chants et de musique.

***

La vie nous réserve non seulement des défis mais des dépouillements aussi. En 1968, j'ai perdu la personne qui m'était la plus chère au monde : ma mère, Alice Jane Campbell. Après une longue maladie, elle est décédée à l'âge de soixante-sept ans en Ontario où elle vivait depuis plusieurs années. Maria vint à ses funérailles avec moi. Ces moments furent intenses, difficiles à vivre, mais j'ai pu revoir mes deux soeurs et leur famille.

Ma mère et mes beaux-parents étaient trois personnes que j'affectionnais particulièrement. Je les aimais beaucoup, je les respectais et je les admirais. Elles étaient parmi les personnes les plus importantes de ma vie.

Puis en septembre 1970, après des années passées dans une résidence pour personnes âgées, ma belle-mère nous quitta. Nous avions toujours été préoccupés du bien-être de mes beaux-parents. Après la mort de ma belle-mère, mon beau-père est venu vivre avec nous pendant quatre ans. Malheureusement ses crises d'insuffisance cardiaque nous obligèrent à l'hospitaliser jusqu'à sa mort, survenue à l'âge de quatre-vingt-dix-neuf ans, en août 1986.

Ma soeur, Minnie, m'avait aussi informée que mon père, William Smedley, était très malade et que les médecins avaient laissé sous-entendre qu'il ne vivrait plus longtemps. Mais je n'avais reçu aucune information quant aux raisons de son hospitalisation. J'ai pris mon courage à deux mains et je lui ai écrit. Je n'ai jamais eu de réponse. Ce fut la première et la dernière fois que je donnais de mes nouvelles à mon père. J'ai appris par la suite qu'il était décédé à la fin de l'année 1986. Il devait avoir environ quatre-vingt-deux ans.

Les départs de mes enfants pour les études ou pour le travail m'ont toujours chagrinée même si je savais que c'était inévitable pour les jeunes des îles qui voulaient assurer leur avenir. Chaque fois que l'un d'eux quittait le nid familial, c'est comme si une partie de mon cœur se déchirait. L'un après l'autre, ils se sont mariés et ils ont bâti leur propre nid familial. Je comprenais alors la peine que ma mère avait dû ressentir en nous voyant partir si loin vers l'inconnu. La douleur des départs était le prix à payer pour nous voir entourés aujourd'hui de vingt-deux petits-enfants et de sept arrière-petits-enfants.

Nos enfants étant dispersés, nous avons le plaisir de visiter les sept qui vivent à l'extérieur des îles. Les uns sont établis au Québec, soit à Brossard, St-Hubert, Granby, Mascouche, Laval, et Shirley-Ann au Nouveau-Brunswick, plus précisément à Moncton. Une des nos filles, Yvonne, a vécu deux ans dans la Guinée française en Afrique où elle travaillait à l'ambassade du Canada. Malgré les distances qui nous séparent, les rencontres familiales ne manquent pas. Pendant les mois d'été, plusieurs viennent passer leurs vacances aux îles. Au cours de l'année, nous sommes constamment en contact par téléphone, si ce n'est par nos visites. Nous avons fait plusieurs petits voyages au Québec, en Ontario et au Nouveau-Brunswick. Au printemps 2002, Conrad est retourné voir les enfants et quelques-uns de ses amis à Montréal et en banlieue de Montréal.

Ces bons moments sont gravés dans notre mémoire et de nombreuses photographies les rappelleront aux

173

générations à venir. C'est en les regardant pour la nième fois, qu'un jour, j'ai trouvé ma carte d'identité du temps de la guerre. Y était inscrite l'adresse des divers déménagements que j'avais vécus en cette période. C'est avec beaucoup d'émotion que j'ai retrouvé celle de notre domicile de Bradford-on-Avon, Wiltshire où Maria est venue au monde. Je ne me souvenais pas du nom des gens avec qui j'avais demeuré, mais tout le reste ressurgissait dans ma mémoire. Je voulais tellement entrer en contact avec cette merveilleuse famille qui hébergeait les femmes en fin de grossesse que j'ai demandé l'aide du maire de Bradford-on-Avon dans une lettre que je lui adressai. Environ deux mois plus tard, la mairesse, Joan Rodway, m'écrivit pour me dire qu'elle avait réussi à retrouver le couple Poole. Monsieur était décédé et son épouse vivait dans une résidence pour personnes âgées. J'ai immédiatement écrit à Mme Poole. Elle me révéla que sur la centaine de femmes enceintes qu'elle avait hébergées, j'étais la seule à avoir repris contact. Je reçus aussi une lettre de son fils John et de sa bru, Pamela. Ils vivaient à Hamilton en Ontario. Pamela et moi avons entretenu une correspondance régulière pendant plusieurs années.

CHAPITRE 12

L'engagement social

Avide de connaissances et issue d'un milieu fort cultivé, Joan cherchait un équilibre dans sa vie de femme, d'épouse, de mère et de citoyenne engagée.

Lorsque le plus jeune de mes enfants commença l'école, je décidai de participer à différentes activités sociales et communautaires. Priée de joindre les membres d'un comité d'école, j'ai hésité, n'étant pas certaine de la qualité de mon français. Après quelques moments de réflexion, je me suis dit que si on m'avait sollicitée c'est qu'on me jugeait capable. J'ai siégé sur ce comité pendant une dizaine d'années.

La traduction du français à l'anglais m'intéressait aussi. Comme la plupart des lettres d'affaires étaient rédigées en anglais dans les Maritimes, j'étais souvent requise pour en faire la traduction. On m'a même demandé de traduire des textes pour d'autres organismes, de même que pour les anglophones des Îles. Pour améliorer ma productivité et la qualité de mon travail, je me suis outillée de dictionnaires spécialisés, d'une machine à écrire et de cahiers d'exercices. J'ai pu ainsi enseigner la dactylographie à mes enfants.

Avec le temps, le bénévolat prit une place importante dans ma vie. Mon mari me secondait en venant me conduire partout où je voulais aller et en prenant la relève à la maison. Ainsi, je devins de plus en plus connue dans mon milieu. Il faut dire que j'étais la seule Anglaise mariée à un soldat des Îles-de-la-Madeleine.

Dans notre localité, Conrad et moi étions membres de La Coopérative, puis membres de notre Caisse populaire. Nous avons toujours été intéressés aux mouvements coopératifs et nous assistions à toutes les assemblées générales. À l'une de ces réunions, quelqu'un proposa que je siège au Conseil d'administration de la Caisse populaire. J'en fus très étonnée puisque personne ne m'en avait parlé auparavant et, qui plus est, il n'y avait jamais eu de femmes sur ce conseil. Mon mari m'encouragea à accepter cette nomination. J'en fus honorée, considérant ce geste comme une marque de confiance dans mes possibilités de servir la communauté. J'acceptai parce que j'étais convaincue qu'une femme pouvait faire tout aussi bien qu'un homme et j'espérais, par mon exemple, en convaincre d'autres de prendre leur place dans la société. Maintenant, aux îles, des femmes siègent sur différents comités et conseils d'administration.

À la lecture du procès-verbal de la première réunion, on me désigna sous le nom de Mme Conrad Landry. Je leur mentionnai que je m'appelais Joan Landry et non Mme Conrad Landry. Je tenais à porter mon nom. Ce geste leur démontrait en même temps que je voulais prendre ma place et être respectée à l'égal des hommes.

Dans la même période, soit le 4 août 1983, je fus nommée au poste de directrice de La Coopérative La Sociale, notre magasin général. Là encore, j'étais la première femme à occuper ce poste et j'ai accompli ce travail pendant plusieurs années.

Par la suite, on m'approcha pour faire partie du Conseil d'administration de l'hôpital. Je fus élue comme membre du comité par le ministre de la Santé du Québec pour représenter la population anglophone des îles, car peu d'entre eux comprenaient suffisamment bien le français pour pouvoir siéger à un tel comité. J'ai pris cette responsabilité, car je sentais que j'étais tout désignée pour représenter cette partie de la population. D'ailleurs, j'avais un intérêt marqué pour le domaine hospitalier et tous les développements majeurs qui s'annonçaient m'intéressaient au plus haut point. Jusqu'à ce jour, ce Conseil d'administration était formé de professionnels et d'hommes d'affaires. Pour ma part, je trouvais qu'ils dirigeaient trop avec leur tête et pas assez avec leur cœur. Donner de bons soins est essentiel, mais la façon de les prodiguer n'est pas moins importante. J'étais convaincue que des changements pouvaient être apportés et cela à des coûts abordables. J'ai siégé au Conseil d'administration de l'hôpital des îles pendant plusieurs années. Puis, la dernière année de mon mandat, on m'incita à former des bénévoles. J'ai réussi à regrouper quelques personnes intéressées et nous avons travaillé ensemble à améliorer le sort réservé aux patients. Depuis ce temps-là, les bénévoles de l'hôpital continuent d'effectuer un travail remarquable. Ils ont également ouvert une boutique de cadeaux à l'entrée de l'hôpital pour financer leur groupe et aider à continuer leur travail auprès des bénéficiaires.

Le domaine de la santé et les services sociaux me passionnaient. Encore une fois, on me demanda de faire partie du Conseil d'administration du CLSC. J'ai accepté avec plaisir, consciente que c'est à ce titre que je pouvais le mieux faire valoir les besoins des gens et rendre leurs démarches efficaces.

J'ai rencontré des personnes très intéressantes, autant à l'intérieur qu'à l'extérieur de ce conseil. Nous avions de bonnes discussions quant au développement de nouveaux services à offrir à la population que nous desservions. J'avais différents documents à étudier avant chaque réunion. Le vocabulaire étant très spécifique, j'ai souvent dû utiliser le dictionnaire très souvent et poser beaucoup de questions. J'aimais bien me préparer aux rencontres. J'ai appris énormément lors de ce mandat et mon français s'améliorait de jour en jour.

À certains moments, j'avais plusieurs réunions dans la même semaine. Une fois, mon mari me fit remarquer que j'en avais peut-être un peu trop. Une de mes filles lui répondit : « Papa, laisse maman aller à ses rencontres. Elle est de meilleure humeur lorsqu'elle revient. » Je ne sais pas si c'était fondé, mais je sais que j'étais motivée et que je me plaisais énormément à échanger lors des discussions. J'éprouvais un grand sentiment de satisfaction lorsqu'un programme d'aide à la population se réalisait. Je pense aussi que ma participation à ces différents comités a fait de moi une femme plus épanouie et plus intéressante pour son mari et ses enfants. Nos sujets de conversation ne se limitaient plus à la seule routine quotidienne. Nous étions plus ouverts aux autres et à leurs problèmes. Ensemble, nous cherchions des moyens de faire avancer les projets et de mettre en pratique différents programmes.

Conrad a également fait beaucoup de bénévolat. Il fut tour à tour conseiller municipal, marguillier, directeur à La Coopérative La Sociale. Il se rendait au domicile des malades pour leur couper les cheveux gratuitement. Bien avant que ne s'organise le Centre d'action bénévole, il rendait visite aux malades de l'hôpital.

Lorsque je travaillais à la maison, la plupart du temps, j'écoutais Radio-Canada. Nous pouvions bénéficier de reportages intéressants venant des quatre coins du monde, sur différents sujets. Un jour, Mattie Rottenberg, une journaliste de Toronto, attira mon attention. Elle parlait d'un petit village où l'on avait inauguré le bibliobus. Cette bibliothèque aménagée dans un autobus scolaire s'arrêtait à différents endroits et les enfants pouvaient emprunter des livres. J'ai immédiatement écrit à Mme Rottenberg pour lui faire part de mes difficultés à trouver des livres pour les enfants. Elle retourna ma lettre à un journaliste de Montréal qui entra en contact avec la bibliothèque Montreal Children's Library. Le personnel s'engagea à me faire parvenir une soixantaine de livres en français, tous les trois mois. Je les distribuais aux enfants de l'entourage et j'avais la responsabilité de les retourner pour en recevoir d'autres. Ainsi, pendant les quelques années suivantes, j'étais la bibliothécaire des enfants de notre localité. Je tenais un registre des usagers, des titres et des dates d'emprunt et de retour. Ce n'était pas facile de convaincre les jeunes de me remettre à temps et en bonne condition tous les livres empruntés. Je devais prendre un taxi pour aller chercher les livres au bateau et les retourner à temps. J'en assumais moi-même les coûts.

Après quelque temps, j'ai dû, à regret, discontinuer ce service. Je n'avais plus les moyens financiers de faire ce genre de travail en plus du temps et de l'énergie qu'il exigeait. Ma santé était encore fragile et ma priorité allait à ma famille.

Entre-temps, Mme Rotenberg montra ma première lettre à Betty Tomlison, responsable des programmes pour les femmes à C.B.C. Radio-Canada. Mme Tomlison me contacta et m'invita à produire des feuilletons autobiographiques pour un programme à la radio. Sur une période d'environ deux ans, on lisait mes textes sur les ondes contre une petite rémunération. Lors de mon voyage chez ma mère à Toronto, j'ai téléphoné à Mme Tomlison. Elle me fit visiter les studios de Radio-Canada et j'y ai donné une entrevue. Lorsque j'ai écouté l'enregistrement, pour la première fois j'ai réalisé que je parlais l'anglais avec un accent français. Très peu de temps après mon retour à la maison, Mme Tomlison me fit cadeau d'une radio électrique de la marque Motorola.

Un jour, un conseiller aux Affaires des anciens combattants de la Légion canadienne demanda qu'on rassemble quelques vétérans des îles ainsi que leurs épouses pour discuter de la possibilité d'avoir une Légion canadienne aux Îles-de-la-Madeleine. En 1961, nous avons eu la visite d'un conseiller des Affaires des Anciens combattants de Charlottetown, accompagné d'un officier de la Légion royale canadienne. Cette première réunion eut lieu à notre domicile avec quelques vétérans et leurs épouses. On m'avait demandé de traduire en anglais le procès-verbal de la réunion parce que les officiers de l'Île-du-Prince-Édouard ne parlaient pas français. Après avoir reçu toutes les informations et posé plusieurs questions, les participants votèrent à l'unanimité pour qu'aux Îles-de-la-Madeleine soit fondée une succursale de la Légion royale canadienne, selon les règlements adoptés à l'Île-du-Prince-Édouard. Je fus nommée secrétaire de la légion. À force de travail, nous avons mis en marche cette nouvelle succursale et nous avons finalement réussi à avoir notre propre salle et à y organiser différentes activités dont les soirées dansantes du samedi soir et des rencontres sur semaine. C'était l'endroit par excellence pour échanger, partager, et avoir du plaisir.

Nous avons également fait ériger un beau monument pour ceux qui ont donné leur vie pendant les deux guerres mondiales. Chaque année, le 11 novembre était considéré comme une date mémorable pour tous les vétérans. Avec leur collaboration et celle de leurs épouses, une cérémonie religieuse fut célébrée pour commémorer le souvenir de ceux qui sont morts à la guerre. Certains vétérans firent la lecture de témoignages qui ont ému les gens, surtout ceux qui n'avaient aucune idée des souffrances endurées par les soldats.

Aujourd'hui, à chaque succursale de la Légion royale canadienne se joint un groupe connexe appelé les Dames Auxiliaires, composé d'épouses et de filles des vétérans; ces femmes apportent leur aide lors des activités de la légion. Après avoir été secrétaire de la légion et membre des Dames Auxiliaires, je suis devenue membre du Conseil d'administration des Dames Auxiliaires.

En 1994, j'assistais, à Montréal, à une réunion de l'Association des hôpitaux du Québec. Pendant le repas du midi, j'ai causé avec une dame venant de la Côte-Nord qui m'apprit l'existence d'un nouveau programme provincial offert aux gens des endroits éloignés pour leur permettre de visiter l'un des grands centres soit à Montréal ou à Québec. À mon retour aux Îles-de-la-Madeleine, j'ai communiqué avec l'organisateur des services communautaires au CLSC pour vérifier si nous étions admissibles à ce programme. Quelques jours plus tard, nous avons reçu une réponse affirmative. Nous avons immédiatement complété les formulaires et avons choisi la ville de Montréal pour notre séjour. La plupart des familles y avaient de la parenté. Après plusieurs rencontres, nous avons organisé le voyage. On m'a demandé d'être monitrice pour le premier groupe de trente adultes, dont plus de la moitié n'était jamais sortie des îles. Nous avons pris l'avion jusqu'à Montréal. Un autobus spécialement réservé pour notre groupe nous attendait à l'aéroport. Nous séjournions dans un couvent. Les familles des membres du groupe pouvaient venir nous visiter au couvent, mais nous ne pouvions pas laisser le groupe pour aller dans nos familles respectives. Nous devions demeurer ensemble. Tout était propre et confortable dans ce couvent. Nous nous levions tôt chaque matin pour déjeuner avant de commencer les visites. Tout était bien planifié et organisé. Nous avions un guide avec nous en tout temps; c'est lui qui avait les billets pour toutes les sorties du groupe. Je devais voir à ce que tous les voyageurs se hâtent de monter et de descendre des wagons, car la curiosité en distrayait plusieurs.

Parfois, je me surprenais à penser que j'étais comme le berger qui rassemble son troupeau et s'assure que toutes ses brebis sont présentes. Nous avons visité plusieurs sites touristiques, des églises et des endroits pittoresques. Nous avons également assisté à une pièce de théâtre et nous avons visité le Jardin botanique. Cependant, c'est à l'Aquarium de Montréal, au spectacle des dauphins que les membres du groupe ont été le plus impressionnés. Les gens s'amusaient beaucoup. Il y eut quelques petits incidents que nous avons dû régler, mais rien de bien sérieux, plutôt des situations cocasses. Au retour, avant de quitter l'aéroport des îles, tous et chacun sont venus me remercier pour le voyage. Ma plus grande satisfaction a été de voir leurs réactions tout le long du voyage, lorsqu'ils voyaient quelque chose pour la première fois. C'était fascinant de les observer.

Plusieurs années après ce voyage, les gens m'en parlaient encore et me réitéraient le plaisir et l'intérêt qu'ils avaient eus à faire un tel voyage. Ce programme a existé pendant sept ans et il a permis à plusieurs personnes de visiter la province et de développer leur culture.

En février 1997, une reconnaissance que je n'avais jamais imaginée me fut offerte. Une jeune dame m'informa qu'elle et une amie voulaient proposer ma candidature pour un concours dans le cadre de la journée de la femme, le 8 mars. Cette année-là, les candidates devaient avoir fait partie de différents conseils d'administration et s'être impliquées dans des organisations où des décisions importantes étaient prises au nom de la communauté. Ces dames considéraient que je rencontrais les critères d'éligibilité. Elles avaient fait une bonne recherche à mon sujet et elles étaient convaincues que mon travail devait être reconnu.

Dans leur lettre de présentation au comité, elles avaient mentionné que j'étais arrivée ici directement de Londres, en tant que jeune femme mariée à un soldat de la Deuxième Guerre mondiale et sans aucune notion de la langue française. Elles ont également relaté les années où j'avais élevé ma grande famille et souligné mon travail comme bénévole et comme membre de divers comités. Ce qui me démarquait des autres candidates était mon rôle de pionnière dans plusieurs comités où ne siégeaient naguère que des hommes.

Même si je n'ai pas gagné le concours, j'étais bien honorée du fait que mon travail de bénévole ait été reconnu. J'espérais seulement que cette reconnaissance puisse encourager d'autres femmes à faire de même.

Les deux dames qui m'avaient présentée à ce concours, m'ont remis un beau livre souvenir fabriqué à la main, dans lequel elles avaient colligé toutes les recherches faites sur mon implication sociale ainsi que leur discours de présentation. On y retrouvait aussi plusieurs lettres de témoignages venues de différents comités ou organisations dans lesquels je m'étais impliquée. Ces témoignages m'ont beaucoup touchée. Je n'avais aucune idée de l'impression que j'avais laissée.

Je conserve ce livre précieusement. Dans le passé, j'ai reçu d'autres certificats ou mentions pour mon travail dans des différents domaines, mais cette reconnaissance demeure pour moi la plus importante.

Il y a quelques années, une équipe de Radio-Canada, sous la responsabilité de Robert Blondin, réalisateur et animateur à la radio de Radio-Canada nous a demandé, à Conrad et à moi, de participer à une émission où les gens des îles échangeraient avec d'autres Madelinots qui vivaient à l'extérieur des Îles-de-la-Madeleine. Nous avons accepté avec plaisir de nous consacrer à cette belle expérience. C'était tellement intéressant de pouvoir communiquer avec des gens de partout et de réaliser qu'en dépit de cheminements différents, nous sommes des humains qui visons tous le même objectif : donner le meilleur de soi-même afin d'être heureux.

Avec la même équipe de Radio-Canada, Conrad et moi avons été invités à faire partie d'un groupe des îles mis en contact avec des gens de la France, de la Belgique et de la Suisse. Nous échangions à propos de notre cheminement de vie personnelle et de notre vie quotidienne. Au début de l'émission, M. Robert Blondin, l'animateur de l'émission, nous a tous présentés l'un à l'autre. Ce fut une expérience très enrichissante. À la toute fin du programme, un monsieur de la France invita mon mari comme vétéran à loger chez lui si jamais il avait l'occasion de visiter la Normandie. Malheureusement, n'ayant pu entendre son nom, nous n'avons pu donner suite à son invitation. Il nous répétait que la France avait apprécié la participation des soldats du Régiment de la Chaudière et qu'elle se souvenait qu'il avait été le seul régiment canadien-français à participer au débarquement en Normandie pour la libération du pays. Nous avons été touchés par ce témoignage. Les Français nous font toujours des éloges lorsque nous les rencontrons; ils nous sont bien reconnaissants.

Dans le cadre des émissions de Retraite Action, nous avons eu la chance, à deux reprises (1985 et 1988), de recevoir Nicole Germain pour réaliser une émission de télévision avec les gens de l'âge d'or. Mme Germain était une personne très agréable avec qui nous nous sentions facilement à l'aise. Elle manifestait beaucoup d'empathie à notre égard. Ce fut donc une expérience réussie puisque deux ans plus tard, l'équipe est revenue faire une autre émission. Que de félicitations nous avons reçues ! Un couple de Valleyfield, Mme Lucette et M. Richard Gibeault ont même demandé à nous rencontrer personnellement. Ils sont donc venus aux îles et nous avons beaucoup échangé avec eux. Nous sommes devenus de très bons amis.

Grâce à la générosité et à la détermination des gens qui travaillaient dans les différentes organisations et les médias, les Îles-de-la-Madeleine sont maintenant mieux connues au Québec et partout dans le monde. Au début, il n'y avait que quelques hôtels et motels pour les héberger. Mais ce ne fut pas très long que les insulaires ont développé leur savoir-faire en matière touristique. Les gîtes du passant, les *Bed and Breakfast*, les chambres d'hôtels et les maisons se sont multipliés et ont fait leur place dans le guide touristique publié chaque année par le Bureau touristique des Îles. Les Madelinots ont toujours été reconnus pour leur chaleur humaine et leur convivialité. Ils mettent tout en œuvre pour que les touristes vivent un séjour des plus agréables.

Conrad et moi, pendant plusieurs années, avons reçu plusieurs visiteurs. Nous aimions rencontrer des gens de l'extérieur et leur faire visiter les îles. Ils bénéficiaient de notre expérience de vie et de notre connaissance des coutumes des îles. Au cours des années, des amitiés profondes se sont développées, grâce à ces visites et aux entrevues réalisées pour la radio et la télévision.

Même si je n'accueille plus les touristes pour le *Bed & Breakfast*, je suis quand même toujours prête à faire tout ce que je peux lorsqu'on me le demande. Il m'est souvent arrivé d'accueillir des passants et de les inviter à notre table. C'est tellement épanouissant d'apprendre sur les habitudes de vie des gens de différents endroits et de pouvoir échanger sur les sujets de l'heure. Nous constatons qu'il existe partout des gens formidables et très intéressants à connaître.

Une autre expérience marquante fut celle de nos visites dans les maisons d'enseignement. Mon mari et d'autres membres de la Légion canadienne ont souvent été demandés pour rencontrer les jeunes étudiants du niveau secondaire le jour du Souvenir du 11 novembre, afin de leur parler de leur implication dans la communauté et de leurs expériences dans le service militaire lors de la Deuxième Guerre mondiale. Les étudiants posaient beaucoup de questions et semblaient toujours très intéressés à ce genre de conférences interactives.

Par ailleurs, les étudiants du secondaire et du cégep ne se montraient pas moins intéressés. Lors de ces rencontres, nous avons remarqué que les étudiants de ces niveaux étaient plus curieux de savoir comment nous nous étions rencontrés et quelle vie j'avais menée en Angleterre pendant la guerre. Ils m'ont aussi demandé de leur parler de mon arrivée aux îles en 1946 et comment j'ai pu m'adapter à ma nouvelle vie. J'en ai profité pour leur raconter quelques anecdotes. On m'a demandé combien de temps il m'avait fallu pour apprendre le français. Je leur ai répondu que je n'avais pas fini de l'apprendre. Ils étaient curieux et posaient beaucoup de questions, mais toujours avec un très grand respect. Le temps passait très vite en leur compagnie et nous avons apprécié ce contact avec les jeunes.

À l'une de nos multiples visites chez Peter, son épouse Suzanne, institutrice à Mascouche, nous avait invités à venir échanger avec ses élèves du secondaire. En Histoire, ils étaient à la période de la guerre 1939-1945. Ils étaient bien intéressés à connaître notre point de vue sur cette période et comment nous l'avions vécue. Nous ne savions pas trop à quoi nous attendre. Mon mari allait dans une classe et moi dans une autre. Les étudiants étaient bien préparés par leur professeur. Nous répondions à leurs questions au meilleur de nos connaissances. Les étudiants de mon groupe étaient intéressés de m'entendre parler des îles de la Madeleine et comment j'étais arrivée là. Mon histoire les fascinait. Ceux qui étaient avec mon mari voulaient l'entendre parler de ses expériences militaires et des pays où il avait vécu. Notre approche fut spontanée et naturelle.

Après la rencontre, les élèves se sont rassemblés autour de nous et ils ne semblaient pas vouloir nous laisser partir. Ils étaient gentils et plaisants. À mon tour, je leur ai posé quelques questions pour savoir ce qu'ils voulaient faire de leur vie et c'est seulement après notre arrivée à la maison que notre bru nous a raconté les difficultés d'apprentissage scolaire auxquelles certains élèves devaient faire face, en plus d'avoir à résoudre des problèmes de consommation de drogues, de tentatives de suicide et d'abus de toutes sortes. Un jeune homme déjà très amoché m'a embrassée et m'a dit de prendre soin de moi. J'ai appris que sa mère s'était suicidée quelques semaines auparavant. Parmi les étudiantes, plusieurs jeunes femmes étaient monoparentales et recevaient de l'aide du Bien-être Social ou de l'Assurance-Chômage. Elles prenaient ce cours dans l'espoir de se trouver un emploi qui leur permettrait d'améliorer leurs conditions de vie. J'avais beaucoup d'admiration pour ces jeunes gens, pour le courage qu'ils démontraient. Leurs enseignants étaient aussi très remarquables par la façon dont ils s'acquittaient de leurs tâches auprès de ces jeunes en difficulté.

CHAPITRE 13

Un voyage mémorable

Le retour de Conrad sur les lieux de la guerre, cinquante ans plus tard.

Fallait-il retourner en Normandie pour le 50e anniversaire de l'invasion de la France ? La question se posait pour Conrad. Certains groupes parmi les anciens combattants se préparaient déjà à ce voyage. Mais Conrad hésitait. Il appréhendait la souffrance que réveille en lui de tels souvenirs. Toute la famille essayait de le convaincre de s'offrir ce pèlerinage. Quand il vit que son épouse et quatre de ses enfants, Peter et sa femme Suzanne, Yvonne, Stéphanie et Steven étaient prêts à l'accompagner, il accepta de faire le voyage. Il serait en Normandie pour le 6 juin 1994.

Heureuse de la décision de mon mari, je me chargeai de tracer notre itinéraire. Pour ce faire, j'ai consulté un livre d'histoire sur le Régiment de la Chaudière qui nous indiquait le chemin parcouru par le même régiment pendant la guerre. Ensuite, une organisation en Normandie se chargeait de trouver l'hébergement pour les vétérans et leur famille. Notre agente de voyages s'occupa des réservations. Nous voulions aller en France pour les fêtes du 50e anniversaire mais aussi en Angleterre pour visiter, avec nos enfants, les endroits où Conrad et moi avions vécu pendant la guerre.

Le jour du départ nous réservait plus d'une surprise. Nous avions payé des billets de classe économique à la compagnie British Airways. Mais voilà qu'à notre arrivée sur l'avion, l'agente de bord nous pria de la suivre et nous fit prendre place dans la section de première classe. À cet égard s'ajouta celui du pilote qui, souhaitant la bienvenue à tous, ajouta un mot de bienvenue tout particulier en hommage à la famille Landry. Il précisa que M. Conrad Landry était un vétéran de la Deuxième Guerre mondiale et qu'il retournait pour la première fois en France afin de participer aux fêtes du 50e anniversaire de la libération de la France. Il ajouta qu'il était accompagné de son épouse et de cinq autres membres de sa famille, dont l'un de ses fils Peter et sa femme Suzanne qui fêtaient leur 20e anniversaire de mariage. Les passagers applaudirent chaleureusement et le champagne nous fut offert, suivi d'un copieux dîner. Nous apprenions plus tard que notre agente de voyages avait été l'instigatrice de ces privilèges.

Après une escale à Londres, nous avons volé vers Paris. De là, nous nous sommes rendus en Normandie à bord d'une fourgonnette. Peter et Steven furent nos chauffeurs attitrés.

À Bernières-sur-mer, M. et Mme Legouix, un couple de nationalité française, nous ont accueillis comme si nous avions été des membres de leur famille. M. Legouix était pro-maire de la Commune. Son épouse et lui possédaient une porcherie. Les deux vétérans prirent vite plaisir à partager leurs souvenirs de guerre.

Conrad avait reçu plusieurs invitations écrites pour assister aux diverses cérémonies tenues dans les petites communautés, mais il y en avait tellement qu'il dut faire des choix. L'émotion était à son comble, non seulement chez Conrad et sa famille, mais chez tous les participants. La reconnaissance des Français envers les soldats canadiens était tangible. Les organisateurs avaient demandé aux vétérans de porter leurs médailles de guerre et la plupart avaient revêtu l'uniforme de la Légion royale canadienne. Partout où nous allions, même dans les plus petits hameaux, nous y trouvions un monument érigé en l'honneur des membres de différents régiments, morts pour libérer les gens de quatre longues années d'occupation par les Nazis. Les noms de tous les régiments qui avaient contribué à libérer la France étaient inscrits sur les monuments.

Nous avons été invités à des célébrations publiques en l'honneur des soldats canadiens morts à la guerre. Je suis certaine que ce furent des moments difficiles à vivre pour Conrad, mais il tenait à y participer. À l'une des fêtes, dans une petite Commune appelée Basly, une belle fillette blonde d'environ trois ans est venue offrir un bouquet de fleurs à mon mari. Ce geste l'a vraiment touché. Ému, il prit la fillette dans ses bras et l'embrassa. Nous avons pu retracer son adresse et lui avons envoyé un petit cadeau et une photographie de cette scène mémorable.

Le moment et l'endroit étaient favorables aux rencontres marquantes. M. Guy Chrétien, l'un des principaux organisateurs de ces célébrations et responsable de l'hébergement de plusieurs vétérans et de leur famille, était de ceux-là. J'étais curieuse de connaître la raison pour laquelle il s'était intéressé aux vétérans, spécialement ceux du Régiment de la Chaudière. M. Chrétien nous a raconté ce qui suit : « Quelques jours seulement après que le régiment fut débarqué sur le sol français, ma mère avait approché un soldat et, constatant qu'il parlait français, elle lui raconta que Guy, son petit garçon, était grièvement malade et que sans aide médicale, il ne pourrait guérir, confinés que nous étions à vivre dans une caverne en raison des bombardements qui avaient détruit notre demeure. Le jeune soldat nous présenta au médecin du régiment qui, bien que très occupé, prit le temps de m'examiner. Il expliqua à ma mère qu'il avait les médicaments nécessaires pour me traiter mais qu'il devait m'emmener avec lui au campement. Elle lui en donna la permission et j'y demeurai pendant deux mois. Ma mère et moi n'avons jamais oublié ceux qui m'ont sauvé la vie. » M. Chrétien a d'ailleurs publié un livre couvrant la Deuxième Guerre mondiale et relatant la participation du Régiment de la Chaudière ainsi que des autres régiments.

Partout où nous sommes allés, la reconnaissance des Français était tangible. Après cinquante ans, ils appelaient encore les vétérans « nos libérateurs », et dans toutes les salles de banquets, étaient suspendues des banderoles leur souhaitant la bienvenue.

Les écoliers aussi avaient contribué à la préparation de cette fête. Ainsi, les enfants de Fontaine-Henry avaient préparé un livre bilingue relatant les événements de juin 1944 et ils y incluaient un poème ainsi que plusieurs photographies illustrant cette période de la guerre. Nous avons eu le plaisir de rencontrer leur professeur Christian Alvado, qui en a dédicacé une copie à Conrad. À Carpiquet aussi les enfants étaient présents. Ils accompagnèrent les vétérans dans un champ où l'un des pires combats eut lieu et ils remirent à chaque vétéran un petit sac contenant de la terre du sol de Carpiquet. De plus, pendant le banquet, chaque vétéran reçut une bouteille de cidre portant l'étiquette *50e anniversaire du débarquement du 6 juin 1944*, ainsi qu'une petite décoration faite d'un éclat d'obus, monté sur une pièce de bois sur laquelle nous pouvions lire : *Carpiquet - Juin 1944, c'était l'enfer*. Après le banquet, on remit à Conrad le drapeau canadien qui était suspendu au mur. Nous l'avons accroché à une des fenêtres de la voiture et il y demeura pendant tout le voyage.

Le jour du 6 juin, nous sommes allés au cimetière canadien de Beny-sur-Mer, en Normandie, où était célébrée une cérémonie spéciale en présence de plusieurs dignitaires, notamment celle du président de la France, François Mitterand, du gouverneur général du Canada, Ramon Hynatyshyn, et du premier ministre du Canada, Jean Chrétien. Sur une stèle nous pouvions lire :

Quand tu retourneras chez vous
Parle de nous
Dis-leur, que c'est pour votre demain
Que nous avons donné notre aujourd'hui.

When you go home,
Tell them of us
And say
For your tomorrow
We gave our today

Après la cérémonie, les gens marchaient entre les pierres tombales et cherchaient les noms des soldats décédés et le nom de leur régiment. Nous étions stupéfaits de voir le jeune âge de ces hommes. La plupart étaient âgés entre dix-huit et vingt-cinq ans. Plusieurs de ces jeunes soldats faisaient partie du Régiment de la Chaudière et avaient été des camarades de mon mari. Nous avons finalement trouvé la pierre tombale du cousin de Conrad, Edwin Landry, tué au front le 6 juin 1944, très peu de temps après que les deux eurent échangé quelques paroles. Conrad nous raconta que c'était lui qui avait informé son autre cousin du malheur qui venait de se produire. Que d'émotions ! Pendant que nous étions à nous recueillir, une dame s'approcha de nous et nous demanda si le défunt était de la famille. Elle nous confia qu'elle avait toujours pris soin de placer des fleurs sur cette tombe. Nous l'en avons remerciée chaleureusement. Elle répondit que c'était la moindre des choses pour des gars à qui les Français devaient leur liberté retrouvée. Ce fut un réconfort pour nous de constater aussi que le cimetière dédié aux soldats canadiens était très bien entretenu par les villageois.

Notre passage en Normandie fut marqué de plus d'une anecdote intéressante. Ainsi, une villageoise, Mme Le Couturier, nous a raconté qu'une fois le régiment entré dans le village, un des soldats lui avait remis l'adresse de sa mère en lui demandant de lui écrire pour lui dire qu'il était toujours vivant. Ce qu'elle fit. Mais, ce soldat aurait trouvé la mort quelques jours plus tard puisqu'il n'est jamais retourné au Canada.

Comme tous les autres dignitaires présents, le premier ministre du Canada s'est entretenu avec les vétérans. Il est venu vers Conrad, lui a serré la main et lui a adressé quelques paroles. Le ministre de la Défense du Canada, M. Collenette en fit autant. Ensuite, il a retiré l'épinglette « Juno », accrochée sur le revers de son veston et l'a placée sur celui de mon mari en lui disant : « Tu la mérites beaucoup plus que moi. » Cette épinglette était remise en souvenir du jour J et elle était très significative pour les Canadiens.

À l'occasion des cérémonies et des banquets, les soldats ont été interviewés par les médias français, américains et canadiens. Conrad le fut par Bernard Derome et Raymond Lebrun, pour la télévision de Radio-Canada.

À la fin de la journée, lorsque nous sommes retournés chez M. et Mme Legouix, des invités, des amis ainsi que le sergent et le capitaine de régiment de Conrad nous attendaient pour partager un copieux repas. Nous avons bien apprécié ce geste si chaleureux. La soirée s'est poursuivie en musique. Steven, notre fils, a sorti sa guitare et nous avons chanté des airs très connus de tous ainsi que des chants typiques des Îles-de-la-Madeleine. Au cœur de la fête, quelle ne fut notre surprise de recevoir un appel téléphonique de Shirley-Ann qui nous parlait en direct dans une émission de Radio-Canada. Heureuse de savoir que notre voyage se déroulait fort bien, elle ne cacha toutefois pas son inquiétude quant aux émotions que son père risquait de vivre en revoyant ces lieux. Ses craintes n'étaient pas illusoires puisqu'un vétéran qui avait assisté à plusieurs cérémonies a dû être rapatrié au Québec, atteint d'une crise cardiaque; il décéda peu de temps après.

Le lendemain, nous sommes allés visiter le musée de la guerre à Arromanche. Il y avait foule. On y visionna un film sur l'arrivée des troupes alliées sur la plage de Normandie, le 6 juin 1944. C'était très impressionnant. Différentes pièces d'équipement utilisées à la guerre et beaucoup de photographies étaient exposées. Cette visite n'aurait pas été aussi intéressante sans la présence de Conrad qui nous expliquait tout dans les moindres détails. Que de souvenirs émouvants pour lui et pour nombre de vétérans qui se permettaient enfin d'avoir le cœur plus tendre. Plusieurs étaient inconsolables.

Nous sommes demeurés chez les Legouix pendant cinq jours. Reconnaissants de ce que les Canadiens avaient fait pour eux lors de cette guerre, ils refusèrent tout dédommagement. Ainsi furent traités les vétérans partout où ils allèrent.

Ce passage en Normandie inspira une chanson aux enfants. Steven en a composé la musique et vous en trouverez les paroles en annexe, à la fin du livre.

***

C'est vers Paris que nous avons poursuivi notre voyage pendant deux autres jours. Nous nous sommes arrêtés à différents endroits, soit pour visiter, soit pour manger ou encore pour nous regrouper autour de Steven et chanter ensemble. Les gens s'arrêtaient pour nous écouter; ils semblaient apprécier notre joie de vivre.

Un des moments fascinants fut celui de notre promenade sur la Seine en bateau-mouche. Après avoir visité différents centres d'attractions touristiques, nous sommes allés voir un spectacle au Lido, à Paris. Nous avions une table réservée près de la scène; on nous a servi le champagne. En attendant le début du spectacle, on nous faisait entendre de belles valses de Johann Strauss. Nous en avons profité pour danser. Le spectacle était très intéressant et nous l'avons vraiment apprécié.

Conduire à Paris, c'est une aventure que n'oublieront pas Peter et Steven.

En direction vers la Belgique, nous nous sommes arrêtés à différents endroits mais principalement à Louvain où Conrad avait été hospitalisé pendant vingt-deux jours. Le département de pathologie avait été transféré dans un autre édifice. Nous étions tous impressionnés de la mémoire que Conrad avait gardé des événements vécus dans cet hôpital.

Louvain est une ville universitaire, remarquable par ses édifices antiques et une architecture très originale. Conrad nous raconta qu'un jour, en 1944, à la sortie de l'église, une dame, ayant remarqué l'écusson qu'il portait sur son épaule, l'avait invité pour le dîner. « À voir sa maison richement meublée et décorée, elle est sûrement fortunée », pensa Conrad. Ce n'est que plus tard dans la soirée qu'il apprit qu'il avait été invité chez le maire de Louvain. Nous avons cherché et finalement retrouvé cette résidence. Elle était devenue une boutique d'ameublements et de bibelots importés. Du gérant à qui Conrad raconta sa visite chez M. le maire en 1944, il apprit que le couple était décédé mais que leur fils demeurait à Bruxelles. Ce dernier était toujours le propriétaire de l'édifice. En quelques minutes, il fut rejoint par téléphone et Conrad pu causer avec lui. Il disait se souvenir de la visite de Conrad dans sa famille. Il nous invita sur-le-champ au mariage d'un membre de sa famille célébré à Bruxelles, le jour même. Mais, nous devions continuer notre route. Conrad ne quitta pas la boutique sans m'acheter un souvenir : une belle petite boîte fabriquée, hélas, au Pakistan.

De Louvain, nous sommes allés à Bruges, la ville des dentelles. Vingt ans auparavant, Peter, notre fils, et son épouse Suzanne y avaient passé leur lune de miel. Ils étaient très enthousiastes à l'idée de revoir cette superbe ville. Nous avons pris plaisir à observer des dentellières si habiles qu'on pouvait à peine voir les bobines bouger.

Sur les conseils de Suzanne nous nous sommes attablés à une terrasse pour déguster des gaufres. Le propriétaire, prénommé Raymond, est venu nous saluer, a causé un peu avec nous. Avant notre départ, il m'a remis un très beau verre en souvenir.

Après le lunch, nous sommes retournés à l'hôtel et nous nous sommes préparés à partir pour Calais. La traversée de la France à l'Angleterre, en aéroglisseur, dura trente-cinq minutes. Elle fut très confortable malgré le bruit. Nous avons rendu visite à la cousine Florrie, qui ne vivait pas très loin de Dover. Après avoir entendu parler de toutes nos péripéties dans les lettres que je lui écrivais, elle était contente de rencontrer mon mari qu'elle n'avait vu qu'en photographie. J'étais heureuse de la revoir. Je n'avais plus qu'elle de parente en Angleterre. Elle était âgée de quatre-vingt-quatorze ans. Cela m'attristait quelque peu de ne pouvoir vivre plus près d'elle afin de l'aider lorsqu'elle en aurait besoin. Mais je savais qu'on prenait bien soin d'elle, là où elle demeurait. Je lui promis de continuer à lui écrire régulièrement. Avant de partir, mes enfants ont eu la bonne idée de lui acheter un arbuste qu'ils ont planté dans son parterre en souvenir de notre passage.

Conrad aurait aimé visiter certains endroits le long des côtes du sud de l'Angleterre, dont la forteresse de Pevensey Bay, construite en 1066, mais elle était fermée au public pour des rénovations. Le temps de nous présenter, on nous laissa entrer et on nous fournit même un guide privé pour faire la visite. C'était très intéressant. À la sortie, notre guide me demanda d'écrire quelques mots dans le livre des visiteurs au sujet du Régiment de la Chaudière et de sa présence dans cette région pendant la guerre. Sur le site, il y avait un petit restaurant où nous avons pu prendre un goûter. Il était situé dans un petit jardin et les oiseaux venaient à notre table pour manger la mie du pain. Là aussi, Conrad évoqua les souvenirs que ces lieux lui inspiraient.

À Londres, nous avons logé au Hyde Park, à l'hôtel *Cumberland*, le même qu'en 1990. Nous sommes retournés aux endroits connus : au pub où nous étions allés la fois précédente ainsi qu'à l'église où nous nous sommes mariés et où Maria fut baptisée. Le prêtre qui était là nous a montré les registres et a proposé de bénir nos alliances à nouveau. Nous avons accepté, loin de soupçonner qu'il irait se revêtir et qu'il célèbrerait le renouvellement de nos promesses de mariage. Cette fois, nos enfants étaient témoins. C'était très émouvant. Décidément, pendant ce voyage nous avons vécu toutes sortes d'émotions; parfois nous avons pleuré, à d'autres moments, nous avons eu bien du plaisir.

De là, nous sommes allés visiter le jardin de *Duncan Terrace*, situé juste à l'extérieur de l'église. C'était petit mais très beau. Ce jardin m'était d'autant plus cher que j'avais conservé une photographie de ma sœur et moi, prise à cet endroit pendant la guerre.

Par métro, nous nous sommes rendus jusqu'à la station Angel Street, la station où Conrad descendait lorsqu'il venait me voir. L'environnement avait tellement changé depuis la fin de la guerre qu'il était pratiquement méconnaissable. Nous ne pouvions repartir pour le Canada sans retourner au théâtre voir la pièce très populaire *Cats*.

Que de péripéties nous attendaient lors de notre retour ! Conrad avait mis une bouteille de Calvados, reçue en cadeau, dans mon sac à main. Quelques heures avant notre arrivée à l'aéroport, cette fameuse bouteille se brisa et imprégna ma bourse d'une odeur très marquée. Pendant que je remplissais les formulaires d'usage au comptoir de la douane, en me retournant, je butai sur une de nos valises. M'ayant vu trébucher et compte tenu de la forte odeur que je dégageais, le douanier me conseilla de ne pas trop boire ! Moi qui n'avais jamais bu ! Quelle rigolade pour ceux qui m'accompagnaient !

Pour mon mari et moi, il ne fait aucun doute que c'était notre dernier voyage en Europe. Un voyage fort intéressant et inoubliable. Bref, nous avons passé les trois semaines les plus mémorables de notre vie. Ce fut comme un pèlerinage familial.

CHAPITRE 14

La famille en fête

Place au chant, à la danse et aux échanges amicaux ! Des décennies de vie commune, ça se fête !

Le 11 mai 1985, nos enfants célébraient notre 40e anniversaire de mariage. Ils étaient tous présents ainsi que leur conjoint et conjointe et quelques-uns de nos amis. Ce jour-là, notre fille Élizabeth unissait sa destinée à celle de Jean-Pierre Gaudet.

Après la cérémonie religieuse, nous étions conviés au banquet des jubilaires. Quelle ne fut pas ma surprise, en entrant dans la salle, d'apercevoir ma sœur Minnie, son mari et Helen Hedge, une amie de Toronto. Après avoir partagé un très bon repas, nos enfants nous invitèrent à prendre place dans une grande berceuse à deux places. Les trois garçons prirent le micro pour nous lire une adresse composée par Maria. Steven lut le premier.

Chers parents et chers amis,

Aujourd'hui, nous fêtons un couple assez spécial : Joan et Conrad. Leur vie est très intéressante et enrichissante, mais comme le temps nous manque, je m'attarderai seulement à quelques événements et anecdotes.

Un peu par goût de l'aventure et aussi par satisfaction personnelle, Conrad quitte le Canada avec le Régiment de la Chaudière pour arriver en Angleterre le 30 juillet 1941. Au printemps 42, au parc St.James, en face de

201

Buckingham Palace, les amis de Conrad s'avancent pour parler à Joan et ses sœurs. Conrad n'a pas voulu sous prétexte qu'il ne sortait pas avec des enfants d'école. La sœur de Joan leur avait laissé son adresse, mais ce n'est que vers l'automne 42 que Conrad et ses amis retourneront chez les Smedley.

Joan trouvait Conrad très beau et gentil. Il était propre, poli, distingué et réservé. Il possédait toutes les qualités d'un soldat digne de mention.

Conrad trouvait Joan très intéressante et gentille, mais il la considérait plutôt comme une sœur. Quoique avec le temps, elle commençait à lui plaire et il s'est vite aperçu qu'elle était pour lui plus qu'une sœur...

C'est alors que Joan et Conrad décident de se marier le 19 mai 1945 à Londres. Joan est âgée de dix-sept ans et Conrad, de vingt-huit ans.

Tout en s'habillant, le matin de son mariage, Joan se demande ce qu'elle fait, mais elle se dit : « Je me marie pour le meilleur ou pour le pire. » (J'ai l'impression qu'elle a connu les deux.)

Il faut que je vous raconte une petite anecdote. Le matin de son mariage, en se mettant à genoux, Joan accroche son talon de soulier sur la patte de la chaise, et la chaise dégringole en bas des marches de l'autel. Le beau Conrad se lève et va ramasser la chaise. (Ça commençait bien.)

Après le mariage, Conrad dût partir pour l'Allemagne jusqu'au début d'août. Il fait alors les démarches pour revenir au Canada. Joan étant enceinte de Maria, elle devra attendre six mois après la naissance du bébé avant de pouvoir rejoindre son cher Conrad.

Le 22 février 1946, Maria vient au monde. Joan et Maria traverseront alors l'Atlantique le 18 juillet, sur le Queen Mary pour arriver aux Îles-de-la-Madeleine le 28 juillet. Maria était tellement belle que les gens s'arrêtaient pour la regarder. Et sur le Queen Mary, elle gagna le 1er prix de beauté !

En plus de Maria, la famille s'enrichit de huit beaux enfants: Peter, Raymond, Shirley-Ann, Yvonne, Stéphanie, Steven (moi), Dorothy et Élizabeth. »

Puis, Peter enchaîna :

Il est bien entendu qu'avec la discipline que Conrad avait eue dans l'armée et Joan de par son éducation, faisait que la vie familiale était bien structurée. Pour papa et maman, il était primordial de fournir aux enfants un toit confortable, une nourriture saine et un régime de vie équilibré. Pour ce faire, chacun devait collaborer à effectuer les tâches qui lui étaient assignées. Le travail se devait d'être impeccable, sinon on recommençait. Comme disait maman : «Tant qu'à le faire, tu le fais bien.» Elle ne disait pas : « Si tu ne veux pas bien le faire, fais le pas. » (Elle aurait eu trop peur qu'on choisisse de ne pas le faire.)

Papa et maman avaient comme objectif de nous inculquer certains principes importants pour eux, comme le respect des autres, le respect de l'autorité, l'honnêteté, la débrouillardise et le sens de l'économie. Pour nos parents, le gaspillage était inacceptable. Un jour, Élizabeth avait laissé un morceau de viande dans son assiette. Papa le retrouve dans la poubelle. Il dit : « Qui a jeté vingt-cinq cents dans la poubelle ? » Élizabeth en souriant : « Où ça, papa, où ça ? dis-le moi, je vais aller le chercher tout de suite. »

À table, il était fortement suggéré d'observer le silence. (C'est peut-être pour cette raison que les Landry ont la réputation de prendre trop de place dans les conversations.) Alors, au repas, c'était le moment privilégié pour le cours de morale, bienséance et civisme (bien que papa nous disait qu'il n'avait que son « coinférieur », autrement dit, son cours inférieur)

Il nous parlait en ces termes : « La vie, ce n'est pas toujours facile. Moi je compare ça à un capitaine sur son bateau. Il y a des vagues (des hauts et des bas), mais un capitaine optimiste se dit qu'après l'orage, ce sera le beau temps. Il faut toujours beaucoup de courage pour faire face aux épreuves de la vie. J'aimerais, disait-il, que la vie soit plus facile pour vous autres. Vous savez, moi, j'ai été à la dure école, à l'école de la vie. Vous autres, allez à l'école le plus longtemps possible pour avoir plus de facilité à trouver un travail qui vous convient et pour pouvoir vivre plus à l'aise. Mais, n'oubliez jamais qu'il vous faudra beaucoup de savoir-vivre. Si vous n'avez pas de savoir-vivre, vous ne ferez jamais rien de bon dans la vie. Quand vous serez sur le marché du travail, acceptez de commencer au bas de l'échelle, respectez l'autorité et soyez diplomate. Avec la diplomatie, vous pourrez dire votre façon de penser et ce sera beaucoup mieux accepté. »

Papa et maman, vous avez bien essayé, chacun selon votre personnalité, de nous donner tous les moyens pour mieux faire face aux difficultés de la vie.

En guise de conclusion, Raymond ajouta :

Chers parents, en ce 40e anniversaire de mariage, c'est l'occasion idéale pour vous réitérer notre appréciation et notre reconnaissance.

204

Merci pour le don de soi, le souci du travail, le respect, l'entraide, le savoir-vivre et la culture. Merci pour votre exemple de travail acharné, de confiance et de respect mutuel, d'amour et de bonté. Vous avez tous les deux donné le maximum de vous-mêmes pour faire de vos enfants des hommes et des femmes qui ont la force de caractère de faire face à toutes les situations même les plus difficiles que la vie nous présente.

Vos dix-huit petits-enfants ont la chance d'avoir des grands-parents qui n'ont pas fini de les émerveiller. On vous remercie en leur nom pour tout ce que vous faites pour eux. Maintenant que nous volons de nos propres ailes, vous aussi vous pouvez partir en paix sur le magnifique bateau de la vie. Volez vous aussi de vos propres ailes comme de jeunes amoureux qui goûtent au bonheur parfait.

Nous prions le Seigneur qu'Il vous bénisse et vous comble de ses dons afin que vous puissiez goûter au bonheur d'une santé resplendissante et que vous continuiez d'être ce beau couple amoureux et engagé que vous êtes.

Merci.

La gratitude de nos enfants, la visite de nos amis et les beaux cadeaux reçus ont fait de cette journée un événement mémorable. En cadeau, un couple d'amis de la Floride nous a envoyé des billets d'avion pour aller les visiter. Nos enfants ajoutaient une bourse pour couvrir nos dépenses de voyage. Alors, le lendemain de la fête, nous avons pris l'avion pour la Floride où nous avons passé un séjour très agréable. Nous nous sentions vraiment choyés, non seulement par nos enfants mais aussi par nos gendres et nos brus que nous considérons comme nos propres enfants.

***

205

Pour notre 45e anniversaire de mariage, nous avons reçu un beau message de gratitude :

45 ans de mariage signifie des expériences vécues ensemble, remplies d'émotions souvent inattendues mais très enrichissantes.

45 ans de vie ensemble signifie des heures à échanger, à discuter, à penser, à planifier, à évaluer, à essayer de se comprendre afin de mieux s'aimer pour donner le meilleur de soi-même.

45 ans de vie de couple signifie beaucoup d'amour l'un pour l'autre et pour tous les enfants.

Lorsqu'on jette un rapide coup d'œil sur ces 45 années passées, on ressent beaucoup de bonheur et de satisfaction d'avoir vécu des moments inoubliables avec nos enfants et notre famille enrichie de brus, de gendres et de nos petits-enfants. On désire, pour tous ces gens que l'on considère comme ses propres enfants, la meilleure réussite possible.

Durant toutes ces années, chers parents, vous avez essayé de nous inculquer des valeurs qui étaient pour vous primordiales comme par exemple : la curiosité intellectuelle, le sens du devoir, le respect des valeurs, l'ouverture d'esprit, le désir de l'excellence, le dynamisme dans le travail et bien d'autres encore. C'est par la transmission de ces valeurs que vous avez voulu nous prouver votre amour et votre compréhension.

À l'occasion de votre 45e anniversaire de mariage, nous profitons de cette occasion pour vous remercier sincèrement pour toutes ces valeurs, pour votre intérêt à notre égard et l'appui que vous continuez de nous manifester dans toutes nos initiatives.

C'est maintenant pour vous le temps de vous arrêter un peu pour regarder l'avenir avec espoir et sérénité, de savourer tous les instants qui s'offrent à vous deux.

Que Dieu vous guide dans vos projets.

Qu'Il vous garde en bonne santé et qu'Il vous comble de son amour.

Tous vos enfants, brus, gendres, petits-enfants vous souhaitent à tous les deux, une longue vie dans l'amour, l'harmonie, la sérénité et la paix.

Du plus profond de notre cœur, votre grande famille qui vous apprécie et vous aime beaucoup.

Élever une famille de neuf enfants exige le don de soi, de l'abnégation, du renoncement et une générosité sans bornes. On ne pouvait donc passer sous silence le 45ᵉ anniversaire de mariage de nos parents.

***

Les enfants nous avaient parlé d'une possibilité de rencontre aux îles pour notre 50ᵉ anniversaire de mariage, mais sans nous donner de détails quant au déroulement de la soirée. Nous ne nous attendions guerre à une cérémonie grandiose. Mais voilà qu'un soir d'août 1995, notre gendre Jules vint nous chercher à la maison dans une Ford 1949, fraîchement peinturée jaune, pour nous conduire à une salle où nous attendait une foule d'amis des îles et de l'extérieur. Sous les applaudissements d'environ cent cinquante personnes, nous sommes entrés, fort émus. Quel bonheur et quelle surprise de voir présents les deux sœurs de Conrad, Annette et Flora accompagnée de son fils Louis-Paul et de son épouse Monique. Plusieurs de nos amis vétérans sont aussi venus de différents endroits du Québec, dont un grièvement malade depuis quelque temps.

La soirée débuta par une célébration religieuse organisée par Stéphanie et présidée par Raymond.

« Bonjour à tous, en ce samedi de joie, au nom de Dieu le Père, le Fils et le Saint-Esprit.

Nous sommes heureux de nous réunir pour célébrer ce 50e anniversaire de mariage de maman et papa. Nous sommes dans la joie, une joie intérieure et profonde. Je vous demande donc pour quelques instants d'oublier vos problèmes et vos difficultés, de les déposer ici à l'avant.

Maintenant, allons à la rencontre du Dieu dans nos cœurs, au fond de chacun de nous. Là, nous sommes près de Dieu, dans la paix.

Nous ayant libéré de notre fardeau et ayant pénétré en chacun de nous à la rencontre de ce Dieu qui nous parle, nous pouvons commencer cette célébration dans la joie. Prenons le temps d'écouter chaque parole, chaque musique. Laissons-nous pénétrer et nous en retirons tous une grande joie.

J'aimerais apporter une petite précision. Nous sommes réunis ce soir autour de la parole de Dieu. Il ne s'agit pas d'une messe, car nous n'avons pas de prêtre pour consacrer le pain et le vin. Cela ne nous empêchera pas de partager ce pain et ce vin au cours de cette célébration de la Parole.

Nous le partagerons en signe de communion que tous les humains doivent avoir entre eux. Papa et maman, vous avez travaillé très fort pour nous et vous êtes des exemples de partage. N'avez-vous pas donné votre vie entière pour vos neuf enfants ? Nous en sommes témoins.

Ces lieux sont donc rendus sacrés par nos pensées et nos cœurs purifiés qui projettent des ondes de bonté, d'amour et de compassion dans cette salle. »

La chorale, formée des neufs enfants, dirigée par Nancy, la fille de Shirley-Ann, et accompagnée au piano par une amie de Nancy, interprétèrent de magnifiques chants tels que *Amazing grace, Comme un soleil, Le vrai soleil.* De sa voix superbe, Nancy chanta *l'Ave Maria.*

Raymond s'adressa ensuite aux jubilés :

« Papa, maman, ces textes que nous venons de lire nous fournissent tout un code de vie pour atteindre le bonheur.

Saint-Paul dans sa lettre aux Corinthiens nous rappelle que rien n'est vraiment important sur cette terre si nous n'arrivons à apprivoiser l'amour. Cet amour qui est patience, bonté. Vous êtes bons comme du bon pain qui se réjouit de la vérité et qui permet de tout supporter.

Vous avez été pour nous des exemples très concrets de l'amour, du don de soi, de l'honnêteté, de la droiture et du dévouement. Nous vous en remercions de tout cœur.

Quant à Mathieu, il nous rappelle que nous sommes le sel de la terre et la lumière du monde.

Chers parents, vos neuf enfants ici réunis avec leur conjoint (si précieux à vos yeux) vous disent merci d'avoir été une lumière tout au cours de leur vie. Nous nous souvenons tous d'une parole, d'un geste qui nous a marqués et guidés en différentes occasions. Vous nous avez donné de bons fruits.

Ce 50e anniversaire de mariage est donc très important pour nous tous. Il nous permet un temps d'arrêt et de réflexion sur les vraies valeurs de la vie. C'est l'occasion pour nous de revenir à la source. Merci de nous avoir ouvert votre cœur.

Vous avez eu un rôle difficile et exigeant à jouer en tant que parents. Mais pour vous, la famille était de lieu sacré où nous avons appris les règles fondamentales de la vie en société. Qui ne se souvient pas des conseils de papa, lorsque nous quittions la maison : « Sois honnête, juste, travaillant et tu réussiras. »

Maman, quant à elle, a su nous entourer d'affection. Elle nous a appris la tolérance, le partage, le travail d'équipe, la confiance et la compréhension. Elle a toujours su écouter avant de parler.

C'est de cette façon que vous, nos parents, par votre amour et votre complicité, nous avez donné les vraies valeurs qui nous guident encore aujourd'hui. Vous êtes pour nous deux pierres précieuses que nous gardons et chérissons. Les préceptes que vous nous avez enseignés sont toujours d'actualité. Souvenez-vous de nos rencontres familiales, autour de la table, qui étaient toujours une belle occasion de nous enseigner le savoir-vivre.

Dans la simplicité, vous nous avez appris l'importance de l'honnêteté, la droiture, le goût du travail, du travail bien fait, et de la persévérance.

Et vous nous avez donné le goût de découvrir le monde en nous montrant l'importance de l'éducation. Vous nous avez appris qu'il fallait toujours aller plus loin, qu'il fallait avancer lentement, mais sûrement. Pour toutes ces merveilles, pour tous ces cadeaux, nous voulons, aujourd'hui, en ce lieu, vous remercier de tout notre cœur.

Vous nous avez enseigné que le bonheur appartenait à ceux qui acceptent de vivre simplement. Nous avons appris que la vie intérieure, là où réside la pureté et la paix, là où le Dieu de nos cœurs a installé son temple permanent était aussi importante que la vie dans le monde. Vous avez tous deux donné plus que le maximum pour faire de nous, des femmes et des hommes qui ont la force de faire face à la vie, de faire face à toutes les situations, même les plus difficiles.

Ce 50e anniversaire de mariage est pour nous l'occasion idéale pour vous réitérer notre appréciation et notre reconnaissance.

Merci pour le don de votre vie, pour votre dévouement, pour votre exemple de travailleurs acharnés, de confiance, de respect mutuel, d'amour et de bonté. Merci pour tout cela et que Dieu vous prête une longue vie de paix, de santé et de bonheur. Qu'Il vous bénisse afin que vous puissiez continuer à goûter au bonheur intérieur qui vous fait profiter pleinement de la vie. »

Après cette émouvante cérémonie religieuse, Maria et Peter nous ont lu une adresse composée par Maria. En voici le texte:

« Bonsoir papa et maman
Bonsoir chers amis,

Ce soir, c'est une fête spéciale. Nous fêtons le 50e anniversaire de mariage de papa et maman. De nos jours, c'est presque un exploit de vivre ensemble si longtemps. Nous sommes fiers de vous.

Ce n'est certainement pas sans difficultés et sans heurts que vous avez choisi de poursuivre votre chemin ensemble, mais l'effort de l'un et de l'autre vous a permis un enrichissement et un épanouissement incommensurable.

Lorsqu'on vous regarde, c'est réconfortant de sentir l'amour qui existe entre vous deux. Vous êtes des exemples pour nous !

Papa et maman, il nous fait plaisir de vous réitérer toute notre reconnaissance et notre gratitude pour les valeurs que vous avez si bien su nous inculquer, notamment : le sens du devoir et du travail bien fait, le respect, la débrouillardise, l'honnêteté, le savoir-vivre et le don de soi.

Au fil des années, nous avons vécu ensemble des moments extraordinaires de tendresse, d'amour, d'affection, de partage, d'humour et parfois quelques divergences d'opinion mais, toujours dans le respect, le pardon et la compréhension qui nous permettent d'affirmer aujourd'hui que nous avons appris à « voler de nos propres ailes. »

Il est bien évident qu'un lien tout à fait spécial unit notre grande famille, enrichie de brus et de gendres exceptionnels, de vingt-deux petits enfants et deux arrière-petites-filles adorables …

D'ailleurs, je peux vous affirmer que, chaque fois qu'un gendre ou une bru s'ajoute, c'est pour papa et maman comme un autre membre de la famille et vous êtes toujours prêts à l'accueillir comme votre propre enfant.

Nous faisons partie des familles chanceuses. Chacun d'entre nous se réalise dans sa vie personnelle et professionnelle et en plus, nous jouissons tous et chacun d'une très bonne santé.

Vous nous dites souvent que vous êtes fiers de vos enfants, c'est réciproque. Nous sommes choyés d'avoir des parents comme vous deux !

Avec le temps, nous avons appris à mieux comprendre les buts que vous visiez, même si dans le temps on ne l'acceptait pas toujours. Aujourd'hui, on réalise tous et toutes jusqu'à quel point on vous apprécie vraiment.

Papa nous répétait souvent : « L'école de la vie ne s'apprend pas sur les bancs d'école. » Et dans le même ordre d'idées, notre frère Raymond, lorsqu'il donne ses conférences, explique que dans les affaires, il n'y a rien d'acquis, c'est la méthode par essais et erreurs.

*Alors, comme vous avez si bien su appliquer cette théorie, dans ce sens-là, vous pouvez dire tous les deux : **mission accomplie**.*

Nous aurions encore beaucoup de belles choses à vous raconter, mais vous aurez l'occasion de lire une pensée, ou un commentaire très personnel de chacun de vos enfants très bientôt.

Nous vous souhaitons donc, papa et maman, encore beaucoup d'années à vivre ensemble parmi nous, et comme je dis souvent à papa : « On s'en reparlera dans vingt ans. »

Que nos meilleurs vœux de santé et de bonheur vous accompagnent.

Continuez d'être ce que vous êtes.

Continuez de nous donner votre point de vue.

Peu importe l'âge que vous aurez, votre opinion sera toujours importante pour nous tous.

Nous sommes et serons toujours vos enfants qui vous apprécient et vous aiment beaucoup. Vous êtes des parents inoubliables et exceptionnels !

De tous vos enfants, vos brus, vos gendres, vos petits-enfants et vos arrière-petits-enfants qui vous aiment beaucoup.

Dans leur grande délicatesse, Peter et Maria m'adressèrent ensuite quelques paroles en anglais :

Maman,

Because you have lived in an English country for 18 years, I thought that you would be pleased to hear a few words in English even if I still have a French accent.

As Daddy used to write you: "Just a few words to let you know"… that we are very happy to have a mother who could teach us how to understand and accept people from every country, no matter where they come from or what color they are. And the most important fact is that we were

213

brought up in two different mentalities; which was not always easy but so fulfilling; it is part of our richness today.

Thank you, Daddy, to have brought us that "pearl".
Thank you, Mom and Dad, for what you are.
Have a good evening. Bonne soirée.

Plusieurs membres de la famille, incluant les petits-enfants, participèrent à la cérémonie, par des chansons ou par des prières. Tous et chacun assumaient une tâche précise. Stéphanie avait préparé un livre souvenir relatant les chants et les prières de la célébration, permettant ainsi aux invités de suivre le déroulement de la cérémonie plus facilement.

Des cadeaux et des fleurs nous furent remis par les petits enfants. Les cadeaux furent présentés dans de grandes boîtes fabriquées par Roger et merveilleusement décorées par son épouse Stéphanie. L'une d'elles contenait un calendrier format légal avec des photographies en couleur de chaque famille ainsi qu'un court texte d'appréciation de chaque enfant. Les dates anniversaires de tous les enfants et des petits-enfants étaient indiquées à chaque mois avec un poème ou une petite adresse. Je n'avais jamais vu un tel calendrier. Sur les dernières pages, il y avait un message de notre petit-fils Steve, au nom de tous les petits-enfants et arrière-petits-enfants ainsi qu'une photographie les représentant tous. C'est Stéphanie qui avait eu cette initiative, en plus de composer la célébration de la Parole. Je considère cet album souvenir comme une œuvre d'art. Je sais qu'il lui a fallu beaucoup de temps et d'énergie pour le bâtir. J'admire tout ce merveilleux travail et je réalise que nous avons des enfants (dans le sens large du mot, c'est-à-dire incluant les brus et les gendres et les petits-enfants et arrière-petits-enfants), exceptionnels et aux multiples talents.

Dans l'autre boîte, Maria avait fait encadrer une photographie de Conrad en compagnie de son sergent Léon Gagné et du capitaine Michel Gauvin; elle y avait ajouté le poème composé par les enfants de Carpiquet, en France. Tout était bien placé dans un cadre de couleur or et un beau parchemin de couleur pêche C'était un souvenir très significatif pour mon mari. Il l'a grandement apprécié.

Une soirée dansante a couronné la soirée. Nous nous sommes promenés d'une table à l'autre pour rencontrer tous les invités. Dans les jours qui suivirent, nous avons visité ceux et celles qui venaient de l'extérieur. J'ai aussi répondu aux cartes et aux télégrammes que nous avions reçus de l'extérieur.

Je n'ai aucun doute que cette fête a exigé de nos enfants de nombreuses heures de travail. Mais ils ont récolté ce qu'ils ont semé. La soirée fut une réussite formidable, à l'image de ce qu'ils représentent tous et toutes pour nous.

Mariage de Joan et Conrad le 19 mai 1945

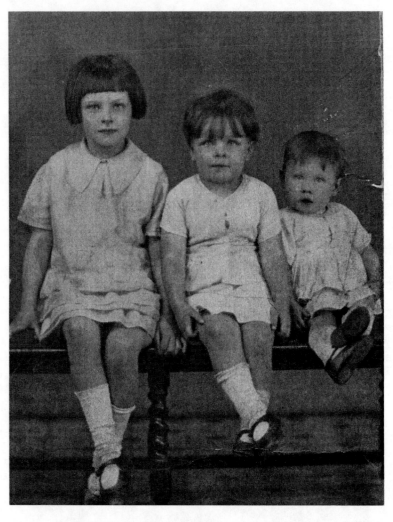

De gauche à droite, les trois sœurs Smedley en 1930 :
Minnie, Jeanne, Joan.

Dominique, père de Conrad (1887-1986)
et Marie Bourque, mère de Conrad (1892-1970)

Conrad dans l'armée en Angleterre en 1943

Conrad Landry,
dans l'armée en 1942,

Joan Smedley
15 ans en 1942.

Conrad en 1950

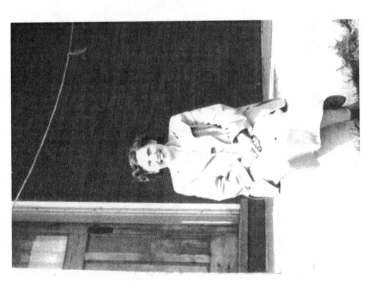

Joan en 1950

Maria en 1950

Maria, Peter, Conrad en 1950

De gauche à droite, à l'arrière : Maria, Peter, Raymond.
Au milieu : Shirley, Steven, Yvonne, Stéphanie.
En avant : Dorothy.

Alice Smedley (mère de Joan), Joan, Stéphanie, Peter, Yvonne.

Alice Smedley (mère de Joan) en 1952,
Cooksville en Ontario

Raymond, Joan, Peter en 1963

Élisabeth en 1963

Steven et Élisabeth en 1964

Peter, Conrad, Joan, Raymond, Steven en 1964

Joan avec Miss J. Nell en 1959 lorsqu'elle
fut invitée par Guiness exports Ltd.

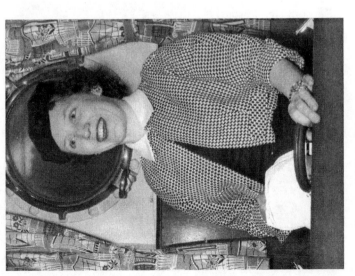

Joan en 1959 lors de son voyage
en Angleterre sur Empress of France.

Joan et Conrad à l'été 2002 (ci-haut)

Joan et Conrad au 40ᵉ anniversaire
de mariage en 1985 (ci-dessous)

En 1990, au 45ᵉ anniversaire de Joan et Conrad, dans la maison familiale, aux Îles-de-la-Madeleine. De gauche à droite, à l'arrière : Maria, Peter, Raymond, Shirley, Yvonne. À l'avant : Élizabeth, Stéphanie, Steven, Dorothy.

De gauche à droite :
À l'arrière, Stéphanie, Peter, Joan, Conrad, Maria, Raymond, Steven.
À l'avant : Dorothy, Élizabeth, Yvonne, Shirley, en 1993.

Le 6 juin 1994, à Basly en Normandie, au 50e anniversaire du débarquement. La petite avait offert un bouquet de fleurs à Conrad en disant : «pour monsieur le vétéran libérateur».

Au 50ᵉ anniversaire du débarquement en Normandie en 1994.
Du Régiment de la Chaudière :
Major Michel Gauvin, soldat Conrad Landry, Sergent Léon Gagné.

Au 50ᵉ anniversaire de mariage de Joan et Conrad en 1995. De gauche
à droite, les anciens combattants : Armand Leblanc, Raymond
Cormier, Conrad Landry, Léon Gagné, Willie J. Landry.

De gauche à droite :
Annette (sœur de Conrad), Joan, Conrad, Flora (sœur de Conrad)
au 50ᵉ anniversaire de mariage de Joan et Conrad en 1995.

Les neufs enfants de Joan et Conrad le 14 avril 2001.
À l'arrière, Élizabeth, Dorothy, Stéphanie, Yvonne, Shirley, Maria.
À l'avant, Steven, Raymond, Peter.

CHAPITRE 15

Les souvenirs de Maria, Peter, Raymond

Neuf enfants, neuf recueils différents de souvenirs accumulés.

Maria

Étant l'aînée des neuf enfants, je me suis toujours sentie un peu responsable de mes frères et sœurs. Je devais donner l'exemple aux plus jeunes. De quatorze à dix-huit ans, j'étais pensionnaire au couvent dirigé par les religieuses de la congrégation Notre-Dame où j'ai terminé l'École Normale pour devenir institutrice. J'ai enseigné l'Anglais, langue seconde et le Français, langue maternelle, aux niveaux secondaires.

Je me souviens qu'à la fin de l'été 1948, alors que je n'avais que deux ans et demi, par une belle journée ensoleillée, Annette, ma tante paternelle, m'avait emmenée voir mon père creuser la terre à la pelle. Il y avait une échelle en bois pour descendre dans une cave d'une profondeur d'environ quatre ou cinq pieds. Curieuse de nature, je m'étais approchée très près du bord. Papa eut si peur que je tombe dans ce trou que je n'ai jamais oublié son cri.

J'aimais beaucoup danser et chanter. Un jour, tournoyant dans la grande cuisine chez memé, je suis tombée et je me suis frappé le nez sur le bord d'un tiroir de la machine à coudre. La cicatrice est toujours visible, juste à la racine du nez. À un autre moment, le mollet de ma jambe est resté coincé dans l'armature pliable du carrosse. J'avais une entaille d'environ un pouce. Encore un souvenir qui a laissé ses traces.

Dans mon enfance, j'avais une idole. C'était Annette, la sœur de mon père. Je la trouvais jolie et elle était toujours de bonne humeur. Ses magnifiques yeux noirs, pétillants, pleins de dynamisme reflétaient sa joie de vivre et sa spontanéité. Elle avait des cheveux bruns, frisés. Elle portait de grandes jupes circulaires avec de belles blouses blanches comme de la craie, toujours bien repassées. On aurait dit une actrice. Je me souviens avoir souhaité devenir comme elle. Au fil des ans, nous sommes devenues de grandes amies. Elle a toujours été une personne très importante dans ma vie et j'ai toujours pu compter sur elle.

Du fait que maman ne parlait pas français en arrivant aux îles, j'imagine que mon cerveau a enregistré sa langue maternelle dès ma naissance. Très jeune, je voulais apprendre des mots anglais. Alors, maman se servait d'un journal de Londres, le *Daily Mirror*, pour me donner des dictées. Cette pratique me faisait voir de nouveaux mots qui m'ont permis de m'exprimer dans cette langue plus facilement. Plus tard, lorsqu'elle parlait en anglais avec papa, je comprenais et je traduisais pour Peter. Ils ont vite compris qu'ils ne pouvaient plus se servir de cet outil pour nous faire des cachettes.

Maman était une excellente danseuse. Elle m'avait enseigné le *tango* et le *Quickstep* quand j'étais encore très jeune. Elle m'a souvent dit que j'avais appris à danser avant de marcher. Vers l'âge de vingt ans, j'ai suivi des cours de danses sociales et j'ai réussi mes examens de bronze et d'argent.

Pendant toute ma jeunesse, on aurait dit que sans le savoir, j'imitais ma mère. Elle aimait chanter, j'ai toujours chanté. Elle aimait écrire, j'ai toujours écrit. D'ailleurs, quelques manuscrits dorment dans mes tiroirs : un roman, un recueil de poèmes et de pensées. Elle m'a aussi montré à faire toutes sortes de travaux à l'aiguille.

Mon frère Peter naquit et il m'en fit voir de toutes les couleurs. Il était très taquin, aimait rigoler et jouer des tours. Dès les premières années de mon enfance, j'étais son cobaye préféré. Il m'a joué plus d'un tour pendable. Par exemple, il m'avait promis dix cents si je mangeais un barbeau (barbillon). Confiante, je l'ai mangé mais je n'ai pas eu un sou. Un dimanche, Peter et moi sommes allés dans l'étable chez pepé. Peter a pris le harnais du cheval et il l'a mis sur le veau et il m'a fait embarquer sur le veau et il lui a dit d'avancer. Je répétais à Peter que le veau ne voulait pas. Finalement, mon grand-père nous a vus et, un peu fâché contre nous, il est venu à toute vitesse à la rescousse de son veau. Certains soirs, quand il y avait de la visite à la maison et que nous étions couchés au deuxième étage, Peter et moi nous nous levions pour aller regarder dans le salon à travers une grille du plancher servant à laisser passer la chaleur du poêle à bois. Quand c'était mon tour de regarder, Peter m'enfonçait la tête dans le grillage. C'était immanquable, en entendant le bruit, papa montait et je récoltais une tape. Comme d'habitude, Peter s'en sauvait. Grand comédien, il s'était vitement précipité pour aller se coucher et faisait semblant de dormir à poings fermés. Quand maman et papa nous laissaient seuls pendant qu'ils allaient visiter pepé et memé, de l'autre côté de la rue, nous en profitions, Peter et moi, pour mettre à l'épreuve nos talents culinaires. Lorsqu'ils revenaient trop tôt, nous devions tout cacher à la hâte. Moi, je rangeais tout dans la cuisine, et Peter allait cacher le plat du sucre à la crème au sous-sol. Il est souvent arrivé que quelques jours plus tard, en cherchant ses outils, papa plonge la main dans le sucre à la crème. Alors, du sous-sol, il criait : « Joan, tu cherchais ton plat ? Il est ici ! » Un jour que nous avions de la visite à la maison, Peter s'aventura à jouer dans le charbon de chauffage. Il entra dans la maison, noir de suie. Maman, souriant, dit aux visiteurs : « Il ne m'appartient pas celui-là. »

Même si Peter adorait jouer des tours, il était très généreux et sensible. Pendant que j'étais encore aux études, il travaillait à la Coopérative. Alors, le samedi soir, comme j'aimais aller danser et que je n'avais pas d'argent, il me donnait les deux dollars que coûtait le prix d'entrée.

Le dimanche, avant toute chose, il fallait d'abord aller à la messe. Nous y allions à pied, même l'hiver. Il fallait marcher environ cinq milles. Chemin faisant, nous nous arrêtions chez mon oncle Léger et ma tante Flora pour nous réchauffer. Après la messe, nous prenions un raccourci à travers les champs. Les routes n'étaient pas déblayées comme aujourd'hui.

L'été, nous montions dans le gros camion d'Avila et de Wilfrid Landry. Les roues étaient énormes. Quand tous les passagers étaient embarqués, le dernier donnait un coup de poing sur le toit du camion pour signaler le départ. Quand il n'y avait pas de bancs dans la boîte du camion, il fallait s'accrocher pour se tenir de son mieux aux tiges de l'armature. Ce n'était pas très confortable.

Après la messe du dimanche, c'était une tradition de chanter et de danser tous ensemble. Maman avait une voix superbe et papa aussi. Avec son sens de l'humour, papa aimait nous faire rire. Il avait le tour de raconter des histoires et lorsqu'il chantait, il mimait en même temps. Alors, nous le trouvions comique. Il avait toujours une chanson qu'il allait chercher dans ses souvenirs, comme celle-ci :

Ah! Prout, ma vieille bougresse
Ah! Prout, ma vieille sans cesse
Ah! Prout et jeune, ma mie quand on la frotte
Vous m'avez demandé pour vous chanter...
L'autre jour, j'ai rencontré...

On riait de le voir faire et on le suppliait de nous en chanter d'autres.

Je me souviens également de nos promenades du dimanche après-midi. Nous étions tous endimanchés, papa, maman, Peter, moi et bébé Raymond. J'ai gardé un bon souvenir de ce jour où nous sommes allés à l'Île-aux-goélands, à l'Étang-du-Nord, environ un demi-mille du bord de la plage, près du Cap à Fernand, pour faire un pique-nique. Raymond devait avoir deux ans.

Quelques années plus tard, nous partions en voiture avec Gérard à Vital Bourque jusqu'à la Grande-Entrée, à l'extrémité est des îles. Pour moi, c'était un grand voyage, car nous faisions au moins quarante-cinq milles sur une route de gravier. Une fois arrivés là-bas, papa et maman nous payaient le grand luxe d'un cornet de crème glacée qui se vendait cinq cents.

Parfois, le dimanche, nous nous rassemblions chez nos grands-parents paternels. Nous étions tous propres, cordés, l'un à côté de l'autre sur le coffre à bois, à l'entrée de la maison. Cela faisait bien rire mes grands-parents de nous voir si sages.

J'aimais beaucoup ma grand-mère et, en retour, elle me gâtait. J'accompagnais toujours mon grand-père et, par la suite, papa, lorsqu'il visitait la parenté sur la butte. J'adorais écouter les conversations des personnes âgées. J'en ai connu plusieurs que j'affectionnais particulièrement et ils m'aimaient bien aussi. Lorsque papa en parle, son récit est plein d'anecdotes dont je me souviens très bien. L'été, je travaillais souvent dans les résidences pour personnes âgées. Elles m'apportaient énormément et me faisaient grandir.

Par les temps de pluie, nous jouions à l'école. J'étais la maîtresse et Peter, Raymond et Shirley-Ann étaient mes élèves. Je leur enseignais le Catéchisme, le Français et les Mathématiques.

Nous jouions également à « la femme ». Nous formions des couples : Peter et moi, Shirley-Ann et Raymond. Nous nous visitions avec nos poupées dans leur carrosse et nous nous invitions pour le repas. Nous mangions des carottes, des patates, des navets crus et nous ouvrions une boîte de conserves de petits pois. Peter n'attendait que la fin du repas pour déclarer qu'il ne voulait plus jouer.

On aimait beaucoup jouer au magasin général, tel que maman l'a relaté précédemment.

Lorsque nous jouions dehors, nous les filles, nous aimions nous balancer pendant des heures, en chantant. Les gars s'amusaient aussi beaucoup avec des *sakel* de quart, autrement dit, des cerceaux qu'ils poussaient avec un bâton étroit, en bois.

Un des copains de Peter s'appelait Robert à Horace Mercier. Ensemble, ils préparaient des lignettes, un bâton sur lequel Peter avait fait des espèces de collets avec du crin de cheval pour attraper des hirondelles.

Aux anniversaires, maman préparait un gâteau spécial. Entre autres, je me souviens de celui qu'elle avait préparé pour Dorothy; c'était un gâteau brun recouvert d'un glaçage onctueux blanc avec des rosettes de chocolat comme garniture.

Pendant les fêtes, le *plum-pudding* et la tarte au *Mincemeat* servie avec de la crème anglaise avaient une place de choix à notre table. Crémeux et onctueux à souhait, rien ne battait le fameux pudding au riz de maman, sans oublier ses macarons au chocolat. Maman devait faire preuve d'imagination pour nourrir ses neuf enfants. Elle nous préparait aussi toutes sortes de galettes : entre autres, au sucre, à la mélasse ou à la poudre à pâte. Maman a toujours été une excellente cuisinière. Goûtez à ses mets et vous m'en donnerez des nouvelles !

Lorsque papa arrivait de la pêche, épuisé, maman nous demandait de ne pas faire de bruit afin de ne pas trop le déranger. Forcé de changer de métier, il a travaillé pour son petit cousin, Fernand Landry, entrepreneur général, en tant que contremaître sur les quais et les routes des îles. Le samedi, il endossait son tablier de barbier. Il s'occupait tout le temps. Il travaillait beaucoup à l'entretien de la maison : les rénovations, la peinture et les réparations courantes. Il coupait aussi le gazon autour de la maison et cultivait un grand jardin. D'ailleurs, il continue, malgré ses quatre-vingt-cinq ans, à faire son jardin et à s'occuper de la serre dans laquelle il fait pousser des concombres et des tomates.

Je n'oublierai jamais le Noël de 1959, même si, à treize ans, je pensais ne plus croire au Père Noël depuis belle lurette. Mes croyances ont été drôlement ébranlées à la vue d'un Père Noël en personne, venu nous visiter cette nuit-là.

À peine âgée de treize ans, je voulais aller travailler. J'ai trouvé un emploi à l'usine de harengs fumés. Je devais placer les harengs, bien serrés dans des boîtes qui devaient peser dix-huit livres. Nous étions payés un sou la boîte. Tous les jours, à l'heure de la pause, j'allais m'acheter un petit gâteau et une boisson gazéifiée. À la fin des trois semaines, il ne me restait pas grand-chose. Papa avait accepté que j'aille travailler, assurée que je comprendrais que sans scolarité, je serais réduite toute ma vie à ce genre de travail. Il a eu raison : je décidai de poursuivre mes études.

Un soir que j'étais allée veiller avec papa chez son frère Jeffrey, à Boisville, les deux hommes décidèrent de se rendre à Chéticamp au Cap-Breton. Je devais avoir quatorze ou quinze ans et j'ai fait partie de l'équipage. Nous étions environ une dizaine de personnes sur le bateau. J'ai conduit une embarcation d'environ vingt-sept pieds de long, sous la surveillance de papa, une bonne partie de la nuit. En approchant des rives de la Nouvelle-Écosse, j'étais toute fière d'annoncer qu'on arrivait. Mais papa m'expliqua que c'était le mirage et qu'on en avait encore pour quelques heures.

J'ai toujours été très fière de mes parents. Je les admirais pour tout ce qu'ils avaient réussi. Ils étaient cultivés, bilingues et avaient un bon jugement. Ils entretenaient des contacts avec des gens de partout. Les personnes qui avaient besoin d'informations en anglais, venaient souvent rencontrer mes parents. Tous deux étaient très actifs dans la communauté.

Maman nous a inculqué le sens de l'ordre et de la propreté. Aujourd'hui, nous l'apprécions mais lorsque nous étions jeunes, nous la trouvions exigeante. Par contre, nous n'avions pas honte d'inviter n'importe qui et n'importe quel moment. La maison était toujours impeccable. Maman travaillait tard le soir, soit au repassage, soit au ménage, même si nous en faisions un peu le samedi matin. Deux jours par semaine, elle faisait la lessive.

Lorsque papa était en forme, on aurait dit un poète humoriste. Il se faisait un raisonnement dans sa tête et, tout à coup, il nous sortait une phrase de son cru: « C'est la rareté qui fait la chèreté ! » « Les enfants appartiennent à ceux qui les aiment. » « Il y a plus de bonheur dans la chaumière des pauvres que dans les palais des riches. »

Les valeurs qui ont guidé mes parents dans notre éducation sont l'honnêteté, la politesse, le savoir-vivre, la franchise, la ponctualité, l'application et la constance dans le travail, le sens du devoir et des responsabilités. Ils tenaient à nous laisser l'instruction, en héritage. « Allez à l'école le plus longtemps possible, vous ne le regrettez jamais. Après, ce sera plus facile pour vous autres. Ne vous fiez pas sur le Gouvernement pour vivre, soyez des hommes et des femmes honnêtes, polis et vous passerez partout. » Paroles souvent répétées par maman et papa dès notre tendre enfance.

Maman ne faisait aucune différence entre les gars et les filles. Tous avaient droit à une instruction égale mais ils devaient se respecter mutuellement et partager les tâches de la maison.

La vie familiale avec de tels parents fut enrichissante et épanouissante, même si parfois nous avions, comme tous les enfants, des divergences d'opinion. Toutefois, nous leur avons souvent témoigné notre reconnaissance et notre gratitude et nous continuons de le faire chacun à notre façon. Nous considérons être très choyés d'avoir des parents aussi chaleureux et accueillants, à l'esprit ouvert et toujours à l'affût de l'actualité.

Depuis mon départ des îles, j'y suis retournée presque tous les ans et parfois même deux fois par an. C'est tellement magnifique, les îles ! C'est comme un site conçu spécialement pour les vacanciers. La beauté et la grandeur des plages, l'accueil des Madelinots et la propreté des lieux nous font apprécier la belle nature et le goût du poisson frais. Et que dire de l'accueil et des bons petits plats de papa et de maman ? Quoi de plus doux que de se prélasser près du jardin et de la maison paternelle, située au bord de l'eau, avec une vue magnifique sur l'anse où les bateaux vont et viennent au gré des vents !

Je suis chanceuse de passer plus d'un mois l'été, avec mes parents. C'est réconfortant de pouvoir vivre avec eux, en famille. C'est un cadeau du ciel ! La vie est tellement plus simple avec les gens des îles; ils sont si accueillants. C'est le paradis, l'été !

***

Peter

Je me suis toujours défini comme un être taquin, au grand cœur. Et ce n'est pas un secret pour personne. Il y a deux choses que j'ai toujours aimé faire : manger et jouer des tours, surtout à mes sœurs. Convaincant et bon comédien, je réussissais à leur faire croire toutes sortes de choses.

Juste de l'autre côté de la rue, ma grand-mère, qu'on appelait memé, préparait des tartes qu'elle plaçait, dès la sortie du four, sur le rebord d'une fenêtre pour les laisser refroidir. Un jour, accompagné d'un copain, sans la permission de memé, nous sommes allés nous cacher dans le champ pour dévorer une de ses bonnes tartes. Dans le même après-midi, nous sommes retournés chez elle. Comme à l'habitude, elle nous a offert un morceau de tarte. Pendant qu'on la dégustait, elle marmonnait qu'elle en avait perdu une. Nous, en bons hypocrites, nous faisions les innocents. Elle n'a jamais su ce qui était arrivé à sa tarte.

Papa a toujours essayé d'économiser par tous les moyens. Le samedi, il passait à la Coopérative pour ramasser les bananes qui n'avaient pas été vendues et il les achetait pour la modique somme d'un dollar. Il les pilait pour nous faire des sandwiches. C'était un vrai régal ! Certains après-midi, nous partions en promenade et l'été, c'était la plage. À peine arrivé, je demandais à quelle heure nous allions manger. J'avais toujours hâte de déguster les fameuses sandwiches aux bananes.

Un jour, nous attendions impatiemment l'arrivée d'un photographe qui voulait prendre une photo de notre famille autour de la table pour une certaine publicité. Voyant qu'il n'arrivait pas, nous avons mangé, car les aliments commençaient à refroidir. Enfin, lorsque le photographe se présenta, il a fallu recommencer notre repas. Pour ma part, j'étais bien content car j'ai pu manger une deuxième fois, ce soir-là. Mon mets favori était le rôti de bœuf que maman préparait presque tous les dimanches.

Un jour où maman dut être hospitalisée, une voisine, Janet Patton, était venue prendre soin de nous. Nous étions environ sept ou huit enfants à ce moment-là. Elle avait préparé un gâteau qu'elle avait coupé en plusieurs parties. Elle s'est retournée pour aller chercher quelque chose dans l'armoire et quand elle est revenue à la table, l'assiette était vide. Il ne restait que quelques miettes. Elle n'en revenait pas.

Lorsque grand-mère Smedley venait nous rendre visite aux îles, elle nous invitait à aller manger un cornet de crème glacée. Je me rappelle d'une fois où nous sommes allés à Grande-Entrée et comme elle ne parlait que l'anglais, elle m'avait dit : *Would you like to have an ice cream, Peter ?* Tout content, j'avais répondu : *Yes.* C'était un grand luxe pour nous.

Quant à papa, il se levait vers trois heures du matin pour aller à la chasse aux phoques. Il apportait toujours quelque chose à manger, car il partait pour la journée. Dans son lunch, il y avait des galettes à la mélasse, à la poudre à pâte, du fromage, du thé et parfois un sandwich. Il portait un grand manteau blanc avec une espèce de capine. Je trouvais qu'il avait l'air d'un médecin. À mes yeux d'enfants, il s'en allait affronter les glaces et j'avais toujours peur qu'il ne revienne pas. Je devais avoir environ sept ans.

Quelques fois, papa m'emmenait avec lui à la pêche. Allez savoir pourquoi, rendu au large, j'étais malade. Voyant que ça n'avait pas l'air de passer, papa revenait me conduire à la maison. C'est étrange, car je n'avais jamais été malade en mer auparavant et je ne l'ai plus jamais été par la suite.

Quand il pleuvait ou qu'il ventait à « écorner les bœufs », nous jouions à cache-cache dans la maison. Une fois, je me suis endormi là où je m'étais caché, en dessous de mon lit.

Les soirs de semaine, avant se sortir, il fallait nous agenouiller pour réciter le chapelet, mais parfois je m'endormais. Quand venait le temps de dire la prière du soir, à genoux au pied de mon lit, c'était la même chose, je tombais souvent endormi.

On avait tous et chacun des tâches à accomplir pour aider dans la maison. Je pelais les patates, coupais des navets et sortais les vidanges. C'était la tâche des filles de changer les draps des lits, une fois par semaine.

Le dimanche était un jour bien spécial chez nous. Après la messe obligatoire, il y avait toujours quelque chose qui se passait ou quelqu'un qui nous visitait.

Un de mes bons souvenirs, c'est le repas du dimanche midi. Tous attablés autour d'un bon rôti de bœuf, du *Yorkshire pudding*. Souvent, pour dessert, il y avait mon gâteau préféré, le gâteau aux épices.

Après avoir lavé la vaisselle, nous nous réunissions tous au salon pour chanter et danser. Papa avait toujours une lueur spéciale dans les yeux quand il entendait ses filles chanter *Les cœurs n'ont pas de fenêtres*.

J'aimais bien quand mon oncle Léger Cormier et ma tante Flora, venaient visiter memé et pepé. Je jouais avec mes cousins Louis-Paul et Richard. Nous n'avions pas beaucoup de jouets achetés au magasin, alors nous en inventions ou nous en profitions pour jouer des tours.

On se fabriquait des camions avec des boîtes et des morceaux de bois en forme de cercles, servant à soutenir les gros rouleaux de prélart Congoléum, qu'on trouvait dans la cour du magasin général. Nous creusions des chemins partout sur le terrain où se trouvait, tout au fond, un immense carré de sable. C'est là que nous pouvions jouer pendant des heures. Avec les autres enfants de notre entourage, nous nous réunissions dans un parc et nous jouions à la balle-molle ou au ballon chasseur.

Je me souviens également, des samedis où papa coupait les cheveux. Nous allions le voir à sa *Barber shop*. Après qu'il avait coupé les cheveux à quelques clients, nous lui quémandions dix sous pour pouvoir nous payer une crème glacée à la Coopérative La Sociale ou pour aller voir un film au théâtre à Jimmy Farah, à l'Étang-du-Nord.

Un jour, quelqu'un est venu avertir pepé que memé venait de tomber, en haut sur le cap. Elle s'y était rendue pour traire les vaches. À toute vitesse, pepé attela le cheval roux à la charrette. Assis avec lui dans la charrette, je lui ai demandé pourquoi il frappait le cheval si fort, mais il ne m'a pas répondu. Une fois arrivés sur le cap, j'ai compris ce qui se passait. Memé ne pouvait plus se lever. Elle s'était cassé la hanche. Elle souffrait beaucoup. Pepé a réussi à la placer dans la charrette et l'a conduite à l'hôpital.

Vers 1959, l'électricité fut installée aux îles. Armand Landry avait acheté une télévision et nous allions chez lui pour écouter et regarder le hockey du samedi soir ou le *Ed Sullivan Show ou encore Peter Gun, détective*. Papa nous en a acheté une l'année suivante. Pour avoir une bonne réception, il fallait installer une antenne assez haute pour capter les ondes qui arrivaient de New Carlisle en Gaspésie. Elle était confectionnée d'un fil de cuivre tendu entre quatre poteaux. En raison du climat marin, les fils de cuivre se recouvraient rapidement de vert-de-gris. L'antenne devait être nettoyée environ tous les deux ou trois jours. Il fallait donc descendre l'antenne et frotter les fils avec une laine d'acier. L'hiver, ce n'était pas de tout repos. Nous nous gelions les doigts dans le temps de le dire, mais papa ne semblait jamais avoir froid. Je présume que les années passées en haute mer l'avaient endurci.

J'ai un vague souvenir que la maison ait failli passer au feu. Je devais avoir dix-huit ou dix-neuf ans et j'étais parti travailler à la Coop. Je crois que c'est Shirley-Ann qui m'a téléphoné au magasin pour m'en avertir. J'ai attrapé un extincteur au passage et j'ai couru à toute vitesse jusqu'à la maison. J'ai parcouru en cinq minutes une distance qu'on franchissait habituellement en quinze minutes. Heureusement, j'ai pu éteindre le feu et personne n'a été ni blessé ni brûlé. Un déversement d'huile à chauffage avait occasionné un surplus dans le poêle. Malgré tout, la maison n'avait subi aucun dommage.

Mes parents faisaient beaucoup de bénévolat. De par leurs nombreuses occupations dans la communauté, je sentais qu'ils étaient au courant des différentes activités des îles et qu'ils étaient à la fine pointe de l'actualité. On venait souvent leur demander conseil.

Je crois que je n'ai jamais vu maman aussi heureuse que le jour où, en 1959, elle avait gagné un voyage pour retourner voir son pays, l'Angleterre.

Quant à papa, le jour où il a été le plus ému, c'est en 1994, quand il est retourné, avec plusieurs de ses enfants dont moi-même, sur le sol français pour le cinquantième anniversaire du débarquement en Normandie.

J'ai également trouvé très émouvant le jour où j'ai quitté les îles pour rejoindre ma future épouse, Suzanne, à Montréal. C'était le 18 novembre 1972. J'avais habité chez mes parents jusqu'à l'âge de vingt-cinq ans. Je sais qu'ils ont trouvé mon départ très difficile à vivre, mais je suis retourné chez eux dès l'été suivant et depuis, je m'y rends une ou deux fois par année.

Les valeurs qui me sont restées de mes parents sont l'honnêteté, le savoir-vivre, la politesse, la fierté et l'honneur.

Pendant ma tendre enfance et ce, jusqu'à l'âge adulte, j'ai eu la chance de passer des journées entières sur les plages. Aux îles, on disait : « à la côte ». Je me souviens aussi des baignades où nous allions, en même temps, ramasser du bois de chauffage pour Jérémie Aucoin avec son fils Yvon. Nous placions ce bois dans une charrette traînée par un cheval. J'ai souvent plongé sur le quai dit de La Coopérative avec Jean-Guy Bouffard et les autres copains. Nous faisions toutes sortes de paris et nous plongions dans l'anse à l'Étang-du-Nord. Nous avons même nagé jusqu'à l'Île-aux-goélands. Nous y faisions des escapades à pied et nous revenions en nageant jusqu'à la plage.

J'ai passé des soirées mémorables sous un ciel scintillant d'étoiles reflétant dans l'eau alors qu'on se baignait tard le soir. C'était féerique ! Les paysages des îles sont fantastiques. Ils changent au gré des vents et des marées et laissent dans la mémoire de ceux et celles qui les contemplent des souvenirs inoubliables. Que dire des couleurs de la mer qui changent selon le caprice des saisons, et des couchers de soleil aux couleurs de l'arc-en-ciel ? Les îles sont une poésie continue que l'on peut décrire selon nos expériences personnelles, mais elles révèlent toujours une beauté sauvage qui nous invite à y revenir.

L'hiver, en motoneige, nous faisions de longues randonnées autour des îles sur les bancs de neige qui atteignaient parfois deux mètres de hauteur. Que de sauts mémorables ! J'avais un plaisir fou à bondir d'une glace à l'autre sur le bord de la plage même si je savais pertinemment que c'était dangereux. J'ai toujours aimé pousser le défi à son maximum et m'aventurer assez loin, sans toutefois perdre de vue les balises.

J'avais toujours hâte de revenir à la maison. Je savais qu'un bon repas m'attendait de façon très ponctuelle. Mes parents aimaient la discipline, mais nous les sentions affectueux et accueillants. Malgré ma réputation d'adolescent turbulent, je devrais dire plutôt taquin, j'aimais beaucoup mes parents et je suis toujours fier de pouvoir échanger avec des gens aussi avides de connaissances. Je considère avoir passé une adolescence extraordinaire.

La plus jeune de mes sœurs, Élizabeth, était très belle et très gentille. Je l'aimais beaucoup et je la taquinais souvent. Nous l'avions surnommée « La Scuit », car lorsqu'elle était petite, pour demander un biscuit, elle prononçait seulement la dernière syllabe « scuit ».

***

Raymond

Du plus loin que je me souvienne, j'ai toujours été assez sérieux, tranquille et timide.

Un de mes beaux souvenirs lorsque j'avais environ six ans, c'était de courir dans les prés. Il y avait beaucoup de terrains vacants autour de chez nous et j'aimais les parcourir en chantant une des très belles chansons de Charles Trenet, *Le ciel est bleu*. Chaque parole avait une signification pour moi.

Lorsque j'avais environ neuf ans, nous avions une chienne nommée Princess, une épagneule noire, que grand-mère Smedley nous avait apportée lors d'un de ses voyages aux îles. Maman m'a déjà raconté m'avoir vu, un jour, assis sur le perron, la chienne appuyée dans mon dos pendant que je construisais un petit camion. Princess me suivait partout.

La lecture me passionnait. Je dévorais les *Bob Morane* et je me faisais des fiches avec les mots du dictionnaire.

J'étais très proche de mes frères et sœurs. Je m'en occupais beaucoup, surtout les plus jeunes. J'aimais leur raconter des histoires avant qu'ils aillent au lit. Leur préférée était *La chèvre de Monsieur Séguin*. J'avais un répertoire assez varié car je les inventais au fur et à mesure et il m'arrivait de les oublier par la suite.

Quand je les gardais, je leur préparais du « nanane » pour qu'ils restent tranquilles. Je versais du lait dans un grand bol, je découpais des morceaux de pain que je laissais flotter sur le lait. Je saupoudrais le tout d'un peu de cassonade.

Souvent, Peter et moi allions jouer dehors dans le carré de sable où nous avions aménagé une carrière avec plein de routes, faites de « brins de scie » cueillis au moulin à scie, situé juste derrière chez nous. Avec de simples morceaux de bois trouvés sur le bord de la côte, ou encore des bouts de rouleaux de prélart ramassés dans la cour arrière du magasin général au village, nous arrivions à construire des véhicules, des maisons et toutes sortes d'objets, selon l'inspiration du moment.

Jeune garçon, même si j'appréciais la solitude, j'aimais aussi retrouver toute cette marmaille que les repas rassemblaient. Quinze livres de patates, des navets et de la viande ou du poisson, c'était simple comme repas. Même si nous n'étions pas riches, nous n'avons jamais manqué de nourriture. L'heure du repas devenait le moment idéal pour pratiquer le sport préféré des Landry, parler tous en même temps. Nous voulions nous assurer que notre idée ne serait pas perdue. Une chance que maman et papa étaient là pour calmer le jeu.

Après l'école, nous aimions jouer dehors lorsque la température le permettait. J'ai gardé d'excellents souvenirs de nos jeux à l'extérieur, surtout l'été. Je revois notre terrain de jeu au bout du champ tel que nous l'ont décrit les témoignages précédents. Je revois aussi le Cap à Régis qui est devenu le Cap à Fernand. Le long de ce cap, il y avait des centaines de nids d'hirondelles. Michel Aucoin et moi pouvions observer ces petits oiseaux pendant des heures. Malheureusement pour elles, nous nous amusions parfois à défaire leurs nids et à les chasser.

Une autre activité privilégiée pour moi, c'était la marche sur le bord de la côte. Après une tempête, c'était encore plus intéressant. Nous y trouvions des cailloux aux multiples formes et couleurs, des billots polis par la mer et toutes sortes de morceaux de bois. Je m'arrêtais de longs moments pour faire rebondir des cailloux plats sur la mer calme.

Marcher sur le bord de la mer me permettait aussi de découvrir des petits bancs de poissons qui circulaient rapidement autour de moi. Quel calme ! Quel délice ! Être seul avec la nature ou avec des amis, c'était un plaisir toujours nouveau.

Nous étions gâtés par la nature, car contrairement à la majorité des gens vivant sur la « grande terre » notre terrain de jeu était très grand et très varié. Lorsque nous allions au ruisseau à Ben pour y ramasser des barbeaux, nous passions des heures à y faire des barrages avec du sable même si nous savions qu'ils allaient s'effondrer dès notre départ, au gré de la nature.

L'étang était aussi un lieu où nous passions de bons moments à essayer nos bateaux. Nous avions un voisin, plus âgé que nous, qui en fabriquait de très beaux.

Tout juste à côté de l'étang, il y avait un vieux quai de fer que nous appelions la « cale de fer ». J'y ai passé bien des journées à ramasser des coquillages, principalement des « borlicocos », petits escargots que je sortais de l'eau et mettais sur une roche pour voir s'ils allaient marcher vers l'eau. Je trouvais qu'ils avaient un bon sens de l'orientation. Pour moi, c'était naturel, comme tout ce qui nous entoure, lorsque l'homme ne le perturbe pas trop.

J'aimais bien jouer avec des « plogueuils » (crapauds de mer). Le « plogueuil » était un poisson très combatif et il travaillait fort avant d'abandonner le combat. Il y avait bien sûr beaucoup d'autres mollusques et poissons miniatures, dont je ne connais pas les noms, qui se cachaient sous les roches. J'ai eu beaucoup de plaisir à les soulever des milliers de fois pour y découvrir la vie sous-marine et ses multiples facettes. Toutes ces activités se déroulaient sous un ciel pur, rempli de goélands qui semblaient se parler entre eux tellement les « *coin coin* » étaient retentissants. Les hirondelles, volant plus bas, étaient moins visibles et leur chant était beaucoup plus doux à mon oreille.

En longeant le bord de la côte, dans l'anse, nous arrivions au quai de la Coopérative. C'est là que les bateaux de pêche accostaient pour faire peser le poisson. C'est aussi de ce quai que je pêchais la plie avec un filet attaché à un cercle de fer d'environ cinq pieds de diamètre. Je prenais une journée pour remplir un quart (petit baril) de plies que je vendais cinq dollars. C'était un travail dur pour les bras d'un enfant de douze ans, mais c'était très payant.

En poursuivant notre randonnée sur le bord de la côte, nous arrivions à la « grande cale ». Elle était munie d'un muret à cause des grandes vagues qui passaient par-dessus le quai, lors des tempêtes. Au milieu de trois quais flottaient, à leur tangon respectif, les bateaux des pêcheurs. Il nous suffisait de porter notre regard plus loin, plus haut, pour contempler l'horizon à perte de vue, les levers de soleil enflammés, et le soir, au crépuscule, les splendides couchers de soleil. Sur la grève, les canots dormaient en attendant de transporter les pêcheurs à leurs bateaux.

En revenant de la « grande cale » par la dune, nous étions arrêtés bien des fois par la découverte d'un nid d'oiseau ou de petites épaves que la mer avait poussées jusque-là. Nous aimions marcher dans la dune, le vent y est moins fort.

Le bord de la côte nous conduisait au moulin à scie qui donnait sur le terrain familial. Que d'heures passées à humer l'odeur du bois fraîchement coupé ! Nous aimions nous y promener et surtout remplir nos petits camions de « brins de scie » et construire des routes du moulin jusqu'à la maison.

Un peu plus loin, il y avait une usine où l'on salait le poisson dans de grands réservoirs en béton : on y mettait une rangée de sel, une rangée de poissons et de l'eau. C'était la meilleure façon de les conserver.

De plus, aux îles, la plupart des familles possédaient un terrain. Elles pouvaient élever quelques vaches, poules, cochons et faire un petit potager où se trouvaient principalement des patates, des navets et des choux. Comme nous n'avions pas une terre à nous, mon lieu de prédilection était la mini-ferme de Jérémie Aucoin où j'allais jouer avec son fils Michel. Nous en avons passé du temps dans les champs à nous amuser avec les animaux, ce qui n'était pas très apprécié de son père. J'ai aussi participé quelque peu aux travaux de la ferme. J'aimais bien le temps des foins pour embarquer dans la charrette bondée, tirée par le cheval, du champ à l'étable.

Que de bons moments nous avons passés dans le grenier de l'étable à nous creuser des tunnels dans le foin et à nous courir les uns après les autres. C'était une salle de jeu extraordinaire.

Une autre activité importante était la baignade. Très régulièrement, pour ne pas dire tous les jours de beau temps, nous allions sur le Cap à Régis nous baigner et jouer dans le petit boisé. Lorsque les vagues étaient fortes, il se créait des remous qui creusaient des trous dans le sable. J'aimais plonger dans ces remous. Pour en ressortir, il fallait nager vers le fond et de revenir à la surface.

L'hiver m'intéressait moins. J'aimais glisser en toboggan sur la bute à Bill, mais je me trouvais maladroit en patinage, surtout chaussé de patins trop grands pour moi ou trop usés.

Mes souvenirs les plus beaux se rapportent aux moments où je me trouvais seul dans le pré, de l'autre côté de chez Jérémie. Assis au milieu des trèfles et des plantes sauvages, à l'abri du vent, pas très loin du ruisseau, je pouvais rêvasser à mon aise. Par beau temps, il était possible de voir le clocher de l'église et c'est là que la chanson de Charles Trenet, *La marche des jeunes*, me revenait le plus souvent à l'esprit. Le calme de la nature, le chant des oiseaux et la majesté de la mer créaient une ambiance que j'aurais dite céleste.

Mes études primaires n'ont pas été un grand succès. À mon point de vue, l'instruction de l'époque était médiocre et je me sentais peu doué. J'ai répété ma troisième année avec un zéro en Français et 100% en Mathématiques. Découragé de voir que j'avais autant de difficulté à apprendre à écrire, je me suis dit qu'un jour, j'écrirais moi aussi.

J'avais treize ans quand je suis allé étudier au séminaire de Chambly. J'écrivais deux ou trois lettres par semaine : à mes parents, mes frères, mes sœurs, parfois à mes grands-parents.

Après ma première année au séminaire, je suis revenu travailler aux îles parfois pendant les vacances d'été. Il y avait des travaux étudiants financés par le gouvernement. Nous construisions une sorte de barrage fait de piquets que nous plantions le long de la route, entre lesquels nous mettions des branches pour empêcher le sable de recouvrir la route.

Un jour, avec une douzaine de jeunes qui travaillaient avec moi, nous avons trouvé dans un boisé voisin, un baril rempli à ras bord. Il n'avait pas de couvercle et le dessus du liquide était recouvert de mouches noyées. C'était un alambic clandestin. Il devait bien y avoir une quarantaine de gallons de bière du pays. Nous avons réussi à la boire au grand complet en une semaine.

Élevé dans un milieu catholique, je m'interrogeais souvent sur le sens de l'au-delà et je cherchais, avec beaucoup de détermination, des réponses à mes interrogations existentielles. Par ailleurs, je ne sentais pas cette même curiosité chez mes frères et sœurs concernant la religion. Tout ce qui était de l'au-delà m'intéressait. Les livres religieux, les images saintes, la bible que nous n'avions pas le droit de lire, tout était prétexte pour m'éveiller à la philosophie. Je cherchais le sens de la vie. Par contre le dogmatisme de l'Église et son droit de tout réglementer me dérangeait autant que j'étais attiré par tout ce qui traitait de l'au-delà et surtout du sens de la vie. J'admettais qu'il revienne au Conseil municipal de s'occuper des routes et des besoins matériels de la communauté, que les coopératives voient à approvisionner la population en denrées alimentaires et autres biens, mais je n'acceptais pas que le curé de la paroisse ait la main haute sur tout. Lorsque le Gouvernement provincial a voulu ouvrir une succursale de la Régie des alcools aux îles, ce sont les curés qui ont bloqué le projet. Cette dualité entre l'Église et l'État, je l'ai exprimée en 1964, lorsque je fréquentais le séminaire de Chambly. J'avais lu le livre *Journal d'un curé de campagne* de Bernanos. Une phrase m'avait particulièrement frappé : *Hors de l'Église, un peuple sera toujours un peuple de bâtards, un peuple d'enfants trouvés. Évidemment, il leur reste l'espoir de se faire reconnaître par Satan.*

Cette perception du salut m'a révolté. Heureusement, je pouvais me référer à maman qui affirmait qu'au regard de Dieu, tout être sincère pouvait être sauvé.

L'événement marquant de mon cheminement spirituel fut sans contredit le Concile du Vatican II. J'avais treize ans en 1962 lorsque le Pape Jean XXIII décida de réunir ce concile œcuménique.

La semaine de Pâques, papa allait à la messe, tous les jours. J'avais pris l'habitude de le suivre à environ un demi-mille de distance jusqu'à l'église de Lavernière. Je devais marcher vite pour ne pas le perdre de vue. Après la messe, nous revenions ensemble. Papa ne parlait pas beaucoup, mais je sentais que ma présence ne le gênait pas.

239

J'ai de nombreux souvenirs de mon enfance mais ce qui m'a probablement le plus manqué lorsque j'ai quitté les îles, c'est le bruit du ressac de la mer.

Je me souviens également qu'après mes deux ans au séminaire, de retour à la maison, j'ai hérité de la petite chambre. C'était là un grand luxe, car c'était la seule chambre où il n'y avait pas de place pour deux personnes. Je me suis donc installé pendant deux ans dans ce petit royaume avec mes livres et mon dictionnaire. Pendant cette période, j'y ai passé énormément de temps. J'aimais et j'aime toujours la solitude, la lecture, la méditation et l'écriture. Tout ceci, je le fais avant tout pour moi, pour comprendre le monde qui m'entoure et apprécier ce que j'ai la chance d'être et d'avoir.

Mes tests d'aptitude à la fin de mon secondaire me classaient dans la catégorie des introvertis, gêné, mais bon dans les chiffres. J'étais donc outillé pour devenir comptable. Toutefois, je contestais les résultats de tests passés en série, parce que trop réducteurs. J'aimais les chiffres mais je n'aimais pas moins les gens. J'aimais promouvoir mes idées et prouver que je pouvais les concrétiser. C'est sûrement l'une des raisons qui m'a poussé à choisir la profession que je pratique, c'est-à-dire, conseiller les gens dans le domaine de la finance.

Mon héritage familial se résumerait ainsi : une capacité de penser par moi-même, d'identifier les problèmes, de les cerner et d'en trouver les solutions. C'est dans ma famille que j'ai appris la discipline et le respect d'autrui, valeurs que je m'efforce d'appliquer tous les jours dans mes relations et dans mon travail. La religion, avec ses travers, m'a forcé à me forger une façon de penser et de vivre bien à moi. Je suis donc fier de mon héritage, tant familial que religieux.

CHAPITRE 16

Les souvenirs de Shirley-Ann, Yvonne, Stéphanie

Le trio du milieu se raconte.

Shirley-Ann

J'étais très proche de mes grands-parents paternels. Je devais avoir entre quatre et cinq ans quand memé s'est fracturé une hanche en allant traire les vaches sur le cap à Fernand Landry, autrefois appelé le Cap à Walter. On l'a conduite à l'hôpital où on lui a installé un corset de plâtre, de dessous le bras jusqu'au genou. Elle demeura à l'hôpital pendant plusieurs mois. Par la suite, elle a toujours eu de la difficulté à se déplacer. Elle devait utiliser une canne ou encore s'appuyer sur le dos d'une chaise dans la maison. Elle ne pouvait plus monter les escaliers qu'à quatre pattes. Elle ressentait beaucoup de douleurs causées par cette fracture. Au fil des années, les rhumatismes se sont ajoutés. Pour calmer ses douleurs, tous les jours elle se frottait avec un onguent blanc qu'elle appelait « sa graisse blanche ». Elle pouvait demeurer assise pendant des heures au bout de la table de la cuisine, à regarder par la fenêtre. Elle avait une magnifique vue sur la mer et sur le port où les bateaux de pêche venaient accoster tous les jours. Je me souviens des moments passés avec elle à regarder arriver les bateaux. Ma grand-mère avait toujours un chapelet à la main. On aurait dit qu'elle priait tout le temps. Occasionnellement, elle m'envoyait chercher de la gomme à mâcher ou des *peppermints* chez Fonsine, un très petit magasin du coin, sur la butte à Jérémie.

Memé était une femme de grandeur moyenne mais de forte ossature. Elle avait une chevelure superbe, épaisse et d'un blond doré. Ses cheveux descendaient jusqu'aux fesses. J'aimais beaucoup les peigner. On aurait dit que la mer y avait imprégné des vagues. Je lui faisais des tresses que j'enroulais tout le tour de sa tête. Elle avait également de beaux grands yeux bleus dont plusieurs de la famille ont hérité.

Quelques années plus tard, comme elle n'arrivait plus à bien entretenir sa maison, je commençai à aller chez elle tous les samedis. À l'occasion, elle me demandait si je voulais rester pour le souper. J'attendais fébrilement cette invitation, car chez elle, c'était calme comparativement à chez nous.

Je me sentais gâtée, seule avec mes grands-parents. C'était le paradis pour moi. Sur semaine, lorsque maman n'avait pas besoin de moi ou qu'il n'y avait pas d'école, je traversais la rue et je jasais longuement avec eux. Après avoir exécuté quelques tâches, j'allais m'étendre sur le sofa dans le salon. Je m'installais de façon à être face à la fenêtre où grand-mère avait placé des géraniums et des pétunias qu'elle appelait des « Saint Joseph ». Encore aujourd'hui, je possède ce genre de fleurs chez moi. Elles me rappellent ma grand-mère que j'aimais beaucoup.

Occasionnellement, je préparais le souper. Grand-père adorait les crêpes. J'en profitais pour lui faire plaisir. Au début, je trouvais qu'il avait un air sévère. Il ne parlait pas beaucoup. Il était toujours habillé de gros pantalons en tissu rude, retenus par des bretelles. Puis, plus je passais du temps avec lui, plus je m'apercevais, qu'en fin de compte, il n'était pas si bourru. Il arrivait à nous surprendre par ses taquineries et je crois qu'il m'aimait bien, même s'il ne le démontrait pas beaucoup.

Lorsque maman partit pour l'Angleterre, je suis demeurée chez mes grands-parents. Une nuit, j'ai fait un cauchemar. J'avais rêvé qu'un cheval était entré dans la chambre et il était caché sous le lit. Je me suis réveillée en criant et en pleurant. Grand-papa est arrivé en courant dans ma chambre, vêtu seulement de sa grande combine blanche, en me demandant de lui dire ce qui se passait. Il m'écouta jusqu'à la fin. Il me dit que cela était impossible qu'un cheval puisse se cacher sous un lit, mais mon rêve m'avait semblé si réel que j'insistai pour qu'il vérifie sous le lit. Il s'est penché et a jeté un œil sous le lit pour me rassurer. Encore tout ébranlée par mon rêve, je lui ai demandé de laisser la lumière allumée toute la nuit et il accepta. C'était tout un exploit, car il y avait peu de temps que l'électricité était arrivée aux îles et pour grand-père, c'était dispendieux. C'est grâce à ces petits gestes que j'ai compris qu'au fond, il m'aimait bien.

J'ai peu de souvenirs de ma grand-mère maternelle. Nous l'appelions grand-maman Smedley et elle habitait en Ontario. Lors de la première communion de Maria et de Peter, elle était venue aux îles. Ce jour-là, j'étais restée à la maison avec elle, pendant que maman accompagnait les plus vieux à l'église. Je commençais à trouver le temps long et j'ai demandé à grand-maman Smedley si elle savait où tout le monde était parti ? Elle ne parlait pas le français mais elle m'avait tout de même comprise. En guise de réponse, elle joignit ses mains ensemble en signe de prière et a fait le signe de la croix. J'étais très surprise qu'elle connaisse ce signe étant donné qu'elle était protestante. Le fait qu'elle ne pratiquait pas la même religion que nous demeurait mystérieux pour moi.

On nous enseignait à l'école que les non-catholiques n'iraient pas au ciel. J'étais convaincue qu'elle serait damnée jusqu'à ce que maman m'explique que le bon Dieu aimait tout le monde de la même façon et que si on faisait le bien, on serait tous sauvés. Maman était même allée défendre son point de vue devant mon institutrice, une Oblate de Marie-Immaculée. Malgré qu'à cette époque, on ne critiquait pas l'autorité religieuse, ma mère ne s'est pas gênée pour donner son opinion. Elle nous a raconté cette histoire que plusieurs années plus tard, s'interdisant de faire la leçon au professeur devant nous.

Je me souviens également du jour où grand-maman Smedley nous a apporté Princess. Je pensais que c'était la plus belle chienne des îles. Elle était très intelligente. Elle savait toujours quand papa arrivait à la maison. Elle le reconnaissait de loin et se mettait à taper de la queue sur la porte. Tous les enfants aimaient beaucoup Princess. Les autres chiens des îles aussi. Mais, en vieillissant, elle devint agressive et nos parents ont dû prendre la décision de s'en défaire. Je crois que Princess le sentait car elle avait le regard triste. Je ne sais plus si c'est mon imagination ou la réalité mais j'ai toujours pensé que j'avais vu une larme dans ses yeux. Raymond et moi avons vu papa prendre sa carabine et partir avec elle. Nous les avons suivis un bout. À son retour, papa nous a dit qu'il ne voulait plus d'animaux à la maison, car c'était trop dur de devoir s'en débarrasser.

Je me rappelle aussi des cordes à linge près de la maison. Il y en avait tellement qu'elles traçaient un carré et que d'autres s'entrecroisaient. Tous les lundis, elles étaient remplies de vêtements et de draps. Je n'ai jamais vu autant de cordes à linge ailleurs. Quand nous allions nous baigner, vers trois heures de l'après-midi, nous devions revenir à la maison pour aider maman à plier le linge. Elle me disait :

« Repasse le linge avec tes mains pour faire disparaître les faux plis le plus possible ». Chez nous, c'était très important la propreté. Les textes précédents en témoignent.

Nous aimions beaucoup jouer dans le carré de sable. Nous pouvions y rester pendant des heures. Nous nous imaginions être des parents et nous nous invitions à dîner. Une cuve renversée nous servait de table et nous fabriquions des petits gâteaux avec du sable et de l'eau à l'aide de boîtes de conserve vides. Les garçons jouaient avec les petits camions en bois qu'ils s'étaient fabriqués.

La vie des pêcheurs faisait partie de notre quotidien. Quand il y avait des tempêtes et que les pêcheurs étaient encore au large, nous sentions la nervosité des adultes. Je me souviens notamment de la noyade d'Elzéar Cormier et de l'un de ses fils. Cette journée-là, la mer était déchaînée et nous étions tous rivés à une des fenêtres de la maison qui donnait sur la mer. Mon oncle Jeffrey était encore au large. J'étais debout près de papa et je surveillais chaque parole qu'il allait dire. Je le devinais. Il était très inquiet et chaque fois qu'un bateau arrivait au port, papa qui les connaissait tous, le nommait; celui de mon oncle Jeffrey tardait à venir. Le lendemain, nous avons appris que M. Cormier avait préféré s'échouer à la digue entre le Cap à Fernand et le Cap à Régis. Tout à coup, papa vit son bateau entrer dans le chenal. Puis, comme par un mauvais sort, une énorme vague s'est formée et a englouti le bateau sous nos yeux. Il n'a jamais refait surface. La mer avait emporté M. Cormier et son fils. C'est un événement qui m'a beaucoup marquée. Depuis, j'ai toujours eu une relation très spéciale avec la mer. Cela m'a permis de comprendre qu'elle pouvait inspirer la sérénité quand elle est calme, mais qu'elle pouvait également être redoutable quand elle est déchaînée.

Le jour où maman a dû être hospitalisée pour un épuisement général, mes parents n'avaient pas trouvé de gardienne. Nous avons été hébergés à l'hôpital. Steven était encore bébé et il dormait dans un petit lit. On l'avait placé près de la fenêtre. Il devait avoir environ deux ans. Un matin, en se réveillant, il a accroché le rideau de plastique et l'a déchiré. Stéphanie et moi dormions dans la même chambre. Dès la première nuit, Stéphanie s'est levée pour aller fouiller dans la lingerie. Le lendemain, la religieuse l'a attachée à son lit pour qu'elle ne recommence pas. Je trouvais que ma petite soeur faisait pitié et quand tout le monde fut endormi, je suis allée la détacher. Mal m'en prit, car elle vida encore la lingerie. Ce fut à mon tour de me faire chicaner. La nuit suivante, Stéphanie était encore attachée à son lit par les mains et les pieds. J'ai bien essayé de la détacher encore une fois, mais la religieuse avait bien serré les noeuds.

Papa venait rendre visite à maman la fin de semaine. Mais à cette époque, les parents n'avaient pas le droit d'entrer dans la chambre des enfants. Alors, en passant, il entrebâillait la porte de notre chambre et il arrivait tout juste à passer sa grosse main pour nous remettre des petites gâteries. Nous étions tellement contents de le voir mais combien tristes nous restions à son départ ! Encore aujourd'hui, je déteste les départs.

La même année, j'étais hospitalisée pour une pneumonie double, du 2 avril au 27 mai. J'ai donc fêté mes six ans à l'hôpital. On m'avait préparé une petite fête. J'étais impressionnée de voir de la vaisselle de toutes les couleurs. Une amie de maman, Sally à Oscar Gaudet, m'avait donné en cadeau trois petites culottes en soie de couleurs différentes. C'était des articles rares pour nous, dans ce temps-là. On nous avait installé une table et des chaises pour enfants et tous ceux et celles qui n'étaient pas trop malades étaient venus à ma fête.

Pendant mon hospitalisation, je rendais visite à Thérèse, la fille de Eddy Bourque, le cousin de mon père. Elle était hébergée à l'hôpital parce que sa mère était au sanatorium. Parce qu'elle était très jeune, on la gardait au lit. Cela me fendait le cœur. J'avais de la peine pour elle, car j'avais le sentiment qu'elle s'ennuyait et qu'elle n'avait plus de famille.

Maman avait toujours quelque chose à faire à la maison. Entre autres, le samedi, elle préparait les desserts pour la semaine pendant que les filles faisaient le ménage. Deux d'entre elles s'occupaient de l'étage des chambres et les deux autres, du rez-de-chaussée.

Quand maman cuisinait, je me souviens encore des bonnes odeurs qui flottaient dans la maison à notre retour de l'école. Elle était très méticuleuse. Elle mesurait soigneusement tous les ingrédients. J'aimais bien l'observer. Elle était aussi très exigeante dans tout. Par exemple, les couvertures devaient être parfaitement placées sur les lits. Si ce n'était pas à son goût, elle nous faisait recommencer.

Même exigence quand venait le temps de mettre la table. Tout devait être placé aux bons endroits. Quand nous recevions de la visite, les couverts se multipliaient. J'étais découragée devant la quantité de vaisselle à laver. Heureusement que ce sont les garçons qui la lavaient le dimanche. Je pense que notre famille était la seule à exiger une telle tâche des garçons. Je crois que mes frères ne s'en sont jamais vantés auprès de leurs amis du temps.

Quand il faisait trop froid ou que le temps était à l'orage, nous nous amusions dans la cave. Il nous restait de l'espace même si papa y rangeait tout ce qu'il pouvait trouver de potentiellement utile. Maman y gardait ses provisions pour l'hiver. Tout comme mes frères et sœurs, j'ai joué au magasin, je me suis plu à chanter dans les balançoires que papa nous avait installées. Je me souviens encore du bruit du frottement des cordes sur les poutres.

Plusieurs événements ont marqué mon enfance. Quelques-uns ont laissé en moi des traces indélébiles. Je n'allais pas encore à l'école, quand le cheval de grand-papa « partit en peur ». Ma sœur Yvonne, assise sur le gazon, ne s'en aperçut pas. Puis, soudainement, le cheval se mit à courir dans sa direction; je crus qu'il allait la tuer mais il a sauté par-dessus. Maman eut très peur, elle aussi. J'en suis restée si traumatisée qu'un jour, en revenant de l'école, je changeai de côté de la route en apercevant un cheval qui courait à vive allure dans le parc et venait s'arrêter brusquement près de la clôture. Depuis, j'ai toujours eu peur des chevaux.

L'hiver, ma hantise, c'était les gros bancs de neige. Aux îles, les précipitations étaient toujours très importantes. Les routes étaient déblayées par des *bulldozers* munis de gigantesques pelles. D'immenses bancs de neige d'environ une dizaine de pieds de hauteur se formaient. Lorsque j'entendais le bruit du moteur venir de loin, je me mettais à courir car j'étais trop petite pour grimper sur le haut des bancs de neige. J'étais convaincue que le chauffeur ne pourrait me voir et qu'il m'écraserait.

Vers l'âge de dix ans, je suis tombée dans la cave. Maman m'avait demandé d'aller lui chercher une boîte de lait *Carnation*. J'ai trébuché dès la première marche et j'ai déboulé tout le reste. Papa nous disait souvent qu'un gars chaud ne se faisait pas mal quand il tombait; il était détendu. Je me rappelle que pendant ma chute, j'ai essayé d'appliquer ce principe et je pense que c'est la raison pour laquelle je ne me suis pas blessée. Cependant, j'ai eu une peur incroyable et je pense que c'est depuis ce temps-là que j'ai peur des hauteurs.

Vers l'âge de quatorze ans, un incident est arrivé quand maman était hospitalisée. Je gardais les enfants pendant que Peter et papa étaient partis travailler. J'étais occupée dans la cuisine quand Steven, qui n'était pas très vieux, a ouvert le robinet du réservoir d'huile qui se déversait habituellement dans la partie du poêle où l'on mettait du bois et du charbon. J'allumai le poêle, ignorant qu'une partie de l'huile s'était répandue sur le plancher à l'arrière du poêle. En attendant qu'il devienne chaud, je me suis occupée à autre chose. Quelques instants plus tard, j'ai vu une colonne de feu monter rapidement au plafond. Sans trop comprendre ce qui se passait sur le moment, en apercevant Yvonne je lui ai crié de téléphoner chez les voisins et de dire à Edwin de venir nous aider. Mais, en voyant le feu, elle a paniqué. J'ai pris mon courage à deux mains et j'ai essayé de contourner le feu pour pouvoir téléphoner à Peter à la Coop. Je fonctionnais certainement sur l'adrénaline. J'ai ordonné aux enfants de s'habiller et je les ai sortis sur la galerie. En un temps record, j'ai vu apparaître Peter avec un extincteur de la Coop. Quand il a réussi à maîtriser l'incendie, nous nous sommes rendu compte qu'il y avait de la suie partout sur les murs et le plafond. Mais, le pire, c'est qu'une fois le feu éteint, nous avons vu Stéphanie descendre calmement de l'étage des chambres. Elle ne s'était rendu compte de rien. J'étais consternée. Je l'avais oubliée ! Si le feu s'était répandu, elle aurait péri dans l'incendie. À ce moment, j'ai vraiment senti le poids de la responsabilité d'une vie et j'ai eu beaucoup de difficulté à me libérer de cette peur.

Je n'ai toutefois pas que de mauvais souvenirs de mon enfance. Un des meilleurs est celui de nos sorties au cinéma. Nous allions nous asseoir sagement sur un banc dans le salon de barbier de mon père et nous attendions qu'il veuille bien nous donner dix cents pour aller voir un film.

Quand j'ai commencé à travailler au petit casse-croûte d'Albert Gaudet, je ne gagnais pas très cher. Pour m'acheter les choses que je désirais, j'avais trouvé une méthode presque infaillible de faire payer papa. Je découpais l'article convoité dans le catalogue *Sears* et je déposais ce bout de papier sur le dessus de la télévision. Après quelques jours d'attente, je savais qu'il l'avait sûrement vu, même s'il n'en parlait pas. Alors, je m'assoyais sur lui et je lui donnais un bec. Il me demandait alors : « Qu'est-ce que tu veux ? ». Je lui exprimais mon désir et lui prouvais que j'avais suffisamment économisé pour pouvoir en payer au moins la moitié. Je voulais être certaine qu'il accepte et, en même temps, je voulais lui démontrer que j'étais prête à faire un effort de mon côté. Il a toujours voulu nous inculquer le sens des responsabilités et de l'économie. Il disait que tout ce que l'on a dans la vie n'arrive pas tout cuit dans le bec. Il faut travailler pour le gagner.

Un jour, Jeffrey, un des frères de papa qui demeurait encore chez ses parents, annonça qu'il allait se marier. Je devinai qu'à partir du jour où il emmènerait son épouse vivre chez mes grands-parents mes moments privilégiés avec eux seraient terminés. Je ne pourrais plus aller faire une petite sieste dans leur salon comme avant. Il ne serait plus question d'avoir une conversation intime avec grand-maman. Il y aurait toujours quelqu'un d'autre dans la maison. J'avais raison.

Quelques années plus tard, mes grands-parents ont déménagé dans un foyer pour personnes âgées. Je me souviens encore du jour où ils ont quitté leur maison. Pour eux, c'était la mort. Ils n'acceptaient pas du tout de partir. Je trouvais affreux de les voir pleurer. Quelle tristesse !

Pendant la même année, je suis entrée pensionnaire à l'hôpital Notre-Dame-de-la-Garde afin de poursuivre mes études pour devenir infirmière auxiliaire. Nos chambres étaient situées dans le même établissement que le foyer des personnes âgées. Souvent, le soir après les cours et avant l'heure d'étude, je rendais une petite visite à mes grands-parents. Je les trouvais bien tristes, comme s'ils avaient perdu le goût de vivre. Ma grand-mère maigrissait à vue d'œil. Un jour, grand-père me demanda d'aviser le Dr. Labrie pour qu'il vienne l'examiner. Grand-mère a accepté même si elle était très scrupuleuse. Je n'ai pas su si le médecin a pu l'ausculter. À la même période, à la fin de mes études, je me suis trouvé un travail à Verdun dans la région de Montréal. Quelques mois plus tard, j'ai reçu un appel téléphonique m'annonçant le décès de grand-mère. Quelque temps après sa mort, grand-père a demandé à venir habiter chez mes parents. La maladie survint et nous obligea à l'hospitaliser; il demeura chez les malades chroniques pendant plusieurs années. Entre temps, je suis revenue vivre aux îles. À son décès, j'ai réalisé qu'il y avait une page de l'histoire de notre famille qui venait de se terminer.

Je me souviens que la prière du mois de mai était quelque chose de très important pour nous. Une année entre autres, Raymond et moi, avions décidé délibérément d'aller à la messe à tous les jours durant le mois de mai. Nous partions à jeun très tôt le matin et nous assistions à la première messe officiée par le père Landry à l'école Notre-Dame-de-la-Joie, là où j'ai fait toutes mes classes du primaire. Nous revenions à la maison, déjeunions puis repartions pour l'école.

Maman et papa récupéraient tout ce qu'ils pouvaient. Ils arrivaient toujours à trouver une deuxième vie à toutes sortes d'objets. Ils avaient beaucoup d'imagination. Entre autres, je me souviens d'une année en particulier où, Raymond et moi, avions fabriqué tous les personnages de la crèche de Noël. Avec des rouleaux de carton de papier de toilette, nous construisions le corps. Dans du papier brillant rouge et or et du mica venant des vieilles cartes de Noël que maman avait conservées pour nous, nous taillions leurs habits.

La fête de Noël chez nous se déroulait toujours de la même façon. Maman préparait le sapin de Noël quelques jours avant le 25 décembre et la veille de la Fête, nous allions nous coucher, tout en sachant que le lendemain matin le père Noël serait passé. L'excitation nous empêchait de dormir tôt ce soir-là. Le matin de Noël, tous les enfants développaient leurs cadeaux. Nous savions que nous allions recevoir un pyjama de flanelle, mais nous avions toujours hâte d'en voir la couleur et les motifs. Malgré tout, nous étions bien gâtés, car une amie de maman que nous appelions tante Hélène, nous envoyait, de l'Ontario, de grosses boîtes de cadeaux pour Noël. Elle commençait très tôt dans l'année à acheter toutes sortes de choses en vente.

Comme mes frères et sœurs, j'ai gardé un vif souvenir du Noël où un ami médecin s'était déguisé et était venu nous livrer nos cadeaux. Je revois encore ce gros bonhomme, tout habillé de rouge portant un gros sac vert sur son dos. Mon cœur battait la chamade. J'ai vite couru avertir papa et maman que le Père Noël était chez nous. Je crois que cette nuit-là, tout le monde y croyait, même Maria et Peter. Le sac du Père Noël était plein de cadeaux de toutes sortes.

Je me souviens avoir reçu un malaxeur, de la vaisselle, une machine à coudre qui cousait vraiment, une poupée et un carrosse pour Maria et moi, ainsi qu'un pyjama. Peter et Raymond avaient reçu un gros camion de pompiers. Ils ont passé la journée à se chicaner à propos de ce camion. Si bien qu'à la fin, Raymond exaspéré, dans un moment de colère, a pris la première chose qui lui tombait sous la main et l'a cassée. C'était ma poupée toute neuve. Il lui avait arraché le cou. J'en ai pleuré toute la journée. Maman a bien essayé de la réparer avec du gros fil noir mais le cou ne tenait plus.

Le lendemain, nous avons raconté à tous nos amis que nous avions vraiment vu le Père Noël, mais ils restèrent sceptiques jusqu'au jour où nous leur avons montré une photo que maman avait prise.

Par souci d'économie, les vêtements des plus vieux, s'ils n'étaient pas trop usés, finissaient leur vie sur le dos des plus jeunes. Je me retrouvais souvent avec les vêtements de Maria. Cela ne faisait pas toujours mon affaire. Je me souviens, entre autres, d'un manteau rouge avec un col en mouton gris frisé que j'ai dû porter trois ou quatre ans tellement il était trop grand pour moi. Pour m'encourager, maman me disait que le rouge me faisait bien. Je crois que c'est pour ça que j'ai détesté porter du rouge jusqu'à l'âge de vingt ans.

J'enviais parfois Maria, de quatre ans mon aînée, car elle avait toutes les permissions que j'aurais aimé avoir.

J'avais seize ans quand mes parents m'ont permis d'aller danser à la salle chez Jérôme, là où tous les jeunes du coin se réunissaient. Comme mes frères et sœurs, je devais être de retour à la maison pour minuit. C'était très important de respecter ces conditions.

Si je me fie au dicton : « Qui aime bien, châtie bien », mon frère Peter devait m'aimer beaucoup. J'avais l'impression d'être son souffre-douleur préféré. Il a réussi à me faire pleurer presque tous les jours de mon enfance. Il me taquinait jusqu'à ce que je me mette à pleurer. J'ai bien essayé de lui tenir tête mais je n'y suis jamais parvenue.

Devenue adulte, j'ai compris que son tempérament taquin y était pour quelque chose. Aujourd'hui, il ne réussit plus à me faire fâcher et nous sommes très près l'un de l'autre.

Par contre, mon autre frère Raymond était comme un jumeau pour moi. Nous jouions souvent aux cartes ensemble. Nous aimions nous lancer des défis. Par exemple, l'hiver, quand les routes étaient fermées par l'abondance de neige, nous décidions de nous rendre à l'église à pied.

Il était aussi très habile de ses mains et il avait beaucoup d'imagination. Il arrivait à démailler des sacs d'oignons. Il récupérait la petite corde et la roulait très serrée en attendant de lui trouver une utilisation. Je me suis beaucoup ennuyée de lui quand il est parti étudier au séminaire. Je lui écrivais presque toutes les semaines et je lui faisais parvenir les paroles des chansons en vogue à ce moment-là.

Je devais souvent faire l'arbitre entre Yvonne et Stéphanie. Yvonne couchait dans la même chambre que moi. Pour s'endormir, elle brassait dans son lit. Ça faisait un bruit infernal. Nous nous disputions souvent à ce sujet, mais pire encore quand elle portait mes chandails sans ma permission. Lors là, je lui piquais une colère !

Quand notre petit frère Steven est arrivé à la maison après sa naissance, maman l'a déposé sur la table de la cuisine pour que nous puissions faire sa connaissance. Dans la même heure, maman a dû le changer de couche au moins trois fois. Je trouvais qu'il faisait beaucoup pipi notre nouveau petit frère.

Dorothy et Elizabeth, les petites dernières, avaient toutes deux de très beaux cheveux. L'une blonde, l'autre brune. Je trouvais que Dorothy avec sa petite tête frisée blonde avait l'air d'un ange comme on en voyait dans les livres.

Quand Elizabeth a eu six mois, j'ai demandé à maman de mettre son petit lit à côté du mien. C'est ainsi que j'ai commencé à prendre soin d'elle. J'aimais bien lui peigner les cheveux. Je la serrais dans mes bras et, je me disais que si j'avais un enfant à moi, je l'aimerais de la même façon. Je la câlinais beaucoup.

Les principales qualités que j'ai héritées de mes parents sont la ponctualité, l'honnêteté et je suis aussi ordonnée que maman.

Un de mes plus beaux souvenirs, c'est le repas du dimanche. Je sens encore l'odeur du rôti de bœuf, servi avec le *Yorkshire pudding*. Il y avait aussi les desserts : les fameux gâteaux au chocolat avec un glaçage aux blancs d'œufs ou encore les gâteaux très minces au chocolat, recouverts d'un glaçage de sucre à la crème.

***

Yvonne

Même toute petite, j'ai toujours eu l'impression d'avoir des parents hors de l'ordinaire.

À mes yeux, papa qui avait été à la guerre, était un héros. Maman, qui venait d'un pays situé de l'autre côté de l'océan, était entourée de mystère. Les deux ne parlaient jamais ou très peu de leur passé devant nous.

Si un film de guerre était diffusé à la télévision, papa fermait l'appareil, alléguant qu'il ne fallait pas regarder ce genre de films, mais sans nous en donner la raison. Sa souffrance était évidente. Les émotions le déchiraient et son regard s'assombrissait. Maman nous disait que papa avait très mal à l'estomac depuis qu'il avait été à la guerre. À nos questions, elle répondait d'une manière évasive. Nous avions l'impression que nos parents ne voulaient pas nous raconter leur vécu de peur de nous traumatiser. Ils nous disaient : « Vous comprendrez plus tard. ». Mais nous comprenions déjà qu'il avait dû être très difficile pour eux de vivre la guerre.

À l'école, quand on me posait des questions ou qu'on passait des réflexions désobligeantes au sujet de mes parents, cela ne me dérangeait pas. Je trouvais toujours une bonne raison pour les excuser, car même si je ne comprenais pas pourquoi ils étaient différents des autres, je présumais qu'un jour, nous connaîtrions les réponses à toutes nos questions.

Les gens allaient à la messe chaque jour pendant la période du carême, mais pas nous. Pourtant, à l'école, on disait que c'était péché de ne pas aller à la messe pendant la semaine sainte. Alors, pour répondre aux questions des autres enfants, je disais que c'était parce que mes parents étaient malades et que je devais rester à la maison. Probablement que mes parents, n'ayant pas été marqués par le jansénisme, avaient l'esprit beaucoup plus ouvert par rapport à la pratique religieuse.

On savait qu'on pouvait compter sur nos parents en toute occasion. Si quelque chose n'allait pas à l'école, maman faisait tout pour régler la situation, soit en discutant avec les professeurs ou les autorités compétentes. J'admirais sa culture générale et elle nous aidait beaucoup pour nos devoirs et nos leçons.

Papa était très vaillant. Il était toujours occupé à quelque chose. J'adorais aller faire l'épicerie avec lui. J'avais toujours l'espoir qu'il dépose un petit extra dans le panier.

J'ai de beaux souvenirs de la façon dont maman prenait soin de tout à la maison. Je la trouvais trop perfectionniste mais ce me fut utile quand vint le temps pour moi d'organiser ma maison.

En famille, le dimanche, c'était comme une tradition chez nous qu'après les repas, les garçons lavent la vaisselle. Nous, les filles, nous chantions et dansions. J'aimais bien danser le *Charleston*. Aussi, j'aimais bien manger. Je me souviens avoir pris des galettes en cachette. J'avais toujours faim. Il faut dire que je faisais beaucoup de sport. J'aimais courir, faire du vélo, patiner avec les garçons. J'ai même fait partie d'une équipe de ballon-balai et de hockey. J'ai déjà vécu au nord du Québec, à Schefferville. J'aimais beaucoup y pratiquer la pêche. Encore aujourd'hui, je pratique le golf, la marche et le vélo.

Le bruit de la mer à mon réveil le matin demeure l'un des beaux souvenirs de mon enfance. J'en ai encore la nostalgie.

J'allais garder parfois chez l'oncle Jeffrey, souvent chez mes grands-parents, pour leur donner un petit coup de main. Grand-papa n'était pas très jasant. Mais grand-maman nous racontait toutes sortes d'histoires. J'aurais peigner ses grands cheveux pendant de longues périodes sans qu'elle s'en lasse. Elle était très patiente avec les enfants et c'est à eux qu'elle demandait d'aller lui chercher des *peppermints* chez Fonsine.

Je me souviens également de quelques visites de grand-maman Smedley, ainsi que de tante Jeanne et de ses trois enfants. C'était le *free for all*. Ils n'étaient que trois enfants mais ils déplaçaient plus d'air à eux seuls que nous, les neuf enfants réunis.

Avec le recul, je suis très fière de voir comment nos parents nous ont éduqués. Ils nous ont transmis des valeurs sûres comme l'autonomie. Nous faisions ce que nous avions à faire sans nous préoccuper des cancans des autres. Ils nous ont habitués à ne pas envier les autres, à apprécier ce que nous avions. Par leur exemple, nous avons compris que la vie en soi n'est pas compliquée; ce sont les gens qui la compliquent.

***

Stéphanie

Mon plus lointain souvenir, celui de l'hospitalisation de maman, s'est imprimé fortement dans ma mémoire. Je devais avoir deux ou trois ans et nous avions été hébergés dans une des chambres des religieuses de l'hôpital.

La nuit, je me levais et je fouillais dans la garde-robe. Bien sûr, la religieuse s'est aperçue de mon petit jeu. La nuit suivante, elle m'a attaché les poignets aux barreaux de mon petit lit, couchée sur le dos. Or, j'avais l'habitude de coucher sur le ventre. J'ai beaucoup travaillé pour pouvoir me retourner. Avais-je réussi à me détacher au moins une main pour me retourner sur le ventre et m'endormir ? Je ne m'en souviens plus. Cependant, le soir venu, la religieuse m'a de nouveau attaché les mains et les pieds. C'était vraiment affreux.

À la période de Noël, c'était toujours assez exceptionnel chez nous. Nous regardions maman décorer le sapin que papa était allé couper dans le boisé. Par contre, celui où le vrai Père Noël est venu chez nous, est demeuré le plus merveilleux. Je devais avoir quatre ans.

J'ai souvenir également des belles tempêtes de neige. Les accumulations étaient parfois si fortes qu'il nous était très difficile de marcher jusqu'à l'école. Papa devait alors nous tracer un chemin. Habituellement, nous revenions à la maison pour le dîner, mais pas lors des tempêtes. Papa revenait alors à l'école pour nous apporter notre lunch. Une chose en particulier m'est restée en mémoire, c'est le lait. Il faisait tellement froid que lorsque papa arrivait avec notre dîner, le lait avait commencé à geler. Je trouvais cela délicieux ! À la fin de la journée, papa venait nous chercher. Il me grimpait sur ses épaules et donnait la main aux deux autres enfants pour les aider à marcher. J'adorais ces moments-là et, même si j'avais froid, je souhaitais intérieurement qu'il y ait encore plus de tempêtes. Assise sur les épaules de papa, j'avais l'impression d'être importante parce que plus grande que tous les autres. De retour à la maison, de ses grosses mains, il nous frottait les pieds pour les réchauffer.

Comme mes frères et soeurs, j'aimais voir papa couper les cheveux dans son salon de barbier. Je m'y rendais vers la fin de la journée et je lui donnais un coup de main en balayant le plancher. Après le départ du dernier client, nous revenions ensemble à la maison.

Maman était une très bonne cuisinière et j'aimais tout particulièrement les moments où elle préparait des desserts. J'aidais à faire la vaisselle et, subtilement, j'en profitais pour goûter la préparation de ses pâtisseries au passage. Elle était aussi une très bonne couturière. Nous étions toujours bien habillés, car elle nous confectionnait des costumes dans de beaux tissus reçus de sa mère en Ontario. Nous faisions l'envie de bien d'autres enfants à l'école.

Maman a toujours aimé chanter. J'aimais beaucoup entendre sa belle voix douce. Quand elle racontait des choses sur l'Angleterre, nous l'écoutions religieusement.

Après que les plus vieux eurent quitté la maison, je pris la relève auprès de grand-mère. J'allais au dépanneur lui acheter des bonbons et articles à l'occasion. Quand elle était trop fatiguée ou malade, je la lavais. Sa peau était très douce. Je lavais également ses longs cheveux. Ensuite, je les lui peignais et lui faisais des tresses. C'était vraiment une très belle femme. D'un autre côté, je trouvais grand-père quelque peu bougon, mais nous l'aimions bien quand même.

Quand tante Flora, une des sœurs de papa, venait avec sa famille visiter les grands-parents, j'en éprouvait un grande joie. Nous nous amusions bien avec nos cousins Louis-Paul, Richard et Marcel ainsi qu'avec nos cousines Annette, Marguerite et Ginette. Entre autres jeux, il y avait le jeu de cartes « À la mitaine », très populaire aux îles; nous jouions également à la corde à danser, à la cachette, à la marelle et à la poupée. D'autres fois, je jouais en solitaire pendant des heures avec des poupées de carton.

Avant d'aller au lit, tous les enfants, assis sagement près du poêle, aimaient les histoires de Raymond, tout en dégustant son fameux « nanane ». Mon histoire préférée était celle de *La petite chèvre de Monsieur Séguin*. Ensuite, il récitait la prière avec nous et venait nous border dans notre lit.

J'aimais beaucoup les dimanches, parce qu'en plus de déguster de bons repas, de chanter et de danser, c'était congé pour nous, les filles de la maison. Les corvées revenaient aux garçons !

J'ai quitté les îles afin de poursuivre mes études à Union Commercial College, un établissement d'enseignement privé situé à l'Île-du-Prince-Édouard. Une fois mes études terminées, je suis revenue aux îles. Après quelque temps, comme je n'arrivais pas à me trouver un emploi intéressant, j'ai décidé de faire le grand pas. Donc, un vendredi matin pendant que maman était partie en réunion à Québec, j'ai annoncé à papa que je partais pour Sept-îles car il y avait du travail là-bas.

J'étais certainement un peu aventureuse, car à peine âgée de dix-neuf ans, me voilà, toute seule, en direction de Sept-Îles. Arrivée à destination quelques heures plus tard, j'ai pris un taxi qui me conduisit à un hôtel de bas niveau, occupé en majorité par des Amérindiens. Dans l'heure de mon arrivée, je me suis retrouvée au bureau du Centre de la main-d'œuvre. Le lundi matin suivant, j'occupais mon nouvel emploi. Je ne suis pas demeurée à Sept-Îles très longtemps. J'habite Roxton Pond depuis plusieurs années, mais il me fait toujours plaisir de retourner aux îles pendant la saison estivale.

CHAPITRE 17

Les souvenirs de Steven, Dorothy, Élizabeth

Les témoignages des trois benjamins de la famille sont précieux pour les aînés qui n'ont pas eu le temps de les bien connaître avant de prendre leur envol.

Steven

Je suis le plus jeune des trois garçons. On disait souvent qu'à ma naissance j'étais le plus gros et le plus beau de la famille ! Par contre comme j'étais le septième enfant, il n'y avait plus de place pour moi dans les chambres. J'ai longtemps couché sur l'un ou l'autre des deux coffres placés à chaque bout du corridor. L'un servait à mettre le linge sale et l'autre à ranger les couvertures.

Nous, les garçons, jouions souvent dans le carré de sable. Nous construisions des autos « entièrement équipées », disions-nous. Un bout de bois planté droit dans le sable servait de transmission, une boîte de bois comme siège et un couvercle de pot de confitures ou de mélasse faisait office de volant. Nous pensions même à ajouter des pédales pour rendre l'illusion encore plus réussie. Nous fabriquions aussi des camions avec des restes de matériaux de la Coop. Un copain voisin nous aidait à découper le prélart pour en faire de grosses roues larges.

Nous jouions également aux chercheurs de trésors ! Nous filtrions le sable avec toutes sortes de contenants. Nous n'avons pas dû filtrer au bon endroit, car nous n'en avons jamais trouvé.

Memé nous envoyait chez Fonsine pour lui acheter des friandises, dont des *peppermints*, des menthes roses et des blanches. Puis, elle me refermait la main en y laissant vingt-cinq cents en me disant : « Ne le dis pas à pepé ! ». Je me souviens d'avoir aidé pepé à réparer le toit. Mon salaire avait été de trois sous.

Chez nous, le gaspillage n'était pas permis ! Surtout pour les desserts. Les vendredis, maman préparait des desserts variés pour la semaine. Ce n'était pas long que nous y faisions honneur. Au bout de deux ou trois jours, tout avait disparu !

Les samedis matins, maman allait travailler au bureau de poste. Nous, les enfants, n'étions pas en congé pour autant. Chacun avait des tâches à faire et il fallait qu'à son retour, le midi, tout brille dans la maison.

Le samedi, le lever était à huit heures. Après le déjeuner, il fallait laver les planchers et les cirer, transporter le charbon et le bois pour le chauffage et éplucher les patates. Les diverses tâches d'entretien ménager étaient réparties parmi les autres enfants. Avant que l'eau courante soit installée dans la maison, je devais vider le pot de chambre à l'extérieur. Le sable étant un système naturel d'épuration, j'allais au fond du terrain, le long de la clôture et là, après avoir creusé une mince tranchée de peu de profondeur, je versais le contenu du pot de chambre. Je recouvrais le tout d'une mince couche de sable. Le temps et la nature faisaient le reste.

Une autre tâche que je n'aimais pas tellement faire, c'était de nettoyer les puits. Il y en avait deux. Un à l'intérieur de la maison, au sous-sol, et l'autre à l'extérieur, à ciel ouvert, au fond du terrain. Il fallait creuser pour enlever la terre qui s'était accumulée au fond, au cours de l'année, phénomène naturel de l'érosion du sol.

Le dimanche était jour de relâche, surtout pour les filles. Nous, les garçons, devions au moins laver la vaisselle pendant que les filles chantaient dans le salon. Après le repas du midi, nous nous réunissions pour chanter, surtout en anglais. Papa jouait de l'accordéon et de la musique à bouche. Un jour, Maria avait apporté un *pick-up* à batteries, tourne-disques sur lequel nous pouvions faire jouer des « 45 tours » et des « 33 tours ». C'était toute une révélation pour nous.

Lorsque maman a fait son voyage en Angleterre en 1959, j'ai été hébergé chez mon oncle Augustin et ma tante Léona. Je m'étais beaucoup amusé avec mon cousin Benoît.

Un jour, la sœur de maman, Jeanne, est venue aux îles pour quelques jours avec deux de ses enfants, Michaël et Deborah. Nous, les enfants Landry, avions été habitués à la discipline, à l'ordre et au respect alors que nos deux cousins étaient turbulents et désobéissants.

L'hiver, nous nous amusions à glisser en toboggan sur la butte à Maurice à Bill Bourque. Elle n'était pas bien haute, environ soixante-quinze pieds, ni très longue, cinq à six cents pieds, mais elle nous a procuré beaucoup d'heures de plaisir. Nous pouvions y glisser toute la journée jusqu'à la tombée du jour. Nous allions aussi à la butte à Bijoux, mais cette dernière était toujours plus glacée.

Quand j'étais en première année, j'apportais de belles fleurs à mon professeur. Tout allait pour le mieux jusqu'au jour où, lors d'une réunion de parents, mon enseignante en glissa un mot à maman. Le mystère de la disparition des fleurs du jardin venait d'être enfin élucidé !

L'école étant située à environ deux kilomètres de la maison, nous faisions le trajet à pied plus souvent qu'autrement. Quelquefois, on nous y emmenait en traîneau tiré par des chevaux. Aujourd'hui, cette école, Notre-Dame de la Joie, n'existe plus. Elle fut détruite lors d'un incendie en 1967.

Pendant trois ans environ, j'ai gardé trois enfants chez des cousins de papa que je me plaisais à appeler mon *oncle* Fernand et ma *tante* Lucie. Ils étaient ma deuxième famille. Malheureusement, ils sont décédés tous les deux, il y a à peine deux ans, ainsi que deux de leurs enfants, quelques années auparavant.

À l'école, pour la fête de Noël, j'avais chanté *Petit papa Noël* devant une salle comble. Les gens étaient tellement impressionnés de mon talent qu'ils m'ont permis de manger des petits gâteaux Vachon à volonté. Je n'avais jamais vu autant de petits gâteaux de ma vie. Je m'en suis rassasié.

Avant que papa puisse se procurer une voiture, il transportait son épicerie dans une brouette. Le samedi, il la remplissait de bananes, une denrée plutôt rare et dispendieuse. Il attendait la fermeture du magasin et il offrait un dollar au marchand pour toutes celles qui restaient. Une fois à la maison, il les épluchait, enlevait les parties brunies et pilait le tout. Nous héritions d'un dessert de plus que nous mangions tel quel, ou encore nous l'étendions sur notre pain.

La Coop a bénéficié d'une première installation de l'électricité en 1959 ou 1960. Au début, elle était équipée de trente ampères et, par la suite, elle a obtenu soixante ampères, puis cent. Aujourd'hui, elle en dispose de deux cents.

Je me souviens qu'un hiver, il y a eu une grosse panne d'électricité. Nous avions perdu tout le contenu du congélateur cet hiver-là. Depuis cet incident, mon père a toujours une excellente génératrice.

Papa avait construit son salon de barbier, installé un immense miroir et une chaise de barbier qui datait de plus de cent ans. C'était une construction d'environ douze pieds carrés. Il s'amusait à dire que c'était le plus petit salon de barbier au monde. Depuis des décennies, il y coupait les cheveux des pêcheurs ou des aînés. Il a même joué quelques fois au dentiste, pour dépanner, évidemment.

Quand la télévision est arrivée chez nous, ce fut tout un événement. Tel que décrit précédemment, l'antenne de réception demandait beaucoup de précautions. L'émission *Un homme et son péché* était sacrée. Nous l'écoutions religieusement et ensuite, nous allions nous coucher. Souvent, il nous arrivait de continuer à écouter la télévision à travers la grille de transfert de chaleur au deuxième étage.

Comme les plus jeunes de notre famille, je n'ai pas oublié le « nanane » que Raymond nous préparait. Je me souviens également de la cabane qu'il s'était construite. Elle devait mesurer douze pieds par cinq pieds. N'entrait pas qui voulait !

Je n'ai pas fait que des bons coups dans mon enfance. Un des pires ? J'allais piquer du gaz chez les voisins et pour m'amuser, je mettais le feu. Plus vieux, avec Maria, en cachette, nous prenions la motoneige de Peter. Mais, quand il s'est aperçu qu'on l'avait endommagée, il nous a défendu de nous en servir.

Le tourisme n'existait pratiquement pas aux îles avant les années 1970. Au début, c'était surtout des groupes de jeunes vivant en communauté et ayant soif de nature vierge qui débarquaient, l'été. Ensuite, ce fut le tour de ce que nous appelions les *Pack Sack* qui, avec leur sac à dos pour bagage, venaient passer plus ou moins quinze jours au grand air des îles. De nos jours, c'est une clientèle majoritairement de classe moyenne qui vient visiter notre beau coin de terre.

Le tourisme a été bénéfique pour les îles, économiquement parlant, entre autres. Cependant, il a amené avec lui un phénomène qui n'existait pas aux îles avant son avènement : le syndrome de la porte barrée. La première fois que j'ai trouvé la porte de notre maison verrouillée, j'en suis resté sidéré. Même après mon départ des îles en 1973, j'ai été longtemps à ne pas verrouiller mes portes, même en ville.

Connaissez-vous l'effet de la vadrouille ? C'est un phénomène tout particulier aux îles. C'est l'expression qu'empruntent les Madelinots pour parler des tempêtes d'automne. Le vent souffle souvent à plus de cent kilomètres à l'heure et il fait le nettoyage des plages. Tout en balayant les débris de bois, les coquilles et les restes des algues marines, il balaie les touristes, car ils partent dès que l'automne commence à se faire sentir.

Environ une dizaine d'années après mon départ des îles, j'ai réalisé que ce qui me manquait le plus était la possibilité de voir, de la fenêtre de ma chambre d'enfant, l'horizon à 360°, d'entendre les vagues de la mer et le piaillement des mouettes et des goélands.

Je me souviens également de la butte à Mounette, à Havre-aux-Maisons, là où le vent est si fort qu'on peut à peine tenir debout en équilibre. Par sa poésie musicale, George Langford, un des grands écrivains madelinots, rend hommage à la beauté des îles.

***

Dorothy

L'un de mes beaux souvenirs concernant papa, c'est lorsqu'il nous préparait de la crème glacée. Il la faisait parfois à l'extérieur et nous l'observions à travers la fenêtre de la cuisine.

Je me rappelle avec tristesse d'un événement survenu lorsque j'avais quatre ans. Je faisais la sieste en après-midi et maman avait verrouillé la porte, contrairement à son habitude, avant de traverser chez nos grands-parents. Elle voulait s'assurer que je ne sorte pas de la maison et que je ne traverse la rue sans surveillance. À mon réveil, j'ai trouvé la maison vide. C'était plutôt inhabituel dans une famille de neuf enfants. Soudain, je me suis sentie abandonnée. C'était la première fois que je vivais l'angoisse de me retrouver seule, complètement seule.

Quand maman devait être hospitalisée, en général, je crois que c'était mes sœurs aînées qui prenaient la relève. Toutefois, je me souviens vaguement d'une aide ménagère qui était venue à un certain moment. Je crois qu'elle s'appelait Janet. Je me souviens lui avoir demandé une paire de ciseaux pour jouer à la coiffeuse avec une de mes amies qui avait les cheveux jusqu'aux fesses. Je les lui ai coupés à la hauteur des épaules. Je crois me souvenir que sa mère était très déçue. Cependant, mon amie a toujours continué à porter les cheveux courts par la suite.

Peter était le clown de la famille. Il nous demandait par exemple de lui cirer ses chaussures, en nous promettant des sous, mais il respectait rarement ses promesses.

J'aimais bien quand Raymond nous racontait des histoires et nous préparait son fameux « nanane ».

Je me rappelle également de nos batailles, Élizabeth, Peter et moi. Peter est parti de la maison à l'âge de vingt-cinq ans. Alors, nous, les petites dernières, nous avons passé plus de temps avec lui qu'avec les autres aînés de la famille. Lorsqu'il revenait du travail, nous nous amusions à nous battre sur le divan du salon.

Comment oublier Hélène, une amie de maman, qui habitait en Ontario. Elle nous faisait parvenir des boîtes entières remplies de vêtements, de poupées et de toutes sortes de choses, autant pour les garçons que pour les filles. C'était la fête chaque fois.

On ne se visitait pas beaucoup d'une famille à l'autre. Maman détestait le placotage. Elle ne voulait pas que les gens se mêlent de ses affaires et par conséquent, elle ne se mêlait pas des affaires des autres. Ce qui ne l'empêchait pas d'être très engagée socialement. Elle avait un grand respect des gens en général et elle a su nous inculquer cette valeur.

Quand la parenté venait aux îles, entre autres, la sœur de maman, tante Jeanne et ses enfants, cela créait toujours comme un grand remous. Nos cousins et cousines ne parlaient que l'anglais et nous essayions de nous faire comprendre avec quelques mots et beaucoup de gestes et de signes.

J'aimais bien jouer à la poupée avec ma sœur Élizabeth. Cependant, je me fatiguais vite de ce jeu et j'avais toujours hâte de me retrouver seule dans ma chambre. Élizabeth et moi n'avons eu nos chambres privées que lorsque Steven est parti vivre à l'extérieur. J'ai l'impression d'avoir passé mon adolescence dans ma chambre à rêvasser, à essayer d'analyser le comportement des gens et à imaginer toutes sortes de scénarios.

Les coutumes du dimanche étaient bien établies chez nous. Le matin, nous allions à la messe, nous dînions, puis nous nous réunissions au petit salon pour chanter et danser. Le repas était toujours délicieux, surtout quand nous avions droit au fameux rôti de boeuf. Nous mangions beaucoup de légumes et raffolions des desserts, comme le pouding au riz, les galettes et ses délicieux gâteaux. Encore aujourd'hui, j'aime goûter à toutes sortes de mets nouveaux.

Maman nous a montré très jeune à être ordonnés et à bien faire le ménage. J'ai conservé ces bonnes habitudes. Comme maman, j'aime la solitude, la lecture et l'écriture. Comme papa, je suis une lève-tôt et je bouge beaucoup.

J'ai toujours été très fière de mes parents et de leur implication sociale. Maman était active au sein du Comité de parents à l'école, au Conseil d'administration de la Caisse populaire et de la Coop ainsi qu'au Comité du groupement des bénévoles de l'hôpital. Admiratif, papa disait qu'il était allé chercher une perle en Angleterre.

J'ai quitté les îles en secondaire cinq, le lendemain du dernier examen du Ministère, soit le 21 juin 1975. J'avais complété un cours de secrétariat et j'ai dû partir pour aller travailler. J'avais vraiment hâte de quitter les îles. Je suis donc partie à Montréal pour une période de deux ans. Chaque fois que je revenais de mon séjour estival des îles, je trouvais difficile de retourner vivre dans le bruit, la circulation, la pollution et l'indifférence des gens. Vivre en ville avait certes des avantages, mais l'air pur et la mer me manquaient ainsi que la liberté de pouvoir me promener seule le soir. En vieillissant, la nature et le calme me manquaient de plus en plus.

Je suis demeurée huit ans en ville. Je ne m'ennuyais pas, car j'étais toujours occupée. Ma fille Julie était déjà née et je désirais d'autres enfants. Cependant, je ne voulais pas les élever en ville. Je trouvais cela trop dangereux et je me disais qu'ils seraient plus libres, qu'ils auraient plus d'espace à la campagne et que je n'aurais pas peur de les laisser jouer dehors, seuls. Je suis donc revenue vivre aux îles.

Toutefois, je savais pertinemment qu'après leurs études, les enfants devraient partir pendant quelques années à l'extérieur pour poursuivre leurs études et peut-être y travailler par la suite. Mais pour donner une meilleure qualité de vie à mes enfants, je préférais les îles.

***

Élizabeth

Plus jeune, nous jouions à la poupée, « à la femme ». Nous faisions aussi des spectacles de chansons et nous jouions au ballon-chasseur. L'hiver, bien sûr, nous allions glisser sur la butte, près de la maison.

Le dimanche, nous allions à la première messe du matin, la basse messe et en revenant, maman préparait le dîner. Elle faisait et continue de faire le meilleur rôti de bœuf qui soit ! Et que dire de ses fameuses tartes aux pommes ! C'est un vrai délice !

En attendant que le repas soit prêt, Dorothy et moi chantions dans le salon. Nous faisions tourner nos disques jusqu'à l'usure. Papa a toujours aimé nous entendre chanter et encore aujourd'hui, rien ne lui fait autant plaisir.

Occasionnellement, très tôt le matin, papa nous préparait du pain doré. Nous sentions l'odeur du haut de l'escalier. Ces jours-là, c'était la fête. Par contre, d'autres mets nous plaisaient moins. Nous en cachions des morceaux sous le rebord de la table... Heureusement pour nous, les chats faisaient le ménage. Ainsi, nos parents ne s'en apercevaient pas.

Un soir, après le souper, papa demande, les sourcils froncés : « Qui a jeté vingt-cinq cents à la poubelle ? » Je me suis empressée de dire : « Où ça, papa? Où ça ? » Il me montra la poubelle. J'ai vite déchanté quand je me suis aperçue qu'il voulait parler d'un morceau de viande qu'un des enfants avait jeté. C'était sa façon personnelle, quelque peu humoristique et sarcastique de nous faire comprendre qu'il était important de ne pas gaspiller.

J'ai toujours connu papa fort et travaillant. Il coupait les cheveux pendant de longues heures et je me souviens également qu'il travaillait souvent pour Fernand Landry. Je me rappelle aussi du temps où il s'occupait du « borgot », le signal pour indiquer aux bateaux où est le port de pêche, lorsqu'il y a de la brume. J'étais et je suis toujours très fière de mon père. Un homme juste, au cœur d'or. C'était toujours difficile pour lui de nous refuser quelque chose. Je crois que s'il avait eu les moyens financiers, nous aurions été beaucoup trop gâtés. Toutefois, j'étais ratoureuse et j'arrivais souvent à lui soutirer quelques pièces, surtout lorsque je faisais la demande pour deux ! Lorsqu'il fallait quêter de papa ou de Peter des permissions spéciales, une collation ou de l'argent, à et que les chances de les obtenir étaient minces, devinez qui devait le faire ? Dorothy se disait trop gênée. Moi, je faisais la courageuse pour qu'elle soit contente, même si j'avais la frousse du « non » et des réprimandes.

Maman m'imposait la sieste l'après-midi et souvent, quand je me levais et que tous les autres enfants étaient partis à l'école, j'avais droit à une belle collation. Par exemple, lorsqu'elle faisait ses tartes aux pommes, elle en préparait une petite, juste pour moi.

Parfois, j'écoutais un film avec elle. Je me collais sur elle et elle me jouait dans les cheveux. C'était un moment magique pour moi. Je ne bougeais pas d'un pouce pour qu'elle n'arrête pas. Bien sûr, elle se permettait rarement des moments de repos. C'est pourquoi, ces instants privilégiés étaient si importants pour moi. Avec elle, nous pouvions parler de tout. Mais, contrairement à papa, quand elle disait « non », ça restait « non ».

Maman était et est toujours une femme fière, toujours élégante. C'était une perfectionniste. Quand venait le temps de faire le ménage, il ne fallait pas le faire à moitié. Nous étions à la bonne école ! Elle nous disait souvent que tout ce qui méritait d'être fait, méritait d'être bien fait.

Maman étant ferme de caractère, elle n'avait pas besoin de répéter deux fois. Quand venait le temps d'aller au lit, elle chantait *À qui l'p'tit cœur après neuf heures ? Est-ce à toi ? Est-ce à moi ?* Nous savions qu'il était l'heure de monter nous coucher.

Elle adorait également les animaux. Nous avons donc eu plusieurs chats, des chiens, des oiseaux. Même des tortues et des poissons. J'ai toujours aimé les animaux et à mon tour, j'ai un chien, un chat, un oiseau. Et j'ai eu des poissons.

Je me souviens d'un Noël où maman avait décoré le sapin avec de grands colliers qu'on portait au temps du Charleston ainsi qu'avec des grosses boucles d'oreilles. Maman avait beaucoup de talents artistiques et elle essayait toutes sortes de choses. Quand je vois aujourd'hui les guirlandes en colliers qui se vendent pour les décorations de Noël, je pense toujours aux décorations du sapin de ce Noël-là. En fin de compte, sans le savoir, maman était très originale et avant-gardiste.

À l'occasion d'un Noël, mon parrain, le Dr Labrie, m'avait donné en cadeau une poupée négresse, comme on disait dans ce temps-là. J'étais la première à posséder une poupée à la peau noire. Par la suite, elle a souvent été utilisée pour représenter la Vierge Marie à l'école polyvalente, pour la crèche de Noël. J'en étais bien fière et en plus, ma grande sœur Yvonne me la rapportait toujours avec une belle grande robe bleue. Cette poupée m'a suivie partout dans mes déménagements, jusqu'à il y a environ cinq ans, lorsque mon mari l'a jetée, croyant qu'elle était trop vieille et ne sachant pas, bien sûr, à quel point je tenais à la conserver. Il faut dire qu'elle était bien usée car je lui avais coupé les ongles, et quelqu'un lui avait enfoncé les yeux dans la tête. Mais, c'était ma poupée. C'était un souvenir de mon enfance que je voulais conserver. Avoir pu le faire, j'aurais également conservé mon ourson noir et blanc. Mais, il y a belle lurette qu'il a disparu !

Je me souviens également que Dorothy et moi avions eu les premières poupées « garçons » que l'on appelait nos « Richard ». C'était la grande amie de maman, Helen, qui nous les avait données.

À l'occasion de nos anniversaires, maman préparait toujours un gâteau au chocolat à deux étages recouvert d'un glaçage blanc qui donnait l'envie à tous les enfants de le déguster. Plus âgée, j'ai demandé à avoir un gâteau avec des noix et un glaçage au chocolat.

Il y a de cela plusieurs années, d'anciens combattants étaient venus aux îles et ils venaient rencontrer papa. Je me souviens, entre autres, dune des visites d'Ovila. Je les revois tous les deux assis à un bout de la table de la cuisine. C'était beau de les voir jaser ensemble. Je me tenais un peu à l'écart pour les laisser tranquilles. Puis, Ovila dit à papa : « Tiens, je te ramène tes ciseaux. » C'était inattendu. Papa prit les ciseaux et les regarda longuement. Comme s'ils lui rappelaient quelque chose de particulier. À mon grand étonnement, il les remit à Ovila en lui mentionnant : « Ça te donnera l'occasion de revenir me voir. » J'étais tellement déçue ! Mais, à une autre de ses visites, Ovila est revenu avec les ciseaux et là, papa les a pris. Aujourd'hui, c'est moi qui en a hérité et je les conserve précieusement.

Maman avait souvent des réunions, car elle s'impliquait beaucoup au niveau de la communauté. De plus, d'anciens combattants lui demandaient son aide pour la traduction d'une lettre ou pour en produire une en français. Elle était toujours prête à rendre service. Je ne peux qu'être fière d'elle.

Quand maman a commencé à travailler au bureau de poste, les samedis, Dorothy et moi préparions le dîner. Ce n'était pas trop compliqué et le menu était toujours le même : des cuisses de poulet au four. C'était facile à préparer et en plus, pas dangereux pour le feu.

On m'a raconté que maman avait souvent été hospitalisée mais je ne m'en souviens pas. Cependant, je me rappelle qu'un jour, papa et maman sont partis et que Dorothy et moi sommes restées seules à la maison. Nous avions respectivement quinze et treize ans. Nous en avons profité pour parler à nos premiers chums.

Concernant ma plus grande sœur Maria, je me souviens surtout de ses visites aux îles. Quand elle arrivait de la ville, c'était la fête. Je dois admettre que c'était surtout sa valise qui nous intéressait, car elle contenait toujours une surprise pour les deux plus jeunes, Dorothy et moi. J'étais également très impressionnée par tout son maquillage. Cependant, je trouvais qu'elle me faisait un peu trop faire ses commissions. Même qu'un jour, je me suis vraiment fâchée et lui ai répondu : « Je ne suis pas ta servante ! ».

Je devais avoir trois ans lorsque Raymond a quitté la maison pour aller étudier au séminaire. À son retour, deux ans plus tard, j'étais très intimidée de le revoir. Je savais qu'il était mon grand frère. Lorsque j'ai vu papa arriver avec lui, je suis restée de l'autre côté de la rue et j'ai pris quelque temps à me décider de retourner à la maison. À une autre occasion où ma timidité s'est manifestée, je suis allée me cacher dans un coin du salon.

Ce dont je me souviens le plus de Raymond, c'est qu'il était très méticuleux. Dans sa chambre, il gardait précieusement dans une boîte de carton des petites fiches sur lesquelles il inscrivait un seul mot à la fois. Il consultait souvent le dictionnaire et il lisait beaucoup.

Je me souviens aussi que Shirley-Ann, qui faisait son cours d'infirmière à l'hôpital, revenait à la maison à toutes les fins de semaine. J'attendais son arrivée avec impatience, car elle me rapportait toujours les belles grosses pommes rouges qu'elle n'avait pas mangées durant la semaine. Je ne sais pas pourquoi cela m'excitait autant puisqu'à la maison nous avions toujours eu des pommes.

Pour ce qui est d'Yvonne, c'est à peine si je me souviens d'elle à la maison et pourtant je n'ai pas oublié la première fois où Michel, son amoureux, est venu la chercher pour une sortie. Un grand jeune homme maigre, bien accoté au cadre de la porte avec sa belle tuque des Canadiens qu'il portait fièrement. Il est devenu son mari.

Occasionnellement, Stéphanie et Steven devaient nous garder, Dorothy et moi. Je pense qu'ils avaient toujours hâte que j'aille me coucher même si cela ne faisait pas toujours mon bonheur.

Vous parler de Peter, c'est autre chose. Quand il est parti de la maison, il devait avoir presque vingt-cinq ans. J'avais environ douze ans. J'ai beaucoup plus de souvenirs de lui. Il est le plus âgé de mes frères, mais il a fait plus partie de ma vie que les autres car il vivait avec nous. Il travaillait à la Coop La Sociale et j'y allais souvent pour lui demander vingt-cinq cents pour m'acheter des bonbons. Au début, il disait toujours « Non, je n'ai pas d'argent. ». Alors, je touchais ses poches et je répliquais : « Oui, tu en as ! Ça sonne. Ha ! Ha ! » Il finissait toujours par m'en donner. D'ailleurs, je crois bien qu'il est encore comme cela. Je crois que c'est très dur pour lui de dire « non », comme pour papa, d'ailleurs.

Cependant, pour obtenir ces fameux vingt-cinq cents, je devais lui servir ses verres d'eau lors des repas. Il m'arrivait même de les lui servir et de cirer ses souliers sans qu'il me le demande. Il est certain que j'aimais bien quand il me donnait de l'argent, mais c'est le fait qu'il soit à la maison avec nous m'importait le plus encore.

À l'occasion des vacances d'été, une demoiselle Suzanne est venue aux îles, elle l'a séduit et ils se sont fréquentés tout l'été. Puis, Suzanne est retournée à Montréal. Je revois mon frère annoncer à papa et à maman son intention de partir pour rejoindre Suzanne. Il disait : « Ma blonde là-bas et moi ici, ça ne peut pas marcher. » J'ai pleuré comme une Madeleine. Un autre qui partait et pas n'importe qui. J'avais l'impression de perdre un énorme morceau. La vie m'arrachait quelqu'un que j'aimais beaucoup. À cet âge-là, je ne pouvais pas comprendre que malgré la distance, il serait toujours là pour moi. Peter est toujours resté le même ainsi que sa femme Suzanne. Ils forment un couple merveilleux.

C'est avec ma sœur Dorothy que j'ai vécu le plus de complicité et de chicanes, aussi. Nous nous chamaillions pour la vaisselle, le ménage, les vêtements et surtout, parce qu'elle brassait dans le lit pour s'endormir le soir. Essayez donc de dormir avec quelqu'un qui bouge sans arrêt. Mais, nous nous sommes beaucoup amusées aussi.

Je crois que j'étais quelque peu bonasse et tout comme Peter, j'étais incapable de dire non. Alors, Dorothy arrivait à me faire faire tout ce qu'elle voulait pour trente minutes de jeu avec elle. Souvent, elle acceptait de jouer à la poupée, mais à peine avions-nous commencé qu'elle changeait d'idée. Quelle déception !

Dorothy a connu ses premières amours à l'été de ses seize ans, et moi à l'été de mes quatorze ans. C'est à ce moment-là qu'une belle complicité eut lieu entre nous. J'étais pour elle ce qu'elle était pour moi, une confidente. J'en étais très heureuse. Je me sentais enfin importante pour elle. Mais vint le jour où elle annonça à son tour qu'elle quittait les îles. Elle venait à peine d'avoir ses dix-huit ans. Notre belle complicité n'avait été que de courte durée. Je me retrouvais seule à la maison. Décidément, tous ceux que j'aimais très fort sortaient un jour ou l'autre de ma vie. J'ai appris beaucoup plus tard qu'il est important de vivre les moments présents et que l'amitié vraie ne meurt jamais, peu importe la distance.

Quand le jour de son départ est arrivé, j'ai tellement pleuré que je n'ai pu embarquer dans l'auto pour me rendre à l'aéroport. Elle est partie sans même se retourner. J'admets qu'elle avait ses raisons pour vouloir partir, mais je me suis sentie tellement abandonnée, encore une fois.

Je suis partie des îles à mon tour, quand j'allais avoir dix-neuf ans en septembre. À ce moment-là, je vivais ma première grosse peine d'amour. Mon frère Steven, venu en vacances chez nous, m'avait proposé d'aller habiter avec lui, à Montréal. Sa proposition arrivait à point. Toute seule, je n'aurais probablement jamais décidé de partir des îles, peureuse comme j'étais.

Peu de temps après mon arrivée à Montréal, je me suis trouvé un emploi à l'agence de voyages Viau. Grâce aux bénéfices donnés aux employés, j'ai pu aller aux îles régulièrement. J'y demeure depuis plusieurs années avec mon mari, mes deux filles, mon chien et mon chat et, par surcroît, je profite d'une vue superbe sur la mer.

Je me considère perfectionniste comme maman et je travaille vite comme papa. Mes parents m'ont appris le respect des autres, le sens des responsabilités, la franchise et le don de soi. J'en suis très fière.

ÉPILOGUE

Laissons le dernier mot à maman, qui a grandement contribué à l'écriture de cette page de notre patrimoine familial.

Au fil du temps, alors que glissaient au bout de ma plume des récits tantôt dramatiques, tantôt humoristiques, j'ai réalisé le chemin parcouru depuis ma tendre enfance. Ensemble, Conrad et moi avons réussi à surmonter bien des obstacles, mais la vie nous a comblés de gratitude, tant de la part de nos enfants que de nos amis.

Comme nous ne savons pas ce que l'avenir nous réserve, nous essayons de vivre le moment présent. Maintenant, âgée de soixante-quinze ans, je demeure toujours à la maison, en compagnie de Conrad, mon mari âgé de quatre-vingt-cinq ans, qui a toujours été et qui est encore pour moi et les enfants, le roc solide sur lequel on peut s'appuyer. Nous désirons profiter de chaque instant de notre vie pour apprécier notre belle famille, notre bien le plus précieux sur terre.

Malgré ses quatre-vingt-cinq ans, Conrad vaque encore à la préparation de son jardin et aux multiples travaux à effectuer autour de la maison. Pour ma part, j'occupe mon temps à la lecture, à l'écriture, au tricot et à la broderie, sans oublier de me reposer.

À l'automne de notre vie, nous regardons ensemble dans la même direction, satisfaits du chemin parcouru, bercés de doux souvenirs, comblés d'amour et abandonnés entre les mains de la Providence.

Pour Conrad et moi, ce projet d'écriture fut une expérience très épanouissante et enrichissante. Nous sommes heureux de pouvoir laisser en héritage à nos enfants et nos petits-enfants, notre cheminement personnel. Nous avons passé par bien des hauts et des bas, mais l'important, c'est que l'amour nous a permis de transformer nos difficultés en réussites.

GLOSSAIRE

Amérindien : Appellation pour désigner les membres des Premières Nations.

Ballant : Mouvement d'oscillation. Véhicule qui a du ballant. Qui pend et oscille nonchalamment. Aller les bras ballants.

Banc de neige : Le terme banc de neige est un québécisme de bon aloi. Ailleurs, dans la francophonie, on dit une congère. Banc de neige et congère désignent aussi bien l'amoncellement de neige accumulée par le vent que celui qui résulte du balayage.

Barachois: Ensablée où l'on peut échouer les embarcations.

Baraque : Petit bâtiment carré à toit ajustable utilisé aux îles pour l'engrangement du fourrage (foin) d'hiver.

Barber Shop : Mot anglais pour salon de barbier.

Barbot : Choquemart : Petit poisson à barbillons, de quelques centimètres seulement, utilisé comme boëtte pour la pêche à l'anguille.

Bardasser : Secouer en faisant du bruit.

Barge : Petite embarcation à quille utilisée, entre autres pour la pêche au hareng.

Berlicoco – borlicoco – bourlicoco – bigorneau : Petit coquillage à coquille spiralée, souvent appelé du nom populaire borlicoco et dont on peut remarquer la présence abondante sur les galets qui bordent certaines côtes des îles.

Boëtte : Produits de poissons utilisés comme appâts par les pêcheurs pour attirer les poissons, les crustacés ou les phoques.

Bôme : Dans le domaine de la drave, pour retenir les billots de bois flottants en îlots.

Borgot : Corne d'appel. Corne de brume placée sur un phare et utilisée par temps de brouillard.

Botte : Nom générique pour désigner un bateau de pêche. Désignation vernaculaire incluant tout type d'embarcation de pêche aux îles.

Bougresse : Un bon bougre, un bon vivant! Au Canada, au féminin, ont dit bougrèsse.

Boucanerie : Aux îles, fumoir.

Brin de scie : Déformation de bran de scie. Il faut dire bran de scie ou encore, sciure de bois.

Bulldozer : Mot anglais utilisé pour chasse-neige.

Butte : Désignation vernaculaire des collines arrondies des îles.

Cage: Terme utilisé aux îles signifiant cageon, petit casier.

Cage à tendre : Se dit de l'action de déployer sur fond de pêche les cages à homard ou tout autre engin de pêche tels les filets, etc.

Cale : Quai. Débarcadère à l'usage des pêcheurs.

Capine : Capuchon en étoffe ou en laine. On disait également capiche.

Carcan : Anciennement, collier de fer pour retenir les prisonniers. Contrainte.

Carrosse : Utilisation erronée du terme. On devrait dire landau en parlant d'une voiture d'enfant recouverte et poussette pour désigner une voiturette pliante et très légère.

Catiner : Jouer à la poupée.

Chafaud : Aux îles, petite construction sur pilotis au bord de la mer, pour y saler la morue et ranger les gréements.

Change : Vieille façon de demander de la monnaie.

Clipper : Mot anglais utilisé pour tondeuse à cheveux.

Combine : Sous-vêtement d'une seule pièce comprenant corps de chemise et caleçon. Le terme juste est combinaison.

Commune : Municipalité en France.

Coque : Désignation vernaculaire de la mye aux îles.

Croc : Aux îles, hameçon.

Douelle : Douve de tonneau.

Doris : Petite embarcation légère, à proue pointue et à fond plat.

Douve : Planche servant à la fabrication des tonneaux.

Étriver : Agacer, taquiner.

Flanellette : De flanelle. Étoffe mince tissée un peu lâche.

Free for all : Expression anglaise pour laisser-aller total. Mêlée générale.

Fudge : Mot anglais utilisé pour chocolat. Nourriture contenant du (fudge) chocolat.

Gabarre : Embarcation à fond plat faite de planches ajourées et munie de flotteurs à la proue et à la poupe, utilisée comme vivoir pour ramener le hareng levé dans les trappes.

Gâteau Vachon : Petits gâteaux de la marque commerciale Vachon qui avaient une très grande popularité auprès des Québécois.

Grand'terre : Désignation vernaculaire du continent aux îles.

Grave : Terrain caillouteux situé près de la mer et sur lequel s'effectuait autrefois le séchage de la morue.

Half of a Crown : Monnaie britannique. Équivalait à 60¢ vers 1940.

Ice cream : Mot anglais pour crème glacée.

Jack of all trades : Expression anglaise utilisée pour désigner un homme très débrouillard, un touche-à-tout.

Jib : foc (voile).

Jig : Outil, généralement de fabrication artisanale, utilisé pour pêcher l'anguille, la morue, le maquereau.

Jouer à la femme : Expression vernaculaire québécoise pour jouer aux parents.

Land-mine : Mot anglais pour désigner soit un obus lancé d'un avion avec un parachute et qui explose en touchant un édifice ou un terrain ou une mine terrestre.

Lignette : Petits nœuds coulants montés sur un bout de bois avec des crins de cheval pour prendre les oiseaux (surtout des hirondelles).

Livre : Unité de masse. Facteur de conversion pour un kilogramme : 0.45359

Long jeu : Avant l'avènement des CD (compact disk), disques compacts, ancienne expression pour désigner un microsillon.

Lunch : Emprunt ancien à l'anglais passer dans l'usage français courant pour repas léger.

Méné : Produits de poissons servant d'appât.

Mille : Mesure anglo-saxonne de longueur.
Facteur de conversion pour km : 1.609

Misaine : Mât de misaine, autrefois, voile du milieu d'une goélette à deux mâts ou petit mât vertical que l'on peut encore voir à l'avant des chalutiers anciens (type malamock).

Obus de mortier : Pièce d'artillerie utilisée lors de la Deuxième Guerre mondiale.

Orgue de Barbarie : Corruption pour orgue de Barberi. Fabricant de Modène, Italie. Instrument portatif fait à l'instar de l'orgue et mis en jeu au moyen d'un cylindre qu'on fait mouvoir.

Patente : Évident, manifeste. Cuir patente, cuir verni. Des souliers en cuir patente.

Patenter : Bricoler, arranger tant bien que mal quelque chose.

Pence : Monnaie britannique. 1 pence équivalait à 10¢ vers 1940.

Penny : Monnaie britannique. 1 penny équivalait à 2¢ vers 1940.

Peppermints : Mot anglais employé pour bonbon à la menthe.

Piastre : Vieille appellation du dollar de papier.

Pick-up : Mot anglais employé pour désigner un tourne-disque.

Pied : Unité de mesure anglo-saxonne comportant douze pouces et équivalant environ trente centimètres. Il mesure six pieds.

Pipée : Le contenue d'une pipe ; fumer une bonne pipée de tabac.

Pite : Sorte de luge à une seule lisse, faite d'une douelle sur laquelle sont clouées une bûche et une traverse tenant lieu de siège.

Pitoune : Bois à pulpe, coupé en billes de quatre pieds et de faible diamètre qu'on transportait en laissant flotter sur les lacs et les rivières (drave) jusqu'à la scierie.

Plogueuil : Poisson. On nomme quelquefois crapauds de mer, certains plogueuils, plus petits, qui se tiennent autour des quais.

Ponchon : Gros tonneau dans lequel autrefois, on importait la mélasse aux îles et qui, une fois vide, était utilisé comme contenant à saumure pour le hareng ou la morue, ou était destiné à d'autres usages.

Pound : Monnaie britannique. Un pound équivalait à 4,44 $ vers 1940.

Pub : En Grande-Bretagne, établissement où l'on sert de la bière et autres boissons alcoolisées.

Ratoureuse : Qui sait comment s'y prendre pour arriver à ses fins.

Raves : Œufs de certains poissons de mer et crustacés.

Roast beef : Mots anglais pour rôti de bœuf.

Shilling : Monnaie britannique. 1 shilling équivalait à 25¢ vers 1940.

Tangon : Instrument de mouillage fixe, situé généralement dans un port, constitué de deux ancres laissées en permanence au fond de l'eau et que l'on repère au moyen d'une bouée à l'identification de son propriétaire.

Tea Shop : Expression anglophone pour boutique de thé

Tet à poule : De l'ancien français «taict», toit, du latin tectum. Petite étable pour les porcs, les poules, les brebis ou autres animaux de la ferme.

Troubler : Commencer à troubler. Expression voulant laisser entendre qu'on perd la raison.

Vernaculaire : Qui est propre à un pays, à une ethnie. Langue parlée seulement à l'intérieur d'une communauté.

Venter à écorner les bœufs : Expression vernaculaire signifiant que le vent souffle tellement fort qu'il pourrait enlever les cornes de la tête des bœufs.

Vert de gris : Phénomène naturel d'oxydation du cuivre que l'on retrouve sur les articles fabriqués de ce métal.

Paroles de chansons

Jamais je ne t'oublierai

On ne peut pas toujours s'imaginer
Qu'un rêve deviendra réalité
Mais dès l'instant il ne peut penser
Qu'une demande le fera accepter
L'excitation, la hâte et le projet
Tout le monde en parle, et on y met du sien
Dès le départ une surprise nous attend
En première classe British Airways

Jamais, jamais, jamais
Je ne t'oublierai jamais

Les Legouix sont des gens fort sympathiques
Ils nous accueillent à bras ouverts
Ainsi que des cousins du pays
La Normandie que nous v'nons découvrir
Ces réceptions pour nous inoubliables
Rassemblant toutes ces bonnes gens
Autour d'une table bien garnie
Chansons échanges et amusements

Un heureux cinquantième anniversaire
Pour honorer nos combattants
Soldats, sergent et capitaine
Faut les nommer ces médaillés
Messieurs Gauvin, Gagné et toi, Landry
Tous ces honneurs vous méritez
Témoins de tous ces événements

289

Nous vous disons notre fierté

C'est en passant par la ville d'Anvers
Avec son plus grand port de mer
Visite à Bruges pour sa dentelle
Cadeaux, souvenirs à nos amis
Il est maintenant le temps de traverser
Aéroglisseur on est gâté
Nous poursuivons chez la cousine
Prendre le thé en compagnie

Tout en logeant ensemble les côtes Anglaises
Quelques visites nous rappelant
Tous ces périples qui nous amènent
A toutes ces rues se destinant
Bénédictions avec consentements
C'est avec une grande émotion
Que nous disons merci à Dieu
Pour ce grand bonheur qu'il nous donne

Déjà le temps pour nous de retourner
Merci Steven on est content
Pour cette belle réalisation
On te le doit sincèrement
Ces retrouvailles tout en voyageant
Nous permettront de raconter
Fraternité nous unissant
Et nous voulons le partager.

Jamais, jamais, jamais
On ne s'oubliera jamais.

La marche des jeunes

Le ciel est bleu, réveille-toi!
C'est un jour nouveau qui commence
Le ciel est bleu, réveille-toi!
Les oiseaux chantent sur les toits,
Réveille-toi!

Ah! Qu'il fait bon d'avoir notre âge!
Ah! Qu'il fait bon d'avoir vingt ans,
Et de marcher le cœur content,
Vers le clocher de son village.
Quelle est jolie notre rivière
Quelle est jolie notre maison
Quelle est jolie la terre entière
Quelle est jolie en toute saison.
Montagnes bleues l'été, l'hiver montagnes blanches,
Printemps du mois d'avril, automne au chant berceur,
Ah! Qu'ils sont beaux tous les dimanches,
Ah! Qu'ils sont beaux les jours en fleurs
De la jeunesse qui se penche
Sur notre terre avec ardeur.

Y a des cailloux (bis) sur les chemins (bis)
Y a du vent qui court dans la plaine
Y a des cailloux (bis) sur les chemins (bis)
Mais à l'auberge y a du bon vin!

Refrain

Quand nous passons fiers et joyeux,
Toutes les filles nous font des sourires
Quand nous passons fiers et joyeux

Y a du soleil dans tous les yeux!
Dans tous les yeux!

Le bateau coule

(air : Bercé par la houle)

Voici le récit d'un drame
Que l'on parlera longtemps
Où ont péri plusieurs femmes
Et des enfants innocents

Sur un bateau sans défense
Les pirates allemands
Sans pitié, sans conscience
Attaquent sournoisement

Mais le bateau coule
Partout c'est la terreur
On voit sur la houle bien des horreurs
Une pauvre mère
Aux flots géants
Sur la mer profonde
Voit ses enfants
Ces deux petits êtres
Qu'elle chérissait tant
Semblent disparaître aux flots géants

Nous jetons le blâme
Que Dieu les condamne
Ces brutales infâmes
Les Allemands.

Le petit soldat

À la famille entière le fils fait ses adieux.
Mais pourquoi tant de misères, d'angoisse dans les
yeux?
La bonne maman longtemps, longtemps
Regarde les yeux pleins de larmes
Où va-t-il donc, le pauvre garçon
Que son départ cause tant d'alarmes?

C'est un petit soldat
Qu'on prend à son pays
Parce qu'il faut sur une terre lointaine
Verser du sang à la guerre inhumaine!
C'est un bien triste sort
D'aller risquer la mort
Si loin des siens, si loin de son pays!
Bien loin de ses amis!

Pensif et solitaire, habillé de kaki,
Couché sur de la terre, la main sur son fusil.
Un jeune soldat du Canada
Reste ferme et sourit devant l'orage
Il n'a que vingt ans à peine pourtant
D'où lui vient-il donc ce courage

C'est un petit soldat qui bravement s'est dit
S'il faut mourir
Faisons une mort héroïque
Afin de montrer à tous ces Britanniques
Que les Canadiens français
S'ils sont de bons sujets
Ne craignent pas devant l'ennemi

Ils sont de braves soldats

Il fut trop téméraire
Une balle va le tuer
Sur la terre étrangère
La mort va le faucher.
Adieu amis, adieu pays
Adieu beaux fleuves, neiges sereines!
Et le petit conscrit
Meurt loin de son pays
Sans bien savoir pourquoi là-bas où il tombe
Aucun ami ne fleurira sa tombe.
Pour remplacer les fleurs
Gardez dans votre cœur
Le souvenir de tous les petits conscrits
Qui meurent loin du pays.

Les cœurs n'ont pas de fenêtres

Nous avons fait ensemble
La route et il me semble
Que tu pourras me dire
Les rêves qui te chantent
Les chansons qui te hantent
As-tu besoin de mentir

Oh ! woh, woh, Les cœurs n'ont pas de fenêtres
Alors qui peut savoir
Si c'est l'amour qui nous guette
Ou bien le désespoir
Il y a derrière chaque porte un secret bien gardé
Je voudrais bien avoir le tien

Afin de mieux t'aimer

Tu gardes tes distances
Et un pied dans l'enfance
Tu as peur de donner
Mais perdrais-tu la face
À voir l'amour en face
Celui dont je t'ai parlé.

The old lamplighter

He made the night brighter
Wherever he would go
The old lamplighter
Oh long, long ago
His snowy hair was so much whiter
Beneath the candle glow
The old lamplighter
Of long, long ago

You'd hear the patter of his feet
As he came toddling down the street
His smile would cheer a lonely heart you see
If there were sweethearts in the park
He'd pass a lamp and leave it dark
Remembering the days that used to be
For he recalled when things were new
He loved someone who loved him too
Who walks with him alone in memories

Now if you look up in the sky
You'll understand the reason why

The little stars at night are all aglow
He turns them on when night is near
He turns them off when dawn is here
The little man we left so long ago
He made the night a little brighter
Wherever he would go
The old lamplighter of long, long ago.

Table des matières

Achevé d'imprimer
à Montréal
en l'an 2003
par
des Livres et des Copies inc.